王元化 著

清园书简选

上海书店出版社
SHANGHAI BOOKSTORE PUBLISHING HOUSE

出版说明

　　王元化先生是著名学者、思想家，他从二十世纪三十年代开始写作，著述宏富，在漫长的学术生涯中，发表了《向着真实》《文心雕龙讲疏》《思辨随笔》《九十年代反思录》等作品，他对《文心雕龙》的解读，对"五四"启蒙的剖析，对卢梭"公意"的追问，他整个思想历程的"三次反思"等，都对当代思想学术产生了深远影响；他"不降志，不辱身，不追赶时髦，也不回避危险"的精神风骨，亦成为后学追慕的楷模。为了更好地传播王元化先生的思想学术，传承其精神义脉，我们将以单行本的形式陆续推出其著作系列，呈献给广大读者，谨以此作为真诚和切实的纪念。

二〇一八年九月

目 录

致丁伟志（三通）

一

伟志先生

汕头别后，久疏音问。甚为念念。《集林》卷一卷二，确系弟嘱文堪兄代寄。先生读后尚望不吝赐教，并源源赐稿为盼。前东方兄由新加坡来沪，曾言及尊处曾收藏有先贤遗墨遗文，倘能交《集林》刊出（自然需烦请先生附加整理说明），则不胜感激。拙著二本奉呈祈止（另邮奉上）。

匆匆不一一。

敬颂

撰安

王元化手上

一九九四年三月十七日

二

伟志先生

手教早已收到。近因琐事蝟集，未能即时作复，乞谅。

弟于七、八两月，两次去京，均因来去匆匆，没有和您联系，失去把晤机会，很是可惜。我们还是数年前在汕头大学见面，以后久疏音问。今后有机会还望能作促膝之谈。

尊著拜领，已置床头，稍暇当细读。望给《学术集林》撰写文章。不一一。即颂

撰安

王元化

一九九五年十一月十日

尊夫人请问好

三

伟志先生

六月二十五手教并惠赐大作《桑榆槐柳》均已拜读。近日冗事较多，但仍于夜间拜读大作。先读纪念与日记文，虽尚未读完，但感受颇深，使我不仅了解你的交游，也更了解了你的治学和为人。过去与你接触太少，否则可早一些从你那里多获教益。不知是否阅读《文汇读书周报》？拙作多在上面发表。现寄上纪念五四那篇请正。小道有所

闻，但不知其详。（似非谣传，对我反感，不知何故?）你的日记，使
我思念故人黎澍。

祝好

王元化

一九九九年七月六日

致丁法章

法章同志

　　听说最近《文汇读书周报》要作些调整。上次调整时我曾向仲伟同志反映了我的一点建议。当时不知您是具体抓《周报》工作的。现在我想还是向您直接谈谈为好。《周报》是一份小报，但在学术界文化界影响甚大，南北甚至海外一些友人都对《周报》评价极高，期望极大。我觉得《周报》仍照过去办报方针一直办下去是会在读者中间产生好影响的，我是《周报》的读者和作者，对它十分关切。听说最近在您主持下，对《周报》将再作调整。我恳切希望您为我国文化事业和广大读者设想，使《周报》能保持过去在褚钰泉同志主持下的一贯风格，这张报在全国也是不多见的，质量下降，或竟至夭折，将是十分可惜的事。恳切建议您即找褚钰泉恳谈一次，了解一些具体情况，以办好这张报纸。我作为《周报》的一名读者和投稿者将会感激您。不尽一一。专此即颂

编安

王元化

二〇〇〇年八月二十八日

如您认为必要可将此函转龚学平、金炳华、王仲伟同志一阅。

致尤西林（三通）

一

西林同志

　　大作已由大象同志交来，今天收到，晚上匆匆拜读一遍，觉得很好，准备发表，特此奉闻。

　　丛刊已改名为《时与潮》，这是我们几个人商量办的，尔泰就是其中之一。

　　我和您尚不相识，能将您情况告诉一些么？从您的文字看来，我们一定会成为可谈得来的朋友。

　　希望再为丛刊写稿。

　　匆匆不一一。

祝好

王元化

一九八八年九月七深夜

二

西林同志

　　手书并大作（已发表的）均已收到。最近因忙于《新启蒙》发稿，每日工作至十二时深夜，我的一篇又要赶写，故您的文章未细读。只翻阅了未定稿那篇。您的思维能力很强，文章不落俗套，有一种显示作者好深思的风格。我读得匆忙，是半夜梦回开了灯读的。印象中感到您似不喜过直过露，但有些问题似又太含蓄。如当前所谓文化热中某些崇儒倾向，……您的评述，多留有余地（他是我的不错的朋友，但观点不同），以致费人猜测。我以为完全可直说。最近我写了一篇拙文对杜维明（也是熟人）、林毓生等进行了争论。在第一本上。您读后，请直言提意见。

　　您有一篇谈感性、知性、理性的。八二年我先写了一篇论知性的分析方法，后为周扬起草那篇惹起一场大风波的文章，按周意见又写入他的文章中。清污时，责难纷至，我顶住了。现手边还剪有当时报上评论，原拟撰文驳斥，但忙于别事，因循拖延下来。不过我觉得这一问题应谈清楚，建议您结合那几年的经历（您文中提及）再写一篇，可交《新启蒙》，不知以为如何？

　　我渴望您成为丛刊基本撰稿人。办此刊时，几个老同志都觉得应注意年轻力量。您大概还不满四十吧。我们都想过一时期将此刊交青年同志去办。我快七十了，现为此刊，整日忙碌，很疲劳。

握手

　　　　　　　　　　　　　　　　　　　王元化

　　　　　　　　　　　　　　　　　一九八八年（？月）四日

三

西林先生

十分抱歉，这么晚才给您写信。书稿来信早已收到了。我们虽未见面，但我对您有着很深的印象，您是一位好学深思卓有成就的学者。我们是通过《新启蒙》而开始接触起来的。您还为这份后来不幸夭折的小小文丛写过稿。这我不会忘记的。

我已年逾古稀，今年七十有五了。人过七十，就会渐渐感到做什么都力有不逮。七十以前，我从未有老之将至之感，而一过七十，就感到老之已至了。过去没有的小毛病，都一一出现了。比如血脂、胆固醇、肝都出了问题，虽不严重，可是不当心不成，记忆力衰退了，身上的东西（眼镜、假牙等，一放下，就不知放在何处）每天要找好几遍。我是党员，须服从分派，叫干什么就得干什么，所以所做多非所愿。如今退下，我想为时不多，该做些自己早想做而没有时间做的事了。所以谢绝一切社会活动（包括参加非学术会议，听报告之类），学术活动也只能有选择地参加，许多都推掉了（包括海外邀请）。我想这点小小志愿，朋友们会成全我的。因此，我决定不担任任何学术组织的会长、副会长、理事等（挂名者可酌情考虑一二项），不写报刊邀写的应景稿。不为友人的书作序，近来除为已故顾准、张中晓作序外，其他均谢绝了。这里包括我认为是很好的书，如尊著就是一例。所以我诚恳地希望先生原谅我，我要一写，就会形成一发不可收拾，无法辞谢其他人（有的是很好的朋友写得很好的书）的约请了。谅您一定可以体谅我的苦衷。不过，您的大作，我觉得很好，如您不一定索还，我想转给一些友人看，让他们先睹为快。不知可否？盼复。

　　我最近出了几本书，您不知有没有见过，倘尚未见，当寄奉其中一或二本。

　　匆匆

祝好

王元化

一九九五年十月六日

　　我这一阵连去北京数次，加以又在赶一篇长文，一切都来不及管了，包括大量友人信未复。乞谅复迟。

致王平

王平先生

　　赠我的《书屋》每期都收到了，谢谢。我翻阅了昨天刚寄来的八月号，意外地读到一篇好文章，这就是江堤的那篇。它并不像刊在重要地位由我一位年轻友人所写的那篇一样。我在这两篇文章上都作了批注。江文上的批注是："自从酷评的幽灵在九十年代末重新再现后，文坛、学界似乎变成了民初'议会'式的扰攘场所，在一片叫骂声中，这是难得听见的'超越混乱之上的清新声音'。"我不知道江堤是谁。如果您方便的话，希望将我的上述意见作为一个读者的回声代为转达，并祝愿他再写几篇同样精彩的文章。

　　匆匆不一一。

祝好

王元化

八月四日

致王果（二通）

一

王果同志

　　我的腰疾发作，卧床半个多月，不能下地活动。今虽缓解，医嘱不可伏案过久。现寄此笺，免你悬望。拖了这么久作复，请原谅。

　　谢谢你对我的关心，对拙作的奖饰。承指出其中标点符号不统一，俟再版时改正。

　　我欢迎你来谈谈。我的接触面虽不狭窄，但谈得来的朋友不多。我们大概都是处于文艺界之外的人物，属于一无所求那一类。

　　最近还在写诗么？

　　匆匆

祝好

王元化

一九九二年十月二十七日

二

王果同志

　　刚刚收到五日发出的信，剪报和诗也拜读过了。

　　条幅当遵嘱录荀子的话，不过要腰好一些才能写。

　　《当代》的文章，我不太喜欢，主人公在造反年代，浸透了那个时代的精神，虽然颇堪怜悯，但不能令人佩服。那两位女性和张志新不同，缺乏平易近人的东西。作者文笔也嫌拖沓做作，我不喜欢。传尚可，但欠深度。

　　大作清新可喜，但与《桂源铺》不同。后者有一种激越力量，显示了作者的人格。也许你的看法不同，我却是非常喜爱它的。匆匆

祝好

　　　　　　　　　　　　　　　　　　　　王元化

　　　　　　　　　　　　　　　　一九九二年十一月七日

致王若水、冯媛（八通）

一

若水
　　同志
冯媛

收到你们十五日来信，读后很高兴。

《文汇》八日所发拙文经你们提出意见，我认为这是对此文所作的鉴定。我十分尊重你们的意见。若水思想向来犀利明快，往往三言两语，即中肯綮，令人叹服。此次信中所云向里用力与向外用力二语，略加阐释，即将中西文化区别，剖析分明，较之某些长篇累牍之文深刻多矣。我再三希望你开辟第二战线，介入文化传统与现代化问题的讨论。不知托人所寄材料收到否？念念。

昨天被邀至青年会参加上海论坛的聚餐座谈会。主持者邀赵复三讲文化问题。我与他三十余年未见，赵希望一叙。会上听其所谈：今天西方是反理性主义居统治思潮。并称中国文化传统为人文或人本主义。并认为从霍布斯——洛克——卢梭是理性主义兴起，而此后尼采反理性主义抬头，遂成主宰思潮，弗洛伊德与马克斯·韦伯沿其统绪，是今天西方思潮主流。他又说十三大精神是理性主义，而实践检验真理可说是贯彻理性精神，即将一切置于理性法庭来衡量。他发言后，要我讲几句，我说，理性主义不都是进步的，反理性也不都像尼采哲学那样。如中世纪之理性，或我国理学所谓"尊天理灭人欲"。而后者则如戴震、曹雪芹、龚自珍等所揭示的"理存在欲中"等等，均可为证。至于第二点，不可以理性代替实践，理性本身也要受实践检验。赵和我过去是熟朋友，现主持中国社科院。（回沪后曾发一函给尔兄，迄未得复，不知何故？）

此次出访北欧，与几位作家同行，语不投机，做人标准亦两样，深以为苦。但总算认识了一些名作家。虽然文与人可以两样，但真正作家却应该是一致的。记得你在大都时说某某的主意是他老婆出的。我深信此话。那位女士，是十足政治家，写小说埋没了她的才能。

牢骚已尽，匆匆将满三纸。

祝你们新的一年过得快活一些？答辩文章完成否？先睹为快。

化上

一九八七年

二

若水同志

我回来已一个月了，处理积压下来的琐事，现稍有眉目，赶快写此信给你。大都一夕谈是我今年最感愉快的事。

一年将尽，除此乏善可陈。明天《文汇报》将发一篇拙文，倘见到，希批评指正。在京时，曾劝兄关心一下文化方面的讨论，我已嘱上海社科院一位同志将这方面的文章资料（包括我去年底写的一篇）寄奉，供你翻阅。并希望你开辟第二战线，将来也写些这方面文章。我相信，你会写得很好的。

冯媛同志那天值班，未能见面晤谈，甚憾。记得你说十一月将来上海。但久候不至，大概改变了原定计划。我希望你能在明春来沪小住。冬天还是北京暖和些。丙兄处原拟寄他想看的书去，但一时未觅到。有了即寄去。请代我向他问好。

祝好

王元化

一九八七年（？月）十日晚

三

若水
　　同志
冯媛

大约在年底或年初前曾以同此信封地址寄奉一函，不知收到否？殊念。我一直担心怕信寄不到或失落，能否告我今后信封地址如何写法（比如你宿舍等）。我总感到写至《人民日报》编辑部收转似太简单。

前一阵我的腰痛发作（近二年来常发），又卧床一个时期，幸得医生推拿，总算未拖太久，近日上海肝炎盛行，医院住满，数万病人散居家中，连一般消毒剂（如漂白粉）亦售罄。我也很少出门。

　　托人寄你的文化资料，据说已寄出，不知收到否？金观涛办的
《走向未来》杂志（只出八六年第一期），其中不少文章是谈传统文化
与现代化或五四新文化的，代表了几种思潮，倘要了解情况，可去报
社图书室借来一阅。现上海冯契教授成立一文化研讨学会，拉我充当
顾问。以后如有较大活动，当建议请你参加。今年四月下旬在芜湖举行
中国文艺理论学会年会（八〇年在庐山你参加过），我已建议请你参加，
务希光临。会议议题是"新时期文学中的现实主义问题"。我也想建议
邀丙兄参加，是否可请您先问问他，届时能光临否？因听说他将去美。

　　附奉最近一期（二月号）刊载的青年理论工作者的论文一篇。过去
尔兄来信称他不了解年青一代。诚哉斯言。这篇文章看似极新，骨子里
很旧，哲学基础亦差。你是研究这方面的，斯下寄上，也许将来写文章
时有用。我建议你写篇论五四文章。杜维明把五四与义和团等量齐观，认
为各趋一端。现又有人认为"文革"之批孔实五四所开先河所导致。尊孔
之氛日炽。如此倒退，堪虑。小冯仍做夜班么，望勿太累。匆匆不一一。
握手

　　新春好！

化上

一九八八年二月二十四日

四

若水同志

　　手书敬悉。久未得到你的消息，十分惦念。日前有人去京，托打

电话给你，未打通，但带来你的近讯，说你情况如恒，已离休，甚慰。也说到丙兄去美，时间大约一年左右。

每次来信都谈到一些理论问题，给我很大启发。你正在埋头写作，十分赞成，不知准备发表否？发在何处？盼示。你说拟复制让我先睹为快，我正在等着，但还未收到。以后来信寄宣传部是可以的，但如寄至家中，则收到较快。我的地址是：（略）

此信为了早日寄到，是在忙乱中抽空写的。许多话下次再谈。写此信为的是劝驾，希你五月五日（初定）务必光临芜湖之会，并作重点发言（不一定非谈现实主义，谈人道主义完全可以）。小冯如能同来，望告，可发请柬。尔兄已定参加。匆匆祝好

化

一九八八年三月二十七日晚

五

若水同志

前发一函，未见复，念念。

上信说寄来大作复制件，亦未收到，不知何故？我与《文汇月刊》谈好，原想将大作发在该刊上（四月份有我一文）。如俯允，望速将复制稿惠寄。

五月五日芜湖文艺理论年会，希望你参加，不一定讲现实主义，也可讲人道主义。请酌。总之题目请自定。我们等待听你的精彩报告。

此会未印请柬，故发此函，专诚邀请，务望莅临。

盼即复。

匆匆

祝好

媛君致候。报销有困难否？盼告。

化手上

一九八八年四月十四日

六

若水同志

　　此次芜湖之会与你、尔兄等聚首多日，虽因忙会务，未分身作竟日之谈，但我亦十分满足这一难得机会了。你的报告十分精彩。《文汇报》已整理出稿样。我渴望一读，报馆不日将送至我处。你在会上发言时，我坐在话筒后，有些话未听清楚，我想详读你的改稿。过些时设法再安排机会相见。

　　回来后我萌生了一个设想，愿听听你和尔兄意见。即由于目前发表文章较不理想。我想何不自办一刊？初步想法是出丛刊（可不用杂志名，每期抽其中一篇文章的题目作为丛刊名），一百页以内的小册子，不定期，大抵一年出十至十二本。每本不拘一格，好的长文可只登一篇，一般登四篇左右。也不必同一主题。内容是文化范围内，自然以文史哲为主，兼可包括科技性的理论之文。但一定要言之有物，要反映并触及读者关心的问题。但避免一些太尖锐的政治问题（这类文章可转宣传部办的内刊《上海理论》）。收稿范围以基本问题上观点是大同小异的。因此在撰稿人方面要有选择。你和尔兄自然是主要撰稿者。我也想听听黎澍、李锐等的意见。现已有出版社在和我联系。如要办，能够办，我希望找一位同志主持。我因忙乱，精力照顾不过来。但我一定不推卸应尽义务，即顾问此事，你和尔兄亦然。我急要听到你的意见，盼即考虑速复。六月下旬，我可能来北师大主持论文答辩，届时当把握。俊杰兄来信说拙稿被报馆领导（范某）批示不予转载。但不知何借口？便中示之为感。问候冯兄。

匆匆不一一。

祝好

化
一九八八年（？）月二十七晚

附便笺乞转缪兄。

七

若水
　　同志
冯媛

京晚餐别后次日，搭民航班机返沪，飞机脱班，半夜始起飞，抵家已凌晨矣。当天因招待所停止热水，以冷水淋浴，即患感冒，回家次日，因函件堆积，理出一二件需急速处理者，伏案顷刻，稍一不慎（坐时不小心），腰疾又发作。乃延医治疗。幸推拿得法，一周后即痊。

此后，上海连日大热，室内温度高达 38 ℃ 左右，烈日下当在 40 ℃ 以上，幸我回沪后，觅得一处，环境清静，且有空调，而且免费。故每日八小时在此室内读书。

早想写信，因想等待丛刊事略有进展，延至今天。所可奉告者，出版处有两地愿接受，一为湖南，一为哈尔滨（北方，在上海有办事处）。初步倾向在北方出，因他们声言极重视，赔钱亦在所不惜。丛刊名想了几个："时与潮"，"新启蒙"，"爝火"（庄子：日月出而爝火不息。反其意）。但均未惬于心，尚望你们也想几个。主编已定为梅朵，拟搞一编委会，或顾问若干，或以更妥恰名义（以应出版社要求）。丛刊上只标明×××编委会。昨与北方通长途。现编方拟编辑方案及稿约，社方拟出版方案（发行，印刷周期等）及合同。待于月底或下月初社方来沪进行洽谈。以上诸文件敲定，即在京沪择一地开一二十人以内基本撰稿人小会（钱由社方出），时间约在八月中旬。媛小姐是丛刊驻京特派员，基本撰稿人会她也要参加，不知可安排否？目前先麻烦她将以上内容向绩伟同志汇报（代我致歉未亲笔奉函。他的丛书我正在物色约稿对象）。这会参加者我初步想到几人是（略），希你们再提供名单。

在京小冯安排那顿晚餐，至今不忘，我非老饕，胃口极差，但对正宗川味极欣赏。下次来京，我想作一次东（但得烦媛小姐帮忙），再去该处吃一次。尔兄处尚未去信。他亦未来信。

匆匆不一一。

祝好

化

一九八八年（？）

八

若水同志

　　半月之中连奉二笺，均未见复。不知兄是否离京避暑，或邮递失误？我未免有些担心，信面上只书北京人民日报社转，是不是太简单？总之，得此信后，务望赐复，以免悬望，千万千万。我们的丛刊事已与湖南教育出版社谈妥，原拟在八月中旬后去京开一小会（二十人左右），把一切都确定下来。但给绩伟、李锐二公打去长途，都说已离京避暑，何时得返，未详。故告停顿。征稿信已去付印。丛刊名务望费神想几个。尔兄主张用《中国之声》似与我们的小型不定期刊，不太对得上号。务望你和小冯想几个。

　　你的大作已见《文汇报》，拜读过，甚好。

　　我正在写《为五四精神一辩》，已有八千余字。但现停顿下来，因找到海外一批资料，阅读中，拟将新的感受补入。此篇对海外华人学者及国内学者的某些观点进行了反驳，大概会伤一些朋友，但也不管它了。我颇想征求你们和尔兄意见，但传递不便，奈何？匆匆

祝俪安

化上

一九八八年七月十日

致王蒙

王蒙同志

收到您的来信并惠赠大作，谢谢。

从最初读到您的大作，直到"四人帮"粉碎后看到您重新发表作品，我一直是感到高兴的。我性愚直，以不作妄语自绳，那篇《和新形式探索者的对话》扪心自问，绝无伤害任何人之心。我只是想谈谈自己的一点不同看法，提出一些建议。您是探索人们内心奥秘的小说家，我相信，只要平心静气，您比我更能从文学上看出一个作者的心理、感情和态度。所以我不想再为自己申辩，解释，我原来所期待的是科学的探讨，纵使是不留情的尖锐批评，我也可以接受，借以进行自我反省。坦率地说，您的批评文章使我感到意外。我一直是把您当做并肩的战友看待的。不管您怎样看待我，我还是应公正地承认您在文学上的成就和贡献。不过，您指出的文法问题我将不掺杂任何感情成分在内地完全被动式地辩明几句。将来您读到，我想可以证明我的态度。

奉上拙著拙译各一，乞指正。

匆此

祝好

王元化手上

一九八〇年（?）八月二十五日

致日本九位学者

　　去岁在沪别后，诸位先生或来函相勉，或馈赠礼品，隆情厚谊，感激无量。十二月间弟因胃出血，住院诊治，后转地无锡住蠡园疗养，上周始返沪。故得大札未能及时一一奉函道谢，深感歉疚，尚乞原宥。

　　现趁友人丁锡满先生赴日之便，带上此间电视台所摄《龙学家盛会》专题报导电视新闻片一盒（已放映过）。烦请复制转送各位先生所在大学，以为纪念。区区以表眷念之情。即请

大安

　　此致

目加田诚　　小尾郊一　　古田敬一

户田浩晓　　冈村繁　　伊藤正文

兴膳宏　　竹田晃　　安东谅

诸位先生

敬祝春节快乐并阖府吉祥

王元化敬上

一九八五年二月十六晚

致冈村繁（八通）

一

冈村繁先生

　　六月八日惠函敬悉。弟遵医嘱，于先生发函之日来安徽省黄山疗养院休养，为期两月，估计约于八月初返回上海。大札辗转递至此间，耗时多日，直至二十日始收到，故复信一再拖迟，尚希见谅。

　　拙著承蒙先生奖饰，既感且愧。先生大札中所言种种，实属过谦。前函所云，敝国所出版《文献》杂志曾刊有《日本研究中国古代文论的概况》（八〇年第四辑），当时弟即将杂志买到拜读，获益良多，令人敬佩。先生大著《文心雕龙索引》，弟闻名已久，惜此间难以购得，迄今未能拜读，深觉遗憾。

　　贵国汉学家之贡献极大，在某些方面甚至超出敝国学人。惜由于过去两国未订交及其他种种原因，故对贵国汉学家贡献迄今未作出较详介绍。弟本两国文化交流之旨，愿略尽绵薄，故已将贵国学者吉川幸次郎、斯波六郎、林田慎之助、户田浩晓、兴膳宏、目加田诚诸位先生研究《文心雕龙》之论文，计十篇，约二十万言，请一位对中日两国文字均较精通且对《文心雕龙》亦有研究之彭君翻译出来（弟仅粗通英语，不谙日语）交山东齐鲁书社出版。后又受书社委托写一序言略作介绍。现趁在黄山休养机会，可以做些编纂及写序工作，拟于七月交稿。序言中拟提及先生某些意见，谅能俯允。此项工作，曾得兴膳宏先生大力支持，寄来材料多篇。今后亦望先生能将我国学者研究成果介绍贵国，以推进两国文化交流并有助于研究之提高，谅先生定愿担负此任，不胜翘盼之至。

弟曾接到非亚人文科学在日召开之会议邀请书，但因事冗，不克前来参加，今后甚愿到贵国一行，倘能如愿定趋前问候，并聆教诲。先生今年倘能到沪，望先给一便笺通知，以准备迎接。

匆此敬颂

时绥

王元化手上

一九八二年六月二十三晚

又，请向户田浩晓、伊藤正文、兴膳宏、相浦杲诸位教授致候。

弟之通信处可寄下述二处地址：（略）

二

冈村繁先生

按照我国旧俗，一月二十五日为新年，谨向先生致新春之禧，诸事吉祥如意。

不知先生近来有何大作问世，亟欲先睹为快，以增教益。

顷得京都大学兴膳宏先生来函，并赠有关《文心雕龙》研究拔刷本数种，又户田浩晓先生亦赠数种，颇广见闻，获益匪浅。最近拟将贵国学者对《文心雕龙》研究所发表之论文，选若干篇，绍介国人。不知先生除《文心雕龙索引》外，尚有其他研究《文心雕龙》之大作否？先生以为应向敝国学人介绍先生在此方面的何种大作，望不吝赐教，倘能以拔刷本见赐，则更为感谢。此项工作，有助于中日文化交流，谅能得到先生大力支持也。

去岁贵国学者来沪者，有伊藤正文先生与相浦杲夫妇，聚谈数次颇欢，不知先生与伊藤、相浦先生相识否？盼先生有机会亦来敝国一游。

不尽一一。敬颂

春禧

王元化敬书
一九八三年一月二十二日

三

冈村繁先生

十一日手书敬悉，拜读再三，如闻謦欬。入秋以来，沪上阴雨连绵，寂然枯坐，得足下书，颇有杜甫诗中所谓"风雨故人来"之感。

此次晓光君东渡，拜在门下。有幸亲聆教诲，乃彼之福。彼抵贵国后五日即有长函寄来，信中言及先生亲临机场，并为之安排起居，细心周到，无微不至。隆情厚谊，非仅晓光君，亦令在下感激不尽。将来，晓光君学成将永世不忘先生师教恩泽也。彼为人尚诚实可靠，先生如有差遣（如抄写，勾稽文献资料，代拟普通中文信件等），尽可吩咐，彼当尽心效力去做。

龙柏之会一别，倏忽五年，弟已近古稀，能得先生之垂爱，引为知己，亦世间幸福事也。

敬颂

俪安　并祝身体健康

王元化拜上

一九八九年九月十八日

四

冈村繁先生

三月二十二日大札敬悉。刘三富伉俪来舍时，谈及先生身体健康，精神矍铄，诸事吉祥，甚感欣慰。仆近年来，多在南方休养，少问外事，贱体粗安，请释远念。拙著《思辨短简》系一杂集，尚望不吝赐教。另一拙著《传统与反传统》可望于下月在沪出书，届时当寄奉足下候教。

兹有一冒昧请求，望先生予以俯准。即仆希望先生赐书一墨宝。倘能允诺，感激无量。先生写何内容，请自便，字体大小亦请自定。惟篇幅不宜过大，盖寒舍简陋，地方有限也。写好之后，亦不必装裱，可由仆自理，如此邮寄较便。

此次晓光君负笈东瀛，在先生门下受教，得到先生及先生周围诸位先生之爱护帮助，十分感激。将来陆生学成，当不忘先生及诸位之厚遇也。匆匆不尽——。

敬颂

时绥　并阖府吉祥如意

王元化拜启

一九九〇年三月二十八日

五

冈村繁先生

久疏问候，时驰遥念。顷得东京书籍株式会社宇野公容先生之邀，弟将率上海作家及《收获》杂志访问团，一行六人，于今年四月五日来东京、京都、奈良三地访问。* 久未与先生见面，渴想有一机会晤谈。弟已将此愿望告宇野公容先生，请他酌情作 * 安排，倘先生愿与宇野先生通话，可打电话至其家中。电话（略）

匆匆不尽——。

敬颂

大安

王元化

一九九五年二月十七日

* 后我因患带状疱疹未能成行。

六

冈村繁先生赐鉴

　　此次在京，得以再次把握，畅叙衷怀，诚平生一大快事。先生
健谈雄风不减，尤感快慰。可惜在沪逗留太短，惟望近期可再来
一游。

　　请晓光君带上《学术集林》三卷（四卷即将出版），请不吝赐教，
源源赐稿，并担任此套文丛编委，倘能俯允，感激无量。请赐回音。

　　匆匆不尽——。敬请
大安

弟王元化手上

一九九五年八月十六日

七

冈村繁先生

　　久疏音问，时在念中。

　　近得先生汇编论东洋学大著皇皇一巨册，印制精美，内容丰富，
感激无量。

　　弟年逾古稀，将向八十靠近，虽身体粗安，但精神体力终不如前，
故社会活动及海外邀请多已辞谢。先生近况如何？甚念，甚念。不知
尚欲出国参加学术活动否？倘能来上海一行，则可重聚论学，当为一

大快事。不尽一一。

　　敬颂

时安

弟王元化手上

一九九七年九月十四日

八

冈村繁先生

　　十月十一日手教敬悉。弟之三书日译本《王元化著作集》（全三卷），蒙先生亲往东京汲古书店与前社长及现社长洽谈，一切顺利解决，感激无量。

　　先生大作，陆晓光已译出两种。第二种昨日他已将译稿亲自送往古籍出版社。他将专函向先生汇报此事。

　　入秋以来，上海阴雨绵绵。不知福冈气候如何。不　　　　。

大安

王元化手上

二〇〇〇年十月二十五日

致户田浩晓（三通）

一

户田浩晓先生

上月二十三日大札敬悉。尊著《文心雕龙研究》亦已拜领。

关于将尊著译成汉文一事，当遵嘱办理。此书已交复旦大学曹旭先生着手开译，已嘱彼先译好一章，呈先生审定，听取意见后，再译以下各章。倘先生认为译文不佳，可来函告我，当再觅别人翻译。全书译成后，为慎重起见，亦拟将译稿全部寄上审定后，再付梓印行。关于出版方面，已与上海古籍出版社谈妥，由该社用繁体字印行。插图当遵嘱用所附相片另行制版。先生嘱我写一序文，当尽力为之。

明春在广州拟召开文心国际讨论会，我已建议邀请阁下参加，届时当另发正式邀请书。

我之文心著作，亦拟编集一本，希望能在日本，以日译出版。此事不知先生可鼎力相助否？主要是介绍给日本出版界刊行。至于译文倘先生无法觅得译者，我可自行解决。总之，一切尚望大力相助。

新年将近，恭祝

阖府吉祥如意

王元化

一九八六年十二月十一日

二

户田浩晓先生

惠赐大作《中国文学论考》已收到，感激无量。

尊著第一编论文心雕龙，其中除已迻译为中文者外，拟请人译出发表，不知先生同意否？如蒙俯允，当着手进行。但此间出版极为缓慢。

今夏上海甚为炎热，现渐转凉。遥望东瀛，时驰想念，恭祝先生与尊夫人身体健康，阖府均吉。

匆匆不尽——。

此颂

大安

王元化

一九八七年八月十七日

三

户田浩晓先生

去岁尾二十四日手书敬悉。

曹旭君翻译尊著，已着手进行，谅先生同时也收到曹君来函。

拙著文心雕龙论文集日译本，承先生代为筹划在日出版事宜，诸多费心劳神，感激无量。此事不论能否得以实现，先生美意，我是心领的。我也略知在日出版学术著作不易。拙著倘能在日问世，可不要稿酬。不知篇幅以多少字为宜，盼告。我想选出拙著文心雕龙论文十余篇，汇编成集。译文方面，我当自觅适当人选。而先生能亲为校阅，则十分感激。

冬至已过，气温严寒，乞先生与夫人珍摄。

大安

王元化

一九八八年元月七日

致史中兴

中兴同志

　　近因腰疾和感冒，不能参加座谈了。十分抱歉。

　　贺传是本好书，值得推荐。

　　八二年我曾在一篇文章中，为我们尚无传记文学而感叹。如今传记文学出了好些了，这是值得庆幸的。但当前一些传记文学中，也有某些是企图取得轰动效应，或但求耸听，或只图取宠，结果在艺术加工名义下违反史实而失真。严肃认真，为后人留下信史者却并不多。您的贺传是认真写的。我不能参加座谈，特写此信致贺。

王元化

一九八九年十二月

致石家宜

家宜先生

两次来信都收到了，最近因赶写一篇长文（明日将在《新民晚报·夜光杯》上连载），所以把复信拖延下来了，请谅。

我们因文心雕龙学会而结识，算起来也十多年了。您是早期参加学会的。今后文心雕龙的研究主要要靠您这一代人努力了。希望在研究上多做扎实的工作，取得可喜成就。今天还缺乏一批埋头苦干、不计名利的学者。大学学生多不好好读书，学风已敝。中国很需要一批刻苦钻研不赶时髦的学者，来挽狂澜，救治文化水平文化素质的下降，我们这一代已老了，作不了太多事了，只望您这一代担起这个重任。匆匆不一一。

祝好

王元化

一九九五年（?）十月十七日

致牟世金（三通）

一

世金同志

　　来信奉悉。我病虽有所好转，但未痊愈。书写不便，只能写封短简给你。

　　谢谢赠送的大作《雕龙集》，俟暇时好好拜读。目前住院，但仍需照顾部内公事，天天要批文，看文件，还要谈工作问题，故并未完全闲下来。我的《文心创作论》明年将印第二版，改为繁体直排。出书后当寄奉，请指正。

　　关于刊物事，我建议不必刊登太多照片，不必突出某某几个人，还是选两张，一是主席台全体的，一是参加会议的全体同志的，即可。您寄来三人合拍的那张，我意不必刊印了。

　　我的近况尚佳，请勿念。关于邀请日学者来我国访问，顷已和此间社科院谈定，由他们邀请高木宏夫。古代文论诸人，拟由复旦、师大出面。庆甲同志、培恒同志等已来院商谈几次，正在办理中。有眉目再函告。匆匆不尽——。

祝好

元化

一九八四年十二月十日

二

世金同志

上月底寄来大札奉悉，近因忙乱，迟复为歉。前数日弟消化器官出血，现已住进医院诊治。趁稍暇，由我口授，请人代笔，复兄此函。

会上弟之所谓总结讲话，经庆甲同志等一再催促，已将发言稿整理成文，不久将先发表于《复旦学报》明年第一期上。你的大作与鄙见暗合，闻之欣喜，但愿早读为快。尊著嘱写序，当尽力而为，但最好能将校样多打一份给我。读后再写，不致过于空泛。但不知这样做方便否？

关于《文心雕龙论文选》，即按你所提出的办法编辑，由你掌舵，我完全放心。至于要我撰写序文，倘条件容许，自当从命。

此次在沪开会，未得便畅谈。你来去匆匆，会上见面后，即告分手，深觉遗憾，希望下次见面时我们能促膝长谈。

匆匆，不——。

即颂

冬安！

元化手上

一九八四年十二月十九日

三

世金同志

自你病后，十分挂念，早想写信问安，但打算将尊著序完成后再写。序写好了，但又听说你去京看病，行踪不定，不知信寄至何处，所以又拖下来。今得张少康同志来函，始知你已返鲁，连忙赶写此信给你。

拙序已托华荣带去奉上。他去后了无音讯，不知会见你没有？序收到没有？念念。序写得不好，但却是真话，我觉得你为《文心雕龙》作的一切（包括研究、著述、组织学会），功不可没，比谁都多，必须载入史册。序中我多少抒吐了我们之间由文字结成的深厚友情。这给我老年莫大欣慰，将使我终生难忘。

朋友们都关怀你，光年来信已询及，因我不知你去京地址，无法告他。倘他知道，一定会去看望你的。他对你的为人学问都很敬重，我们谈天时，通信时都常提到。少康来信也问我你的近况，他说在京未看到你，很想念。

我们都衷心祝祷你早日康复，望珍摄。

因华荣说你已去京，故他去青岛时，曾嘱他设法与张可礼同志谈将学会款汇至暨大。因他们来信要我把学会的钱先寄去。我已告华荣去办。（汇至暨大五六千，再有二千汇给卓支中个人名下，因汇至暨大，取用较烦，我想由我自己掌握作为贴补几位老同志——包括光年、我本人——开会的车旅费〈因已退下报销较难〉，此外拟以学会名义请一次客。）

广州会议你的论文和著作（可以学会名义赠）准备好了没有。我想请你考虑应由哪位中青年会员作介绍学会的专题发言。

匆匆不一一。衷心祝你

健康

王元化

一九八七年（?）八月十一日

致刘马秋雯

刘马秋雯夫人

夏威夷大学图书馆惠赐三书，均已拜领，乞代致谢。

现请东方先生转托友人带上新出拙著一种，请指正。

护封"临风挥翰"四字乃复制家藏闲章（冰铁刻，清末民初篆刻家有三铁之称：苦铁吴昌硕，瘦铁钱叔崖，冰铁王大炘），其意取自郑板桥题画竹石诗：

咬定青山不放松，

立根原在破岩中。

千磨万击还坚劲，

任尔东西南北风。

王元化

乙亥夏日于沪上清园

致刘华庭、俞子林

华庭
　　同志
子林

　　上海社科院林其锬同志及其夫人陈凤金同志以多年工夫致力研究《刘子》，著《刘子集校》，此书被李一氓老赞为去岁古籍整理中最有成绩者。现林、陈二位多方搜求，得敦煌所藏钞本五种（为柏希和取去，现藏巴黎）。其中除两种出同一母本外，其余皆各不同。此为敦煌钞本中所罕见。林、陈二位拟将各钞本汇为一集，影印问世。我深感此事极有价值，特介绍给上海书店。请予接待面谈。

　　匆此

敬礼

王元化

一九八七年六月十二日

致刘凌（四通）

一

刘凌同志

来信奉悉。尊著《刘勰生平初探》已拜读。您的观点和拙文观点接近，我们分头作出了相近的结论，在我来说，有一种空谷足音之感，所以特别觉得亲切。大作《文心问世的历史必然性》也初步拜读一遍，印象很好。您大约年龄在四十上下，从文章来看，功力较深，在文史哲方面都有相当基础，尤其在文艺理论方面有一定造诣。我觉得这对今后古代文论的整理研究都是必要的和有利的条件。今春我在教育部委托上海师大办的各校（四十余校讲师）师训班上，讲古代文论研究若干问题（被主持此事者约去讲两次），曾作过一些呼吁，希望听课老师注意研究方法。（简括地说就是在国外已成普遍趋向的综合研究方法，把文史哲结合起来，把古今中外贯通起来，同时也不可忽视清人，尤其乾嘉学派的考证训诂之学，而继承此一传统，最好再加以发扬。）我和您接触不多，但从您的文章中看得出，您在研究方面所走的道路，正是我所期待于中青年研究者的。我很愿与您建立经常联系，彼此学习，互相勉励。

我年纪比您大一些，已六十，现在从事行政工作，兼职也较多，加以体弱多病，常感精力体力不足。最近终日忙忙碌碌，杂事缠身，甚至读书学习时间也都被挤掉，颇以为苦。因此，倘以后回信拖延一些时日，尚乞见谅。

您新写的大作，拟遵嘱代转适当刊物，俟有眉目，当即函告。至于您要我提点意见，根据初步印象，有如下三点：（一）题目似乎太广泛了一点，是不是把"历史必然性"改为"背景"（这是随笔写的，并不妥切，大意如此）之类的说法，更妥切些？（二）关于玄学在魏晋时代的作用，似只强调否定的一面，但是不是应考虑一下当时玄学在扩大范畴提出问题方面也有可取之处。（如更精致地探讨本体论问题，如涉及实相、假相等从而为当时及后来学者在思维形式上提供了较丰富的资料。）这一点拙作也有这毛病，沿袭前人说法，思想不解放，没有独立思考精神，并进一步探讨这个问题。对此我几次对中青年从事古代文论研究的老师都提过。（三）文末离题旁涉的一段话，是可以发挥的，但似嫌繁冗，是不是可精练一些？以上三点供参考。总之，文章是有水平的，可发表。但也要看看编辑部有什么意见。您的文笔很好，简练明快，无夹缠不清之弊，读来清新可喜。稿暂存我处，如需修改当寄回，改后仍请寄我；如不改，亦请通知，当即转去。来信可按信封地点或直寄我家中。匆匆祝好。

王元化

一九八〇年九月二日

二

刘凌同志

　　惠书奉悉。您去山大中文系进修一年，机会难得，可以有计划读些书，闻之可喜。

　　十力先生宗主唯识，曾问学于欧阳大师，但二人对佛学见解不尽相同，欧阳曾批十力先生阐述法相唯识之观点。辛亥革命前后，佛学重唯识，诸子中重墨辨，当时形成一种潮流，著述纷披，倘查较大图书馆书目，当可窥其概要。前所谈十力先生著作，乃《佛家名相通释》。此书藏者不多，不知山大图书馆可借到否。我的一部（两册），被人借去，至今未还。倘实在借不到，将来可寄奉借阅数月，但务须还给我。

　　尊稿早已交《文学理论研究》，顷得中玉先生复函（我于得大札前即去信询问此事），云将在该刊发表，但恐要等一个时期，现期刊往往如此。编辑部催稿时，限时限点，急如星火，收到稿后，积压下来（编辑部亦有困难，盖印刷周期之长，令人咋舌，有出乎意想之外者）而工作慢如蜗牛。寄去尊稿时即嘱该刊直接与您联系，今始知，一直未与您去信。此种办事态度，令人可叹。我处常有不相识的入学中年教师来信并附稿，嘱我代投，情况往往类此。今年初《鲁迅研究》来约稿，无法推谢，搜索枯肠，写出一篇，按时交去。约稿时言及即将付排，后得信现虽送印刷厂，但需挨至八、九月间始可刊出。令人啼笑皆非。《文研》系季刊，尊稿发表或许可能拖至下半年，不知您以为妥否？至于修改意见，编辑部未提出，我意倘无意见，发表亦可，不知以为当否?

承询及当代文学风格流派问题,平时未曾留心,不能奉陈鄙见,但今年《文艺报》第一期曾刊拙文《和新形式探索者对话》,我在文中略抒浅见,不知可供参考否?又去年《上海文学》十二期曾刊拙文《文学的真实性与倾向性》(去年十二月二十三日《人民日报》曾转载该文第五节)。不知见到否?

最近有二文评介拙著《文心创作论》,载去年《新华月报》(文摘)十一期及《文学遗产》第三期(钱仲联先生撰稿,经编辑部删削,加上一些批评意见,钱已表示不是他的意见)。今年《读书》第二期载赵毅衡评介钱钟书《管锥篇》一文,提到四本著作,亦提及拙著,称为"比较文学平行研究法"。此外,我也听到有人称拙著采用比较文学研究法,颇不以为然。盖拙著小引中已将拙著方法言明。而评论者多不理会,度以己意,这是我甚觉不惬于心的。

前借阅文心《新书》及《通检》,用毕请赐还,盖此书非我所有,也是向别人借来的。不过,您如要用,还可再用一个时期,但望勿遗失,将来还我即可。

我现身体日衰,冗事甚杂,终日碌碌。颇艳羡您有时间可潜心阅读、思考。望勿放过这一良机。

匆匆不尽——。

祝好

王元化

一九八一年二月二十六日

三

刘凌同志

我于六月八日遵医嘱来黄山疗养院休养。惠寄手书，由沪转递，昨日始收到。最近如来信请寄安徽黄山疗养院 214 室 222 床王元化收即可。

《文心》就内容说与佛学殊少瓜葛，论者多喜以异说求胜，故出现以佛统儒等种种谬见。我于六十年代初曾为此问题，向熊十力先生请教佛学，历时三载，虽至今未通经论，但觉目前论者较我水平更低，往往急于事功，不求甚解，率尔操觚，以致漏洞屡见。将来俟拙著再版时，准备专门就此问题作一阐述。日人安东谅文未见，他在日本并非较著名的汉学家，但既涉及拙文，极愿一阅。此间无法觅得《语文教学与研究》，倘能即将该刊惠寄，容我一读，则感甚。我读后可再寄还。不知便否？

我所编日本学者论《文心》之著，有吉川幸次郎、斯波六郎、日加田诚、户田浩晓、冈村繁、兴膳宏等单篇论文十余篇，共得二十万言。日学者多重考据训诂版本校勘之学，论述较少，观点不多。上述学者均日第一流汉学家，现我正在黄山写序，拟于七月间寄至齐鲁书社。

我大约于八月初返回上海。在此准备休养两个月。

承询佛学书目，我国佛学大师首推欧阳渐，其余如熊十力、汤用彤，均为老一辈专家，贡献良多，厥功甚伟。现尚在者有吕澂。上述诸人著作可向图书馆借阅。汤先生《汉魏两晋南北朝佛教史》可先读。

此书不难觅得，你校图书馆一定有收藏。

　　匆此。即致

敬礼

　　　　　　　　　　　　　　　　　王元化

　　　　　　　　　　　　　　一九八一年六月二十四日

四

刘凌同志

　　来信先后收到了，照片也收到了。谢谢。很高兴这次又在北京重逢。在文心学会的朋友中，您是我最早结识的友人之一，也是谈得投机的友人之一。不久前我又应邀去北京，前几天才回来，所以复信也迟了，请原谅。

　　近数年来，我的思想有了不少变化，自信尚不是赶时髦、投时好。这种变化是经过反思而形成的，为此我付出过代价。我常说，自己在布满荆棘的理论道路上，有过挫折，有过失误，也有过蹉跌，但我未做过违心的事，说过违心的话，也从未勉强自己去信仰自己并不真正理解也不真正相信的东西。如果说我有什么长处，这恐怕就是。今天我逐渐取得了回报，有些读者相信我不会弄虚作假，相信我是认真学、认真写的人，所以我的书尚好销，自然也有些读者对我抱更高的期待，他们把我想得更好一些。事实上我只是一个过渡时期的人物。过渡时期是不可能有可以传世的作品的。我对自己有自知之明。人必须对自己有这种冷静的思考和实事求是的态度。这也是我的信念之一。

近读一位友人赠送的著作。内称西方把人的情欲概括为三个
P（即 power〈权〉，property〈钱〉，prestige〈名〉）。过去恩格斯把
权势欲和贪欲作为人类的两种恶，认为在阶级社会中，这是推动历史
发展的杠杆。过去我一直相信这话，但现在不再相信恶可以推进人类
的社会发展了。不过，权势欲和贪欲确是缠绕人类灵魂的两种恶。但
对中国知识分子来说，这两种坏的情欲，还不是人人都会毫无例外陷
身其中的罗网。三个P中，最后一个 prestige 恐怕是最难渡过的关口。
不少人对于权和钱的追求，并不怎么热衷，这大概是受到儒家传统思
想影响的缘故吧。但在 prestige 问题上，就不能这么说了。我们从小
就受到"扬名声显父母""君子疾没世而名不彰"等等这类格言的影
响，所谓"圣人立教未尝恶人之好名也"。为了名而不敢去做坏事，这
也是事实。保持自己名节是好的。但追求名声，却往往使人变得虚伪
可憎。在过去的士大夫和今天的知识分子中间，都可以找到利欲熏心、
追求功名的人。很多读书人直到今天还在热衷当官。虽然由此获得的
名声只限于眼前的荣耀，从真正的荣誉来看却并不光彩。鲁迅曾称他
对于地位、名声都不要。可是胡适晚年谈到鲁迅的一些政治表态时，
却说他除了认识的原因外，也含有追求名声的成分在内。我以为，鲁
迅后来如果也能像他早期在《野草》中说的，"欲知本味，剖心自食"
一样地去解剖自己，我们一定可以在中国杰出的知识分子灵魂中，看
出最隐秘最不容易被人察觉的奥秘。至于胡适本人，他为了坚持自己
的理性判断，不惜做出许多干犯众怒的事情（如批评学生反对"二十
一条"的游行，反对将溥仪驱出清宫等等），似乎我行我素，不在乎世
人的毁誉，但熟知他为人的学生说他其实是很看重后世名的。从他记
日记准备给别人看，写信留底稿这方面来说，固然是出于一种喜欢整

齐有序和细心谨慎的性格，但也未始不是出于给人一种良好印象的想法。我在这个问题上一直是踌躇不决、难以作出最后的结论。对于这个 prestige 究竟应该采取什么态度？应该完全否定，还是也要考虑其复杂的道德后果？名声和荣誉又有着怎样的区别呢？

来信说到你那里缺乏文化气氛，环境闭塞，这确是一大缺点。接触少，信息量少，对治学不利。只好从扩大阅读和交往的范围来解决吧。

《思辨随笔》二版已售完。在举行《文心》会议前，出版社就说准备再印一版，但至今尚未印出。我手边仅余两本，一本已寄石家宜（在京未给他），一本我想留下来。好在三版今年一定可出，当寄奉。

匆匆

祝好

王元化

一九九五年九月二日

致刘景琳（三通）

一

景琳同志

　　校样傅杰前日看完交我，我明天即可完成。另年表（编至一九九九年止），钱钢今天亦交我。

　　我有些事觉得当面谈比较好，倘你这两天即来沪一行，我就不邮寄给你。你来时亦可将另卷稿样带来。

　　匆匆

祝好

王元化

二〇〇一年

二

景琳同志

　　昨天感谢你们为书稿事专程飞沪。当时谈了几个重要问题，曾请小何郑重记下，一则以防忽略，二则亦免弄错。你们走后，经我再三考虑，对其中一个问题，想要作些补充。当时我只谈到抽去原来所定卷二一幅插图，但未明确用什么来代替。现决定，用画传中 P157 我和四博士生合摄的图片补入。画传中原来的说明取消，请用下面的说明文字：

　　"一九八八年作者与他的博士生合影（左起：吴琦幸、王元化、蒋述卓、陆晓光、胡晓明）"

　　我再提醒你们两位一句，此事能否如此办理，有什么困难，或有什么不同意见，请事先向我提出。如可以照此办理，也望给我一个回音。我等待你们的答复。匆匆

祝好

　　　　　　　　　　　　　　　　　　　　　　王元化

　　　　　　　　　　　　　　　　　　　　　　二〇〇一年八月十日

三

景琳同志

　　插图收到当天，即马上校改。

现又在第一、二两卷中，各删去了两张。

现重行编定。

请你们照样改定后付排。

谢谢。

祝好

王元化

二〇〇一年九月七日晚

致刘磊

刘磊同学

　　去年底的来信早已收到，我因身体不太好，年已靠近八十，加上我也想利用有限的精力和时间，写一些我想要写的文字，所以朋友间的书信往往拖延很久才复，这是要请您原谅的。

　　您对《学术集林》读得很认真，也提出了很多好的意见，作为编者我觉得这是极大的鼓励，希望以后经常把您的意见寄给我们。您的意见有些是很对的，有一些还值得考虑。您在聊城师院读政治系，如果有时间的话，可多利用业余时间去图书馆看书。读文科主要是自学，许多人都是靠读书读出来的。不过读书要有选择，最好读的都是第一流著作，现在的出版物出得很滥，不加以选择往往会上当受骗。您说书很难买到，现在有许多为读者购书提供方便的组织，倒不妨和他们去联系。我可以给您介绍上海《文汇读书周报》（在《文汇报》内）有一个为读者购书提供方便的组织叫"东方书林"，您不妨可以和他们联系，他们可以帮助您购到您所需要的书。《文汇读书周报》是《文汇报》单独出版的一份周刊，我的很多文章都在这个周刊上发表。我觉得它编得不错，您不妨订阅一份。《文汇读书周报》的两位负责人褚钰泉、何倩都是我的朋友，他们的为人都是很可靠的，您不妨写信到《文汇报》、《文汇读书周报》和他们两位联系（提一下是我介绍您写信给他们的），他们是会答复您的。

匆匆祝好

　　　　　　　　　　　　　　　　王元化（钱代）
　　　　　　　　　　　　　　　一九九七年四月二十九日

致许觉民（二通）

一

觉民兄

久疏音问，十分怀念。去岁湘湘有意邀你来沪，我请她转告，我也希望你南来，以排悒闷。后未能实现，我们都很失望。今年六月二十五日左右，在京西宾馆举行学位评议会议。自八一年成立以来，我连任二届，只出席过一次。这次因要我代为呼吁设博士点及导师者有好几处，故我拟前来参加，这大概是最后一次了。因此项任务，至七十岁即退下。我已满七十了，来京倘能和老朋友见面，当是十分高兴的事。（兄处电话盼告。）拙著承你奖饰，甚感，我以此作为对我的勉励。另一本《传统与反传统》已出，另邮奉。望珍摄。木兰嫂如何，殊念。我二人粗安。心情彼此相同，可以想象。不一一。

祝好

化手上

一九九〇年五月十六日

二

觉民兄

　　七月二日手书奉悉。

　　上海连日大热，久旱不雨，上了岁数的人，真是苦甚。多日来我什么也不想干，打开空调，躺在床上，看书而已，您的信也就迟迟未复了。

　　我现在上午在家，中饭后去衡山饭店（找了一间工作室）。后者电话是（略），三时后至晚均在此。

　　你的近况我常从友人处打听到。你生过病，还须侍候老岳母，而家中又无帮手，我们谈起也有些为你担心。不知最近情况改善了一些么？甚念。

　　我不记得，我近来出版的一本《近思录》送给你没有？盼告。最近写了一篇谈《社约论》的文章，此非我所想写，但为吴江兄所迫，不得不花九牛二虎之力，把它写出来，以了却一桩心愿。现在中青年学人，喜赶时髦题目，不愿做吃力不讨好的工作，一些从事政治学或国家学说研究者不屑干，只得由我力不从心的外行来干了。

　　我也想如你说的写点回忆录，但腾不出手，只望近期把要写的写完，埋头去写回忆文（已写了两篇收在《近思录》中）。

　　匆匆

祝好

　　　　　　　　　　　　　　　　　化

　　　　　　　　　　　　　　　一九九八年七月十四日

致兴膳宏（六通）

一

兴膳宏先生

承赐贺年片，甚感！现新年已过，兹专函祝贺先生吉祥如意，身体健康，工作顺利。

我国书店嘱弟代编一日本汉学家《文心雕龙》研究文集。现弟手头除先生所赐大作二篇外，尚有户田浩晓先生所赠有关《文心雕龙》著作四篇：1. 校勘资料としての文心雕龙燉煌本；2. 文心雕龙梅庆生音注本の异版について；3. 黄叔琳本文心雕龙校勘记补；4. 文心雕龙小史。据眼下资料来看，似尚不足，不知先生可推荐贵国文心雕龙专家具有代表性作品否？倘能大力支持，则当嘉惠于中日两国文化交流也。前得冈村繁教授来函，不知冈村先生有此方面之专著否？盼示，以便与冈村先生直接联系。

伊藤先生回国后，曾寄来彼之大作数篇，倘先生有机会见到伊藤先生乞代致意。

匆匆不尽一一。即颂

撰安

弟王元化手上

一九八二（？）年一月十二日

二

兴膳宏先生

先生自巴黎回国后三月初惠我大札已拜诵。

大作两篇在敝国发表后，引起国内学者瞩目，并表钦佩。深感先生功底深厚，治学严谨。今后两国文化交流，特别是在互译古代文论研究成果方面，当以此为嚆矢。

弟之旧作（一写于一九四五，一写于一九五〇）已译成日文在贵国（大阪）研究罗曼·罗兰专刊上发表。此刊恐发行不广，不知先生见到否？倘有便一阅，尚乞指正。

敝国中国社会科学院与贵国学术振兴会协定，拟派一以研究《文心雕龙》为主代表团访问贵国。由弟担任团长，另偕两位教授及一名翻译同行。届时当拜会先生、冈村繁、户田浩晓诸位研究文心之专家教授。我们想首先到京都大学，请先生作为接待敝团的主人。（自然一切当通过贵国学术振兴会。）顷闻先生九月有一国际会议，而我们拟于九月访日，不知先生何时得暇？请先生定一时间（无论在九月上、中、下旬或十月上旬均可），以便我们早日决定访日时间。此事谅能得到先生俯允，并盼及早赐复，以便双方议定访日时间。诸多费神，感激无量。

弟近有一拙作（近六年来所写各文之汇编）出版，当寄奉一册，请先生教正。

敝国文心雕龙学会已定于八月中在山东青岛（避暑胜地）召开。关于邀请国外学者正在洽商中，一旦得到批准，当发柬邀请尊驾莅临指教。

匆匆不尽——。即颂

时绥

王元化手上

一九八三年五月二十三日

三

兴膳宏先生

此次访问贵国承蒙热情招待，感激无量。弟与先生尚属首次会面，以前仅有书信来往。先生经常将贵国汉学家及大作见赐，并于信中不时赐教，可谓神交已久。此次得拜识尊颜，亲炙教言，令弟感奋。至今每一念及先生学者的风度，高雅的谈吐，渊博的知识，仍觉神旺。由广岛乘新干线返东京时，与先生同车，中途分手，不禁依依。尚望明年我等能作出安排，邀请先生及另几位来敝国参加《文心雕龙》讨论会，或作访问学者来讲学。

先生在大学工作授课均极繁重，但仍奋笔写作，著述极夥，孜孜好学的勤奋精神，令人感佩。弟每日陷于琐务，甚少读写。退休后当再从事研究与写作。弟甚盼此小小志愿，早日得以实现。

不知先生需要我国书籍否。广岛大学杨先生曾嘱代觅全谢山手迹，

弟已觅得两张，托章培恒先生转去。先生倘需何物，请示，弟当照办，
望不要客气。匆匆不尽一一，请向京都大学各位先生致以衷心感谢。

　　此颂

时绥

　　　　　　　　　　　　　　　　　　王元化手上

　　　　　　　　　　　　　　　　　一九八三年十月三十一日

四

兴膳宏先生

　　兹介绍我国北京大学王瑶教授与先生会见。我想先生一定会很高
兴结识王瑶先生的。我原想直接写信，但不知王先生到京都后下榻何
处，恐先生无法联系，故写此信，请王先生到日后转交。

　　匆匆不一一。

祝好

　　　　　　　　　　　　　　　　　　王元化手上

　　　　　　　　　　　　　　　　　一九八四年九月一日

五

兴膳宏先生

　　手书奉悉。

久疏音问，时在念中。先生愿参加今年十一月广州召开的文心雕龙国际研讨会，我们十分欢迎。届时当可会见一些国家研究文心学者，除中日两国外，有美、苏、意、法、瑞典等。前次魏同贤先生赴日，曾请他代为恳邀。此次会议系委托广州暨南大学举办，沪穗两地相距较远，我曾函告暨大，不管先生复信与否，均发请柬，不知何故，迄未发出。种种疏忽，尚乞原谅。

此次得先生大札后，当即去函广州暨大急速发出请柬给先生，收到后请即复我一信，以免悬念。

匆匆不一一。敬颂

暑安

王元化手上

一九八八年七月十九日

六

兴膳宏先生

久疏音问，念念。

大札并转来钱鸥女士大作，均已拜诵。近年来，弟以年老体衰，已谢绝出国讲学，国内活动，亦甚少参加。《学术集林》编务，均交徐文堪、傅杰、钱文忠三君代理。顷将彼等读钱女士大作意见奉呈，乞转钱女士参考。倘钱女士愿将修改稿惠寄（最好压缩在万字内），当即转集林。惟集林因出版社问题，今年只出一期（前后拖延几近一年），而卷十一、十二亦已交稿，不知何时得以刊行问世也。如钱女士文希

早日披载，弟可转其他学术刊物，不知以为如何？先生倘能于近期来华，转沪一行，当图把握，以叙衷怀。不一一。即颂

教安

王元化

一九九七年九月二十五日

致汤一介 *

一介同志

　　兹将建议邀请名单送上，仅供参考。其中熟人不再介绍，现将您可能不熟悉的人，简介如下：兴膳宏原为京都大学文学系主任，著述颇多，来过我国。陈耀南是港大教授。杨啟樵在日本大学执教，港版《雍正秘档》是他写的，搞历史的。费乐仁是位汉学家，英文《中国哲学》副主编。其中邵东方希即联系，他于三月将去新加坡大学任教。一切请您酌定。

　　黛云同志不另。

祝好

王元化

元月九日

* 这是为了共同筹办一次国际文化研讨会写的信。

致朱维铮 *

维铮兄

十一月十六手书奉悉，后又得贺卡，感甚。兄去韩后，我得消息较晚，曾书一联，要傅杰转交，他说你临时得通知，仓促上道。故此联仍置舍下，俟兄南返再奉上。现将影印件并近日拙作剪报一纸，一并寄奉。

倘非来信言及，我一直以为朝鲜封闭，而韩国则认同中国文化。读信后始知韩国民族主义色彩亦浓。现民族主义思潮颇流行，《学林》刊有……与……长篇对话，痛诋……，形同大批判。言虽慷慨激昂，实则取媚上意，沦落至此，为士人羞。……所论，固有可议之处，但其所称"假民族主义以挽渐失之民心"，亦未尝不可不加以反省。……

* 此信未写完，亦未寄出。年月不详。系清理杂物时发现。

致朱寨（三通）

一

朱寨同志

久疏音问，时驰遥念。

王瑶同志所担任的一项重点项目，以人物为中心，研究我国现代文论的发展趋向，弟忝列其中。王先生征询弟那一章请谁执笔，弟复函告以倘得足下俯允，最为恰当。顷又得王瑶同志来信，说已函请您予以协助，慨允此事，并嘱弟亦一并敦请。故不辞冒昧，特奉此笺，恳请先生俯允为荷，不胜感激。敬候复音。此请

撰安

王元化

一九八九年十月二十七日

二

朱寨同志

　　十月七日大札敬悉。

　　您不能为拙作写一评述，甚觉遗憾。因为我很愿知道您意见，并得到您的批评指正。现在来函说明您的苦衷，我完全可以理解。您是一位十分认真治学的学者，不愿有丝毫敷衍塞责，这本是大家都应遵守的原则。我自己也是怕写出题作文的。我完全可以明白。我愿向您真诚地表白，虽然您没有答应我的要求，我在有些失望之余，丝毫不减对您的友情和敬意。

　　我有两本书可于今年底和明年上半年出版。出书后当寄奉指正。您的大作倘能惠赐，将不胜感激，盖目前出书难，购书亦难，坊间不能找到。匆匆不一一。

祝好

王元化

一九八九年十一月十日

三

朱寨同志

　　大札奉悉。谢谢您非常认真仔细地对《讲疏》提出宝贵意见。此间也有人不赞成更换书名，斟酌再三，还是改了。主要是希望书给人一个新的感觉。创作论的名称，台湾一位《文心》研究者也用过。为了避免重复，故换用《讲疏》。自然，范注最早也用过《讲疏》，但废弃已久，目前更无其他《文心》研究者用《讲疏》之名。我也希望书名更平实一些。您对今版的删节也有些意见，尤其是删去黑氏论审美主客关系一节。您的想法我很理解，改动时，我也有些踌躇，但未考虑到前后呼应问题。经您一点，倒觉得不很妥，等将来有机会重印时，再改回来吧。我的删节，主要是想去掉一些机械的说法，以及有比附的地方。但改动时，时间颇匆促，未遑细审。经您指出，甚感。

您建议我编写黑氏美学以与马恩美学原理对照。前几年，我曾想将过去写的《小逻辑》笔记整理出版，动手做了一些，后不知因忙于何事，又停下了。我曾于数年间，将《小逻辑》读过四次，作了详细笔记。后又将黑氏《美学》（第一卷）作了详细笔记。后者曾取其中最后的读后感撰成一文，载于《文学沉思录》中（此书已售罄），不知您见到过否？最近有出版社要我编《论学集》，目录已编好，收以前各集有关文章共四十万言。黑氏美学笔记大体都包括在内了。出版后，当奉上一本，敬请指教。

与此信发出同时，邮奉拙著二种：《思辨发微》（港三联一九九二年出版。收有一九四〇年至一九九〇年文章的摘录）和《传统与反传统》（一九九〇年上海文艺出版）。其中有《文心创作论》所附黑氏美学三题。您如有暇，读后请赐教。匆匆

祝好

王元化

一九九二年十一月三十日

致孙颙

孙颙同志

　　得来信未能及时作复，请原谅。

　　三十四年前上海文艺出版社的前身新文艺出版社经华东局宣传部批准成立。社长是刘雪苇同志，我是总编辑兼副社长。由于刘同时又任华东文化局（原华东文化部）局长，所以出版社的日常工作由我负责。那时我的年纪为三十一岁，可能比您现在还小一些。在新文艺只干了两年多，五四年底，我就调到文委去了。我对出版社的业务所知有限，而且又是建国初期出版工作草创时的经验，因此谈不出可供采纳的意见。我想，说说当时出版工作的一些基本情况以及亟待改革的方面，或许尚可聊备参考。

　　五三年，第一个五年计划开始，出版单位除制定选题计划，也进行了组织调整，那时正是按照"一边倒"的精神来办事的。这就是完全照搬苏联的做法。出版单位被限定在短期内实现编辑、印刷、发行三个环节分开来的建制。这种办法在三十多年中虽然一再证明是有弊端的，可是沿用未改。至今我们仍经常听到这三个环节互相埋怨和诉苦。编辑部门抱怨说，他们知道书的质量，可是不能决定印数。发行部门抱怨说，他们知道什么书好销什么书不好销，可是不能决定定价。至于在出书周期的长短问题上，在付印稿的定、清、齐问题上，出版社和印刷厂的矛盾更是层出不穷。读者说买书难，书店说卖书难。书作为一般商品上市销售，纵使是长线读物，倘在规定的短期内不能售罄，就要以积压论处。新书难买到，旧书更难买到。诸如此类的问题纷至沓来，积重难返，充分说明出版机构管理体制的改革已成为今天议事日程上极为紧迫的问题了。

您在今天主持一个出版社的工作，较之我当年碰到的问题要复杂得多，也困难得多。您要把一个出版社的工作做好，不能置身于整个出版界之外，因为大局管小局。许多事就局部来说是难以措手的。但是，这也并不是说，作为一家出版社的负责人就完全无能为力了。事实上，做好做坏仍会得到截然相反的后果。我并不一概呵责娱乐性的读物，但必须是健康的娱乐性，这一点很重要。鲁迅曾经批评有人主张吃西瓜时应想到山河破碎，这种把一切硬联系到政治上去的办法自然是幼稚可笑的。但是鲁迅认为一个战士在暑天吃了西瓜，精神一爽，也就可以更加奋勇地去杀敌。我认为健康的娱乐性的读物就具有类似的功效。两年前，我在上影三十周年纪念会上就根据这种看法提出我的见解。我说，健康的娱乐性的片子是需要的，可以使人在紧张工作后得到松弛，然后再精神饱满地投入到新的工作中去。但这类片子也不应泛滥成风，我们应该把更多的力量放到拍摄提高人的文化素质的片子上去。我引用了歌德的一段话说："引起公众所愿意的感情，而不是使他们感到应有的感情，这是一种对公众的虚伪的服从。……广大的观众应该受到尊敬，不能像小贩从孩子那里骗取钱财一样去对付他们。"不料一位负责电影工作的同志回到北京后说，上海的宣传部长是反对娱乐片子的。这种指摘并没有使我改变原来的看法。我认为在出书问题上也是同样。精神产品当以提高人们的文化素质为首要任务。当然，出版社也不能不顾及经济效益，要出版一些销售广的大众化读物。但是，纵使是娱乐性的读物也需要对读者有益（在不同程度上），起着积极的作用。我知道这样做很难，但并不是不可能做到，这就要求出版社的同志们动脑筋，发挥创造性的才能。

　　匆匆已尽四纸，不知您对我的这些意见有什么看法？请指正。

　　不尽一一。

祝好

王元化

一九八六年二月二十七日

致《抗战文艺》编者*

……

欣读来函，真使我高兴极了。

……兄的书评我已转给《文艺》的朋友们了，他们都十分喜欢。你们这样关怀我们的刊物，实使我们得到很大的鼓励！我们一定要努力来回答你们的殷望。

上海文艺运动现在正逐渐开展，最近有一个文艺丛刊出版，内容以小说、散文为主。编辑是陈望道、戴平万、邱韵铎等。另一个月刊，内容着重在报告和通讯方面。是林淡秋、柯灵、杨晋豪和我做编辑。希望你们能给予帮助和支持。我们希望以这个刊物来展开上海文艺通讯运动。这可以推动上海文艺大众化运动，因为根据《上海一日》出版的经验，可以看出上海有广大的文艺潜力，《文艺通讯》就想发掘这力量。这里还有一个文艺周刊，不定期出版，编者为郑振铎、王任叔等。此外还有一个通俗小册子的编辑会，由白兮等负责。

上面的情形，可以说是上海文艺的一般动态了。至于这些刊物的出版，是按照一定的计划来分配的。这里举行过一次鲁迅风论战的座谈会，由于多数人的要求，便经常举行，成为沦陷后上海文艺界统一战线组织的前身。现在，虽存有许多缺点，然而总算用工作将大家结合在一起了。这个座谈会更产生了种种编辑会，像上面所举的一些刊物便是，工作颇有一些。自然，这仅限于一批进步文人的结合，还不够广泛，真正广大的文艺界并未紧密地联在一起，不过，我相信将来会有可能的。

《文艺》仍将继续，不过要改月刊了，这是由于经济的限制。《文艺新潮》你们看到没有？此外，《译报》将出十部翻译的报告文学作品，其中林淡秋译的《中国的新生》马上就要出版了。

总而言之，上海虽已沦为"孤岛"，但上海文艺界是不"孤"的，情景已非兄在沪时可比。

……仍在剧团中生活。这里有一个戏剧学校，教员有尤兢、李健吾等，还不错。

……

洛蚀文一九三九年寄于上海

* 原信刊载于一九三九年二月八日重庆《抗战文艺》第三卷第九、十合刊。洛蚀文系作者当时的笔名。

致何倩

何倩同志

　　收到你的三纸长函，十分高兴。来信使我知道了新西兰的不少情况。我没去过那里，所知甚少。来信使我对这样一个环保搞得很好又是福利国家有了一些概念。记得你去前我就向你说过梁园虽好非久留之地的话。从休养来讲新西兰恐怕和澳大利亚、加拿大、瑞典等国一样是最好的地方，但久居下来就会感到空虚和寂寞，所以你的心情我完全理解，我也希望你在满足家人团聚的要求之后，还是回到上海来。我这里来人虽多，但谈得来的朋友也不多。更希望有时和你谈谈。近来身体不大好，不便多写。

祝好

王元化

二〇〇一年五月二十九日

致何满子（四通）

一

满子兄

连日阴雨，得手书并大作《风赋》，拜读后颇解枯居之无聊。

前得徐迟函，言及卓兄*近日略有困扰，语焉不详，特走访老耿，他亦不甚了然。估计不会有什么大事。但不知是工作上、生活上或身体上的麻烦，兄详否？

近来暇时，翻阅《古史辨》中有关杨朱考辨，不禁感慨数十年来学术上对许多问题探讨，竟无进展，反有后退之势。

昨偶翻海外李欧梵赠书中论及鲁迅与周作人事。这种论调在海外颇普遍。

有空请来聊天。便中请将尊址示下。

匆匆

祝好

化

一九八七年三月二十二日

* 指曾卓。

二

满子兄

　　十日信收到。卓兄事原来如此，真是令人浩叹。最近我不参加活动，也少写信。倘去信时，请代问候。值得担心的倒是他的健康状态，希望他珍摄，要查清是什么病。（抗战前我也患过眼底出血，病名为静脉周围炎。六十年代初，又复发，至今玻璃体混浊。但一般眼底出血与我所患不同，往往由高血压之类血管病引起。）对于乘机倒算，不要动肝火。我们都是年近古稀的人，"七十老翁何所求？"所悲者，乃祖国之前途及少年时即已形成的信仰与理想耳。每念及此，辄悲从中来，索然而无生趣。但愿马克思早日召唤，了却此苦难的历程。现在我才了解少年时读契诃夫说的一些一时难以索解的警句（如："一个到了什么都不怕"，"瞎了眼也不怕"之类的悲观论调）。

　　耿兄返沪望来舍小叙，备晚餐小酌。

祝好

王元化

一九八七年四月十一日

三

满子兄

　　分手的第三天，即去宣传部开一个小会。会后与龚谈及兄的住房问题。他说上次我向他提出后，即已向市里上报，市里已将兄列入应予分房名单内（高知）。又说，现在一方面固然可以再次上书，另方面也需把下面具体管理配房单位疏通好。我与他商量的结果，信由他直接转江，并由他将兄情况及我的意见讲明。同时，他再嘱部里事业处钟格非同志与管理分配住房单位积极联系。总之，他的态度是认真的，办法也是由他自己提出的。我过一阵再去推动。这次尽力争取，但能否成功，尚未可知。

　　拙稿译本现刚打好，再看一遍，拟连同讲稿铅印本，一并寄裘先生，请他大力帮忙，他的英语是很好的。

　　匆匆不一一。

祝好

弟化
一九八七年九月三日

四

满子兄

　　手书并附信等均收到。十分感激你代撰序言，我是做不出来的，写得委婉妥切，我只做了些文字上改动（为的是不要太古雅）。现已航空挂号寄出，了却一件心事。谢谢，谢谢。

读了老耿函，真是为他进退维谷的处境感到焦虑。这种事发生在国外，不会有这么麻烦。在我们这里，传统是会给当事者以极大压力的。我除了向他说些空洞的安慰话，实在想不出办法，出不了主意。非不为，乃不能也。请兄去函时署上我的名字，替我说几句安慰的话。

贾兄招饮，自当应命。罗洛联系后，即可约定日期。

夏加杰又委兄将推荐信寄来，实在叫我为难，我不是不念师生情，上次去杭，曾专程找他，未见到。推荐信中措辞不当，我的职称也不对，需另写，另打字。但我又无暇，无便人，奈何？
祝好

　　向嫂夫人问安

　　　　　　　　　　　　　　　　　　　　　化
　　　　　　　　　　　　　　　　一九八八年三月十四日

致吴步鼎 * （七通）

一

步鼎

　　看到你的信，我很高兴，上次朱寿曾来说你的身体近来较前好些，有时还可以出门活动一下。如果不妨碍你的健康，望来我家一叙。事前顶好约定一个时间，以免空跑一趟。倘医生不准出门，那就遵医嘱，不要来了。还是由步鼎转信，书面谈谈也好。

　　生病是会寂寞的，所以我碰到同学，总叫他们去看看你。过去我在北平得眼睛病的时候，长期卧床。别人读书给我听，使我解除了不少寂寞。你也不妨试试看，苦闷的时候读读书，也许可以帮助你，使你精神好一些。下次我去找些好书借给你读。你读过《约翰·克利斯朵夫》么？我经常把它放在手边。当我对生活感到疲乏，精神感到沮丧的时候，就打开它来读，让它疗治我的空虚。希望这本书也会给你同样的力量。

　　我虽然不像你在生病，但生活中有许多事在压迫着我，消耗着我的精力。我不比病人更少痛苦。我所经历过的，大概你是不会想到的。许多不应有的事，恰恰是有些高喊革命的人做出来的。这你想得到吗？罗曼·罗兰说过，跟在狮子后面的狼是到处都有的。我为什么要写舅爷爷这样一个旧时代的人？因我在茫茫人海中找不到感情的寄托。较之那些皮面上的笑容和眼泪，口头上的豪言和壮语，我宁可神往旧时代的朴素的小人物。有人说我的小说受到屠格涅夫的影响。这其实是不对的。我并不怎么喜爱屠格涅夫的作品。这篇小说是读了《旧式的地主》的影响。果戈理在写旧式地主时说，他在一群穿着燕尾服的绅士中间，常常想到已经消逝的那些可爱的老人面庞。

《节日》的确写得不错。《人权》是理智的产物，词藻的堆砌，内容空空洞洞，并不怎么好。你怎么会喜欢？《生产的故事》可一读。……下次再谈。

华

* 这一组信是抗战胜利后不久（一九四五年），写给我在储能中学教书时期（一九四二——九四三年）的学生吴步鼎的。我教他国文课时，他才读初中一年级，作文很好，当年全校举行作文比赛，他获得第一名。但是不久他就因患肺病而辍学。我们通信一年后（一九四六年），他就逝世了。我信中署名用的是当时教书名字王少华的缩写。这些信在他逝世后，一直由热爱他的弟弟步萧珍藏着，直到九十年代初期他才将它们寄回我。

二

步鼎

《克利斯朵夫》第一册被一位友人借去，催了几次，至今不还。等一收回即转你一读。现先将手边的《人间》和《童年》借给你。这两本书都是高尔基写的。在我所读过的高尔基著作中，我比较喜欢这两本，特别是《人间》。他写出了少年时代的惨淡的生活，我想你一定会喜欢的。过去，我曾将它借给蔡达君，他读了，高兴得很。他告诉我，不知读了多少遍，还把其中一些他所喜爱的句子，抄在一个小本子上。后来，他自己也写了一篇小说《魔》，我看很受到《人间》的影响。不过我最喜欢的书，还是《克利斯朵夫》。我一定想法子让你读到它。

华

三

步鼎

　　上次步蕭带来你的便条，当天夜晚回家就看到了。

　　《文坛》就快出版了。里面有我从前写的一篇小说，出版后当寄给你看看。这刊物的老板很疙瘩，处处要干涉，下期大概不能合作，难以为继了。不过，刊物还是要办的，我们想改在别处出版。

　　你的身体怎样？望保重，最近新出的刊物如雨后春笋，大批大批地涌现出来，但办得好的并不多。《文艺复兴》可以一看，但撰写的人都是名家，似乎缺少了一点青年人的朝气。其他刊物多剪抄杂凑而成，不值一顾。今天从早上写稿，直至现在，手没停过，腰也有些酸痛了。改日再谈。

祝健

华

四

步鼎

多时未见，听说最近你又病倒了。我因为被许多杂事所缠绕，而你又说过，去你家不便，所以没有来看你。你的近况如何，无时不在念中。

最近我在帮忙编副刊，听说你已经知道，还看到过了。不知以为如何？盼提提你的看法。现托朱寿曾来向你要点稿子。（最近身体不好，不要写新的，只要清出以前写过的旧稿，就可以了。）信也不要回我，有事，就托朱寿曾转达。我会给你去信的。

华

五

步鼎

今天由冯文慧转来的信已收到。为什么要写这么长？我曾托朱寿曾转告你不要写回信，怕于你身体有碍。近来朱寿曾常吃酒，我托他带给你的信，催过好几次，他才送去，并把我转告你的话全都忘记了。这也只好随他。近况怎样？病如何治疗？一切在念中。我想请步藨到我家来好好谈谈（因为你说到你家不便），请他定个时间，以便届时在家等候。

来信说的都很暗淡，读后怃然。达观一点罢。静心养病，我相信你会好起来的。我刚进高中时，曾患一种古怪的眼病。那时家境不错，不惜花钱为我治病，但医生束手，不少医生说我的眼睛将来恐怕要瞎掉。瞎掉跟死亡不是差不多么？那时我像你现在一样悲观得很。我看见和我差不多大的青年人，自由自在，在外面跑，要读书就读书，要做事就做事。我想只要像他们一样，再活五六年，死也甘心。我在床上整整躺了一年，痛苦极了。七七抗战爆发，那一年我居然奇迹般地好起来了。连医生也莫名其妙。他们始终不知这病的起因和如何去治疗。你已经和病斗争这么久，再坚持下去，像你这样一个有用的人，我相信是不会离开我们而去的，我们还需要你。我比你大不少岁，阅世阅人不少，但真正的人并不多，得意的、享福的、掌权的、操纵别人的，以美名标榜自己的……太多了。但这个世界的命运应该由人来决定，我们不要自暴自弃，有苦难就忍受吧，把温暖和阳光送到世上来。我并不把生死放在心上，但不要毫无意义地死掉。让我们珍惜自己的生命。

前天听到蔡达君的死，我愕然。他是有前程的，但走到半路就消逝了。他写的《大姊》不错，《魇》更好。将来设法找到给你看，希望你有条件也动动笔。不要太悲观。我有许多事要问步鼎，叫他一定来一趟。你有话也请步鼎转告我。下次再谈。

祝康复

少华

六

步鼎

我最近搬到杨树浦沪江大学去住了。为的是帮大姐看看家，同时也贪图那里清静，可以安静下来看书写作。今天刚刚从沪江回到城里。

别人告诉我，你曾叫步鼏带过字条来？有没有这事？《童年》《人间》都读完了吗？你认为《人间》比《童年》好，我也是一样。在高尔基的作品中，我比较喜欢他的自传体的小说，写的是亲身经历，感情也真挚。他的初期作品，似乎太追求美，太追求情调。我不喜欢它们的罗曼谛克气息。他后来写的长篇又太理智化了，如同生物学家在解剖标本，而没有作者的感情贯注。

我已退出《文坛》，现打算和满涛、林淡秋、冯雪峰合办一个《现实文艺丛刊》，由中国文化投资公司出版。其中将发表我的一篇小说（是写一个残废人的）。希望你读后，提提你的看法。

近来手边无好书可读。偶尔去书店去翻翻最近出版的新作，大多浮浅得很。不是空喊，就是那些十分草率的急就篇。倒是几本旧书，让我越读越有味。契诃夫的剧本真是好极了。不知你读过他的《樱桃园》没有？大可一读。不过，一般读者似乎不大能了解契诃夫的朴素和平静。你读后有什么感想？我愿意你找一本《樱桃园》读读看。我们编的那个小刊物，下期就预备发表一篇介绍契诃夫的论文。我相信会帮助你去理解契诃夫的。

不要太多想到身体。有空可以找朋友谈谈，要么看看书。老是想着自己的病，会使自己情绪坏起来。这是我过去患病时的经验。你已经在读《克利斯朵夫》，好极了。下面几册倘借不到，请告诉我，我会设法去借的。

华

七

步鼎

　　这些天没有回杨树浦，一直住在家里，就为的是忙办杂志的事。《现实文艺丛刊》已定下月十日出版。一出版就会送给你一份。这个小小刊物，一拖再拖，全是些人事问题，好在现在全解决了，一部分稿子已发排。我写的一篇，自己并不满意，你读后也许会失望。

　　《沙宁》我曾读过，并不是写残疾人的，和我写的完全不同。沙宁是一个变态心理的人物，可以说是精神上的残废者。而我写的是一个身体上的残废者，这个人在精神上、心理上是并不残废的。自然我在写这个人物时，把自己的一些牢骚也放进他身上去了。据我推想，你读了《沙宁》不会怎么满意的。书中有股虚无气息，这个人物也太颓废了，充满着世纪末的悲哀。我虽然不是强者，但我也不喜欢这种精神太不健康的作品。何况《沙宁》写得也并不深刻。我喜欢《克利斯朵夫》，这是一个人，你会觉得他并不陌生，是属于你自己的灵魂，包括你的坚强和你的软弱……这部书的第一本还不是最好的。我最喜欢的是包括《节场》在内的第二本。我早就鼓动你写点东西，不必顾虑，也不要怕写不好，你只要翻翻现在的那些报刊，里面充斥了多少无聊的垃圾。我也不喜欢钱钟书的《围城》。朴素地说话，真诚地写文章的人太少了。我如果能读到你写的东西，我会多么高兴啊！我们都喜爱文学，都把文学当做照耀阴霾人间的火把，为什么不把自己的生命奉献给它呢？

　　一年多来我碰了不少钉子，不是我做错了事，而是我不肯作违心之论，不肯说谎，不肯趋炎附势。我受到的打击不是来自黑暗势力，有的冷箭从背后射来，竟出自革命营垒……这些你也许还不明白，我向你说这些话，是要让你知道，每个人都有他的不幸。但是，我们还是应该坚强一些。步蘦到外地去了，今后我们怎样联系呢？

华

致吴洪森 *（二通）

一

洪森同志

六月十日来信并附稿，最近才看到。原因是我于六月六日遵医嘱去黄山疗养院休养（近来身体很坏），前天因得上海长途电话有工作上的安排，始提早还沪（原定八月中回来）。因此复信较迟，你一定等急了，请谅！

我读了大作，感到十分欣慰；因为我觉得你的文章很好，被埋没是不公正的。因此我想代为介绍到刊物上发表。大作自然也有略嫌不足之处，即对于连最后的时刻，也即他显示了心灵最纯洁的时刻，你写是写了，但较之前面少了一些。我觉得你的细致深入的分析力是极可贵的，希望你多写点文章出来。

我已年逾花甲，年老体衰病多，但成天打杂（搞行政），只能挤点时间写些东西。终日碌碌，成就有限。作家受冷遇，处于孤独中，也有好处，可砥砺自己，进行深思。匆此

祝好

王元化

一九八二年七月二十日

﹡洪森注

一九八〇年底，我完成了《红与黑》的评论《形象的爱情心理学》。为了写这篇评论，我将《红与黑》重新看了两遍（在这之前我已经读过三遍），并且将有关的《红与黑》评论文章和书籍都尽量找来看了，知道自己将采取的心理分析方法和角度是别人还未曾做过的。从看书到写作完成，这篇万把字的文章断断续续花了一个学期的时间，等稿子誊清装进信封贴上邮票寄走时，已经快放寒假了。

几个月之后，稿子被退回来了，换个信封贴上邮票再投。再过了几个月之后，稿子又被退回来了，再投。如是三四次退稿，直到一九八二年夏，还是没有一家刊物愿意发表它。现在的人恐怕已经难以料想当年文艺评论界僵化保守的程度，连文学是表现人性的这种说法都不允许的。

我当时已经毕业分配在江西九江一家中学任教，最后一次收到退稿后，一怒之下，将文章寄给了王元化先生，并且附上一封牢骚满腹、火气很大、口气狂妄的信：

　　尊敬的王元化先生

　　您好！

　　现寄上一篇三投不中的稿件，望先生能抽空过目。该文是为扫荡教条主义批评文风而作……（下略）

我为什么将稿件寄给王元化先生呢？在整个大学读书期间，每当报刊上出现王元化先生的文章，我们同学之间是必然会相互传看的，他的理论文章最令人服膺。记得有一家报纸曾介绍王元化先生是上海社会科学院文学研究所的研究员，于是我就按这地址给王元化先生寄去。寄出的时间是六月。万没想到元化先生看了我的稿子，第二天就给我回了信，不但没计较我的狂妄，反而表示理解和同情，说我这样的文章被埋没是不公平的，他将代为介绍到适当的刊物发表。

我当时的处境非常糟糕和困难，在一所破烂的子弟中学教书，连张睡觉的床都没有，直到我离开那所中学，我一直在一块黑板上安身。元化先生的信，给我带来的鼓励和安慰之大，是可想而知的。当时兴奋、激动和感动的心情，事隔二十年之后，我还是难以准确地描述出来。我把我遇到的好事告诉摩罗等好友，他们都感到高兴和激动。我相信元化先生的信，不但鼓励了我，也鼓励了摩罗等我身边的好友（顺便说一句，十五年之后，摩罗告诉我，当元化先生从摩罗的来信获知他所遭遇的挫折和打击，也立即提笔给他回了一封热情鼓励的信，写了整整两页纸）。

　　从元化先生给我的回信中，我才知道他当时是在大百科全书工作，我按这地址给他回了信表示感谢。到了九月元化先生又来第二封信，告诉我他已经将我的文章推荐给《上海文学》了。

　　放寒假我回上海探亲时，登门拜访了王元化先生。他很热情地给我一连写了好几封推荐信，将我引荐给复旦的蒋孔阳先生、华东师大的徐中玉先生以及上海作协的李子云先生。李子云先生和当时任《上海文学》编辑部主任的周介人先生不但热情接待了我，并且邀请我参加了《上海文学》召开的青年评论家座谈会，我就这样进入了文学界。《形象的爱情心理学》一九八三年五月在《上海文学》发表，深获评论界好评。从此以后，约稿不断。

二

洪森同志

　　上月去京开会，本月中旬返沪。回来后诸事待理，因此复信较迟，乞谅。

　　上次寄我的大作已转此间《上海文学》，他们决定发表（可能在十期或十一期）。我请编辑部和你直接联系，不知你们通过信否？我认为你这篇文章写得很好。希常写些东西，不知除对外国文学作品分析外，还写其他性质文章（如埋论、美学等）否？我相信你从事写作是有前途的。

　　拙作《文心雕龙创作论》基本上写于六十年代"文革"前，你读后，请直率提出批评意见。年内我有本文学评论选（由冯牧同志主编）在湖南人民出版社印行，可能即将出版。

　　你鼓励我多写点东西，很感谢，但我已年逾花甲，体弱，而目前又在岗位上打杂，所以是心有余力不足。许多拙文都是利用业余时间挤出的。

我不知你在上海，否则可约一时间谈谈。下次有机会来沪，事先告我。匆匆不尽一一。

祝好

王元化

九月三十日

致吴琦幸（十三通）

一

琦幸兄

　　多次来信均已收到。建华离沪前来舍，我写了一便笺托她转你，谅已达览。虽未写信，但时时在念中。算算日期，你赴美已将近半年，而世事沧桑，变化极大。自你和晓光走后，顿觉冷清得多。现晓明每周末来舍便餐。我们也常谈到你们的情况。我一直说你的运气比晓光好，现在看来，由于日美两国文化背景与我国差距有大小，两国国情又不同，以及我在日美学界结识的学者有亲有疏之分，以致晓光在日本不似你在美孤独无助，有洋插队之苦。但也好，这可使你多些锻炼（消极因素中的一点积极因素）。看样子，晓明出国（联合培养恐即将改变）之望甚微。你和晓光都十分认真积极为他办，他很感激，我也感激，无奈力不从心，无法强求，只有放在心里，留心机会而已。你不要为此着急。困难我们懂得。

　　你的情况我是关切的。一，骨折复元否？在美生活紧张，经济拮据，但节俭中望注意应有营养与休息，望保重。二，学习方面，攻下英语关。在美专业高低还在其次，英语（倘有第二第三外语更佳）好坏决定一切。这你在出国前，我曾一再强调，现在你当有切身感受。请把精力放在攻英语上。三，建华和孩子（她叫什么）来团聚，见面否？念念。

现简单说说我的近况，可以粗安二字括之。我们二老已近古稀，只希望下一代在学业、工作上胜过我们，更重要是希望比我们多些幸福，少些苦难。记得鲁迅晚年曾给一位青年写信说"人生实在痛苦"，诚哉斯言。但我衷心希望你们要比我们幸福一些。我们几人数载相从，也是一种缘分。我虚长几十岁，忝列老师之位，希望你在学术上有所成就（但不可以非学术手段求之），希望你做一个正直的具有丰富人性人情的人。（我一生中——尤其在文革及运动中，经历了太多的残暴、冷酷、兽性。因此，我希望你们一代不再有人格的侮辱，能保持自己的人的尊严。）也许是老了，絮絮叨叨，说了一些言不尽意的话。总之，我怀念你们，希望你们做好人，有好的成就和好的生活。向你祝福。

元化

一九八九年十月四日

二

琦幸兄

几次提笔，开了头，但又被杂事打断。希望此信能一气写成。你寄晓明的两封信，都看到了。数日前，我外出，家人告我你打来长途，可惜失去交谈机会。建华和孩子想已到了，谅已安顿下来。我生活如旧，乏善可陈，但亦无可令亲友挂心的事，总之，粗安而已。但丛刊事总得挨批。当时殊未料到，在文化滑坡，低级趣味泛滥下，为了提高文化水平和文化素质而出版的读物，竟被提到如此高度。不仅事与愿违，且完全出乎意料之外。人称少不更事。我活了七十岁，得说老不更事了。一切想得太天真了。但扪心自问，却坦然无愧。我的两本书，古籍的可望今年问世，上海文艺那本却被编辑部一再提意见修改，删成什么样子，我也不能逆料。

今冬我们拟去深圳度冬，以便过年时承义可来探望我们，如上次去深圳一样。他拟去美读点书，进修或旁听，同时再打点工。可能要请你代他进行一下（他会直接和你联系的）。他在港地址是：（略）。顺便告你，我的电话于十一月十二日起改七位数，在原号码前加一4字。晓光有信来，看样子他为糊口，工作很累，我担心他身体吃不消。这从他来信的潦草可以推知。你的情况如何？我们数载相从，时相过往，如今一在暨大，一在美，一在日，顿觉冷清不少。我希望你一定要把英语搞好，切盼。从魏听课，有何收获和感想？我的英文稿，来信说暂压下来。可能你没理解我的意思，我认为可先在国外发表。如嫌太长，可由你们酌情压缩或摘取其中某几段发。寄来的资料已交晓明，不知他填好还你否？看样子他出去机会较少。

祝全家好

化

一九八九年十一月六日

三

琦幸兄

　　我现在深圳麒麟山疗养院写这封信给你。(现在有一新的创作之家，离旧的不远。)此处尚未正式开幕，来信请寄疗养院黄仲达医师转。这里电话是(略)，但据说因近处挖路，把线路挖坏了。打进还可以，打出则不行。不妨打打试试看，打通请服务员找我听话。

　　在广州时逗留了三天，见到述卓，他说一直未收到你的信，我替你解释说，你每周除上课外，要工作二十余小时。我建议你便中最好写几个字给他。我的情况粗安，但也乏善可陈。来此后，深居简出，想静下心来，写点东西(杨朱考、扶桑考之类)，聊以解忧而已。明年第一季度，我有两本书可望出版，其一，自己删改了不少，后编辑部审阅要我抽去，我不同意，于是再往上送审，最后由审阅者删去不少。一删再删，锋芒皆去，内容也就尽失机锋，变成一副平稳可掬的面孔。不过，删削时，有一原则，即做减法，不做加法。离沪前曾得铭兄贺卡，我未回他，信中望代我去函致意，并问邵兄戴女士好。

　　现写下你要的罗多弼地址(略)，和陈方正地址(略)。

　　以上二人我已长久未通信了。但离沪前寄去贺卡。你写信时可提一下是我的研究生。

　　建华和孩子怎样？问 Wakeman 夫妇好。杜维明来沪，复旦谢校长要我等他来，但等了两天，他却推迟到沪，未见到。

匆匆祝好

化

一九八九年十二月圣诞节前日

四

琦幸

元旦来信，今天已是十九日才收到。特区一切都现代化，但通讯却异常落后，打电话难，打电报慢。不过这里电话可打得进（略）。在春节时我可能进市区住一二天。二月五日将去汕头大学，逗留约一周返沪，时间当在二月下旬。我的两本新书，出来后，等有便人带几本给你，除赠你外，再请转赠几位友人。倘有人回国或去美，请告，以便托他带书。

你征询准备留在美国读书的意见，我想只要对你好，就行了。我希望你将国内一切需办的手续办妥，不引出误会或麻烦就行。你们在美攻读确也不易。由于文化背景不同，你感到美国人情淡薄，这我完全理解。但这种环境也会激励人们靠自己奋斗，培养开拓精神，这又是好的一面。自然没有人情味总是不好的。你如在美拿学位，恐需二三年。我身体尚好，惟一愿望多读多写而已。此地，绝无干扰，偌大一个创作之家，仅我和张可二人。这次我读了些书，做了些笔记，为杨朱考辨积累了材料，希望回去时能有一初稿，至少一详细提纲。对于出国，兴趣不大，我曾推掉了一次。华师大要我续招研究生，我不想干，也辞掉了。晓明毕业，我就关门不干了。

我的心情不好，这你会理解，但尚能克制，主要不愿像以往再蹉跎光阴了。你和晓光、述卓通信吗？希你们保持联系。

祝全家好

化

一九九〇年一月二十日

五

琦幸

　　五月十二手书奉悉。读完三纸长函，不仅使我知道了你的近况，也使我了解了美国学界的一些内幕。后者是我不清楚的。你在美半年，根据切身感受，长了不少见识，应该说这也是一种收获。我年轻时（抗战胜利后一九四六—四八）在国立北平铁道管理学院任教（讲师），这是我第一次登上大学讲堂，当时我是个二十来岁少不更事的青年。入校之初，以为大学是神圣学府，半年教下来，发现其中纵横捭阖勾心斗角之事比比皆是，不禁十分苦恼，只有自己使自己孤立起来，因为找不到可谈的朋友，找不到正派作风，找不到严肃治学的教授。少年时的那点幻想在现实上碰得粉碎。你信中所谈柏克莱大学情况，虽言之不详，但已可推知大概。上次你告诉我美国大学中的汉学已被台湾学人垄断，大陆的人颇难插足，并谈及大陆学风及台湾学风问题，使我知道不少的事。两种学风确实不同。毋庸讳言，大陆闭关锁国数十年，教条主义猖獗数十年，带来学风之敝自不必多说，但认真钻研、认真教学的人，也不是完全没有。在做学问上那种承袭传统实学（重逻辑、重论证、重证据等）的朴质学风，也有其为一般台湾学人所不及之处。固然，这并不是说，就不应学习他们之长，他们对西方新思潮钻研较多较深。现在情况是，我们应扬己之长，也取人之长，保持传统的朴质学风。在海外华裔学者中（据我孤陋寡闻来说）最佩服余英时。不知你可找到六月三日《文艺报》否？（事实上是在七月发出的。）其中载有李泽厚的访谈，他说有一股破坏激情，否定一切，如"文革"重演，举出二人，首先是我，再是刘晓波。现将此文复制一份随函寄你。李说这话带有感情色彩。我想他可能误会。一，以为刘的书是通过我出版的。其实我和刘素不相识，而是他书稿的责编（倪为国）鉴于不能出版，要我看看，希望我发表点意见。我读后，回答是不同意见争论是可以的，但必须删去书中那些攻击性的激烈话语。后来经过责编的努力，书印出来了。我和这位责编也是素不相识的。二，我为刘主持博士论文答辩，先是在他的导师黄药眠先生在世时，已经答应了。黄去世后，协助黄辅导的童庆炳也是我的朋友，仍邀我去主持答辩，这样才和刘认识。我觉得刘并不如外传之可怕。我做以上两件事都是被动的，并没有打击谁庇护谁的意思，只是做自己应做的事而已。泽厚是我的朋友，我一直对他是尊重的，不知他何以反感至此。

　　承嘱对你今后方向提提意见。我们分别已久，对新的情况所知有限，很难说得中肯，只望你先加把劲，把英语学得更精更好。也希望你对于徐震堮先生所授的训诂考据之学，不要由荒疏而舍弃。倘使你再钻研一下西方哲学就更好了。但不可急，不可快，要慢慢来，持之以恒。我一生处动荡中，岁月不居，时光流逝，少怀大志，长与愿违，庸庸碌碌，成为时代的过客。惟一希望于你们的，是不要步我后尘，而在学业上能有所成就，以不负中国知识分子应有的使命。此一赠言，望能铭记不忘。至盼。

建华和女儿在一起，比起晓光的情况好些，她也谈起去美赴会的事。

你在报馆从事译事，是中译英，还是英译中？便中望告。我已出二书，倘有便人托带最为妥当。匆匆

握手

化

一九九〇年五月（？日）

六

琦幸兄

来信收到。你说久未得我的信，记得六月间我曾寄一函，七月初又寄上我的新著《思辨短简》、《传统与反传统》。由于你的地址变动（最近来信说又将迁居），我很担心信和书能不能收到？望即来函告知。你附寄的剪报（报导你参加的孔子讨论会）看过了。你能参加会，多接触一些海外学人，很好。（晓光来信也提到，你设法邀他参加，可惜未去成。）杜维明（据说将去夏威夷大学）转告的话，我能了解。其实我对他是尊重的。戴厚英去美时，问我应该去看看什么人，我向她提出余英时和杜维明。（其他不认识的可不必去走访。）尽管处境不同，观点上有某些分歧，但这不妨碍我对杜的看法。如果大家完全一样，学术上也就僵化、停滞了，我仍旧赞同孙冶方说的，在治学上要求异存同。如果没有学术上的自由讨论和民主作风，那将导致学术的衰落

或败坏。我决不希望这种局面在大陆上长期僵持下去。要学术民主就不能强人从己，自然也不应该强己从人。学者必须要有容人容物之量。我觉得……就缺乏这一点。我在《传统》后记中提到的"一位友人"就是指他。由于情绪化完全陷于意气用事之中，结果必然是使感情蒙蔽了自己的眼睛，这样就不能看到事实的真相。可是事实总是事实，不会因你的反感而改变。最后倒霉的还是你自己，因为你失去了对于人和事的正确认识。

寄你的二本拙著读后有何意见？望直言告我。另二本已直接寄给Wakeman，据说他地址也有变动，不知收到否？信中望代一询。希望你多和晓光联系，他要延长留学时间，我已向教委的熟人（吴本厦，过去我的学生）谈过。我还未给晓光去信。见到，盼告他。

祝好

建华与女儿均问好

王元化
一九九〇年七月十日

七

琦幸兄

得近日来信，已记不得复你没有，索性再写一封。

晓光延长事，我虽尽力去办，但问题较多，此处又无人去向学校接头（系里从不与我直接联系，好在晓明已获博士学位，我即辞去，不愿再与此校发生瓜葛）。你信中所转达杜维明的话是中肯的。我虽不赞成他的一些观点，但对他是尊重的。戴厚英去美时，问我美国学者情况，我向她介绍了不认识的余英时和认识的杜维明。我说他为人不错，但已去了夏威夷。不知你和他有联系吗？

你是不是还在《国际日报》工作？能否将工作情况告知一二？你将搬家，新址确定后盼即告，否则寄去信就可能遗失。我曾将近著寄你（《思辨短简》及《传统与反传统》），不知收到否？你家的电话亦望告知。如有人去美，可与你通话，这样方便些。

上海连日大热，已连续半月。高温超过曼谷，为百年罕见。现热势稍减。我们尚安，勿念。你们如何？希望你把外语学好。

问建华好

化

一九九〇年七月三十日

八

琦幸兄

由沪转寄来的信，昨日收到。《短简》倘未寄出请改寄唐力权，因杜处已寄了一本。如果你已寄出，烦你再写一便笺，请杜将多寄的一本转赠给夏威夷大学图书馆。而将你的一本寄唐（将来再补寄你）。诸多费神，谢谢。

来信所谈文化问题（我那段话确是指……），大概你未遑细审，我并非说唐人街上的陈规陋俗不是文化传统，而是说一个民族的凝聚力，如靠传统中这些糟粕，未免可悲。你怎么认为我在为净化传统而作辩护呢？

附上近作一篇，近照一帧（刊于今年《人民政协报》）。

孙滨率团来美，上次你和建华所托之事，他们已和你们直接联系了。这次碰面可议一议。

匆匆

祝好

化

一九九〇年十一月一日

读来信觉得你不能潜心钻研，好好读书而感到苦闷。盼你一旦生活有了保证，就仍旧回到学业上来，文字训诂之学不可弃。——又及

九

琦幸兄

四日信今天收到。上信寄出后，一直等你复信或电话，久候不至，读信后始知电话未打通。承义家电话号无误，大约你打时恰巧有别人打。以后再打来请在香港时间晚上十时半前后，似有把握。前得我妹妹元兆来信，说你们碰过头。我的姐妹中，我与我三姐桂碧清（姓母姓）最为相得。元兆则接触不多。我也不大理解她为何举家来美？如何都能来？现海外出国人士情况不太简单，你讲的那些人是一种，另外，站在另方面的人也是一种。国内情况，似又回到……状态。……

仅仅是这时代的一种特产而已。我已过七十，我认为自己今天所能做的，只是在理论领域范围内，其他均非所长。我在中青年时代厄于命运，浪费不少时间，今后不能再浪费了。只有抓紧看书写作，才是正理。目前我在写《杨朱考辨》，刊出后当寄奉请你批评。戴厚英事我也略有所闻，她似乎还是老脾气，冲动性格，个人意识太强。刘……为人不错，虽然我觉得他的基础不扎实。比如他没有基本哲学训练，又喜谈哲学式的问题。而他的哲学常识是从别人那里借过来的，许多观点颇多可议之处。

你在国外先得生存，得站住脚，张罗点钱自然是必要的。这些我懂得。我不惮辞费，一再提醒你不要放弃考据训诂之学，是鉴于现在已没有人再从事这方面的学问，因而担心若干年后，大学恐怕不能再开这门课程，而中国传统文化的研究将从此越来越滑坡。同时考虑你在徐先生门下受到一定训练，有基础，你的天资也好，何不在学术上多花些功夫？这些是后话，不是不主张你目前先解决生活问题。

晓光的事，我们都尽了力，谋事不成，不是我们不努力。他治学努力，希望他好自为之。

来信提出可将我的存书售于海外一家新办大学。但我想把书捐赠给家乡图书馆。我的家乡是内地一个县城，地虽偏僻，但颇出人才，每年报考大学的学生，成绩都不错。至今我尚未将书运去。自然，我也可将藏书的一部分捐赠海外。

建华和女儿近来如何？小姑娘一定英语说得很好了。

化
一九九一年元月十二晚

一〇

琦幸兄

　　得电话后又得来函，使我在客居寂寞中颇得安慰。我已在办护照，争取赴夏威夷之会。我很想在这会上与一些朋友会面晤谈，以抒烦闷。参加会议大概有可能，但需从国内出境，故我已定二月八日离港去沪。写此信，是希望你有可能亦能赴会一晤（自然要看各种条件，不要强求）。请你与会议单位即时联系，打听我的行止为盼。我给会议一篇文章，如你那里可发表（倘会议不刊印，且同意的话），我希望你找一学术性强的政治色彩淡的刊物发表，如要译成英语，可告我，我在国内译好给你。最近才获悉会议是李欧梵先生措办的。见面时，请代向他致意。全家安吉。

祝健

化

一九九一年一月二十七日

一一

琦幸兄

　　一月二十日信悉。夏威夷之会，虽经我多方努力，看样恐怕不能成行。截至目前，护照仍未批下，说法一天一个样子。我估计，拖到逾期，去不成，也就不了了之了。但我已定二月八日（即后日）返沪。

回上海后再看看情况，尽力争取。此事望转告李欧梵，并感谢他对我的关注。如不能来，我不能详说，故写此信，望你转达李、杜二位。邀我来美讲学最好做学者访问，讲课少些，座谈多些，这样可少讲冠冕堂皇的话，而多作务实之谈，对听者似更有点参考价值。时间最好在今年秋末冬初，为期三月左右。经再三考虑张可还是不来，她身体不大好，我也怕她劳累。

此信反面是一复制品，不知上次承义寄你否，我在他家中发现未寄出。现寄上。晓光拟去美，知否？新春愉快。

我二月八日返沪，以后来信请寄沪。

化

一九九一年二月

一二

琦幸兄

七日来信，今午收到。我曾多次寄信给你，均被退回，可能是搬了家，也可能不是。比如上次你来上海到我处留下名片，我按名片上地址寄书给你（时间距你来沪不久），即被退回，退回只剩一空信壳，书不见了，塞了一些小孩看的图片等，乱七八糟一包，真令我哭笑不得。今后你地址一有变动，请即函告，否则不敢写信给你了。周勤处也一样，寄去的贺年卡也退回了。这在别国是很少见的。美国邮政似很差。你要撰中西文化比较之文甚好，盼早日完成。

杜维明近日观点有变化，他也不同意"新儒学"甚至"儒学第三次复兴"提法，对五四观点亦有变化。兄论应以其近日观点为准。我的看法也有些变化，现将近作一篇剪下附奉。（我的主要文章多刊于此刊，乃《文汇报》之一副刊，可单独订阅。《新民》所载皆小文章也。）此文对话者傅杰，从我就读的博士生，今夏即将毕业，他是姜亮夫先生硕士生，于文字学及训诂考据颇有根柢，和你所学较接近。你现在美，为生活而从事新闻工作，亦非出于初衷。但这也是没办法的事，在美总得生活，为下一代作些牺牲，但仍望你不要舍弃徐先生所教授的学问。最近，我日益觉得汉字不可废。说汉字不科学，落后，乃受五四胡适辈"事事不如人"之影响也。香港安子介曾撰文（大约已出三书）谈汉字，兄见过否？我希望你把主要精力用在研究汉字问题上，可撰文交我在此间找地方发表。匆匆不一一。

祝好

化

一九九三年三月十七日

一三

琦幸兄

　　晓光携来手书，蒙赠送礼物，谢谢。你每次托人带东西来，太客气。以后望不要再这样做。我要的东西，这里有，不必千里迢迢，费心费事。千万，千万。

　　我已逾古稀，自然比你在沪三年前所见老一些，但身体尚健。最近我基本上谢绝了活动，在家看看书，倒也安逸。此次应杜维明之邀是例外，我已谢绝了其他一些邀请。来信说你也应邀出席，那么又可会面了。（我希望此次不要再录像了，这使我过于突出。）我打算八月二十四日前后去旧金山，调整时差，小住四五日再飞康桥与会。

问候你全家，孩子大些了吧。

匆匆

祝好

王元化

一九九三年

致吴敬琏

敬琏同志

　　得你打来的电话后不久，李波即来衡山宾馆见面了。我没想到他竟是一位二十八岁的青年。我们谈话很相投，谈思想谈学问，都有共同语言。像他这样成熟在一般青年中似不大多见。他读书多，也很认真。今天得他赠我的一篇论文《民主的四大渊源》，读完了。大概由于他是位律师，行文条理清晰，逻辑严密，把复杂问题，概括为极其简要的说明，读后令人可敬，虽然咋行文上不免有些像法律条文。过去我曾在谈民主的文章中一再呼吁过，也曾向一些办刊的编辑友人呼吁过，希望做些有关民主理论的通俗性、系统性工作。但石沉大海，连一点反应也没有，真是感到十分寂寞和悲哀。这工作对当前太重要了。如果真正要发扬顾准生前所做的事，这就是最要紧的。你不难想到，李波这篇文章，是我希望有人去做而长期没人响应的工作，我读了是多么高兴。我要感谢你把这位青年介绍给我。

　　匆匆已尽二纸。

祝好

王元化

二〇〇〇年十一月二十五日

致汪荣祖（二通）

一

荣祖先生

　　手教昨日收到。《小引》顷交《论丛》来人带去，即可付排，文字略作删节，主要是涉及弟过目等处，已请伯城裁定。时间匆促，未在事前征求意见，尚望见宥是幸。先生在沪时曾云，八月即将离校外出，不知记忆确否？此函望能在先生行前达览。弟近草就一短文，谈崇效寺红杏青松图及掌故花（寺内牡丹），刊出后当剪下寄呈请正。近日借得荣孟源生前参与编辑之《近代稗海》一部，收有清人笔记约五十余种，颇足观赏。弟于休息时翻阅十来种（《方家园杂咏记事》等），其中掌故，多为《花随人圣盦摭忆》所援引，但《摭忆》往往有误。此类著作，谅海外亦必复印，倘有阙漏，不妨在此间购买，弟可效力。目前又草就记十力先生文，随同先生遗墨及照片寄港陈方正先生（屡屡索稿未报，不得不应命也）。倘先生读到，亦望指教。匆匆不一一。

祝好

王元化

一九九一年八月十九日

二

荣祖先生

　　九月七日手书奉悉。牟复礼先生文将于下期《论丛》发表，当遵嘱寄奉二本，稿费亦请编辑部直接函洽。(亦可代购书籍。)

　　《近代稗海》已出十余册，每册数种，第一、二册为晚清掌故，其余均为民初笔记，颇有参考价值，可请古籍王兴康先生代办，我已将此事请他帮忙。

　　尊著在大陆重印，很好。此书内容充实，写得精彩。除上次所谈一二处外，未发现问题。匆匆祝好。

王元化

九月二十日

致李庆（三通）

一

李庆兄

　　久疏音问。近日上海太热，殊少读写，以休息为主。近期阅朱一新（鼎甫）《无邪堂答问》中论及日本早期汉学情况称："当平氏北条氏时，屡有以大将军削发，而仍执朝权者（自注：见日本史、日本外史）。足利氏兴，始尊儒术。藤原肃出，始宗程朱，尊汉学。皆视吾中国之游尚，以为趋合。（自注：物徂徕乃陈同甫之流，非专汉学也。太宰纯、山井鼎辈，乃真汉学。）自抚夷议起，德山归政，行欧洲之法，废支那之书，而儒释皆不竞矣。盖彼视儒释与西学，同一来自外邦，故迭废迭兴。……"

　　上面这一段话，讲的是日本维新前后的学术动向（自然主要讲是西学传入日本等事），不知朱一新所论是否准确，抑或所见甚陋。我因未治日本学术史，对此一无所知。想到兄是这方面专家，故专诚写此函请教。倘能于近日即复我一信，则感甚矣。

匆匆不尽一一。即请

撰安

王元化

一九九七年七月二十二日

二

庆兄

奉上近日所撰有关五四的拙文，请正。此文如能迻译为日文最好，不知有人愿做此项工作否？

我先后所写有关思想史的文字，已有十来篇，近二十万言。其中已有数篇译成日文（包括浅野先生最近所译）。倘再陆续有人译出，将来汇编一集，在日出版，不知有此可能否？尚望兄代为斟酌，并给予帮助为感。

兄何时返沪？四月底赴京参加北大举办之五四讨论会，得见新雨旧交，亦称不虚此一行。匆匆

握手

王元化

一九九九年五月十四日晚

三

李庆兄

字已遵嘱写好。是我文章中的一句话，白话，还有标点，我头一

次这样写，不知你以为如何？

　　我怕字被雨水弄湿，故用塑料袋包装。但我不善于此事，请你拆封时，务必小心，用剪子慢慢剪开，不要剪坏包里的宣纸。

祝好

王元化

一九九九年九月二十七日

致李辉（二通）

一

李辉先生

特快专递寄来的大札并《民国文库》附件敬悉。

十分感谢您对我的信任，邀我为文库作序。最近我有两个译本将重印，一须修订，一须写长序。同时我又早已答应了别人为他们编印的《近代学术丛书》写序，性质和尊编差不多，倘再给您写，想不出有什么新义可说，变成敷衍塞责；这将是很对不起您的雅意的。所以想来想去，我认为熟人中间，朱维铮先生可担负此任。如您认为可以，请即复，我可从旁向朱说项。但未得您答复前，不便先向朱讲。盼酌，不一一。

祝好

王元化

一九九五年十一月十日

二

李辉兄

　　我们这次合作持续颇久，大家都有点精疲力尽，现在总算圆满收场，可以大舒一口气了。

　　你要的手稿，幸好未丢，现奉上。倘兄能从中抽出一张摄影给我，则甚感（因文艺所出画传要用，我的手稿都丢了）。倘太费事，则算了。我也是顺便一提的。

　　照片寄上我和胡晓明去年在台同游花莲所摄。但我希望只用我一个人的，不知电脑可否处理？用后请将原件赐还。不知你认为这张尚可用否？我喜欢背影在茫茫群山中一片莽苍苍的气象。

祝好

王元化

一九九九年三月十二日

致李锐（十三通）

一

锐兄

早想写信给你，半月前腰疾复发，卧床多日，书写不便。今虽未痊，但已可活动，即奉此函。

上海情况堪忧，市宣迄无部长，……下属各局则更有甚焉。如文化局争相率团出国，一可游山玩水，二可收入外汇（与其他非职业演出团出国不同）。又如电影局利用滥发内部电影片及资料片票子，建立关系户，厂长等可十分巧妙地为自己解决住房，所得住房即市委常委亦不可得。此外大多都不顾组织原则，不经一定组织程序，而拉帮结派，通过"小兄弟"解决一切。风气之敝，十余年来，无有今日之甚者。腐败情况，令人忧虑。主政者全陷被动，已无暇顾及思想战线。掌文教者，应付而已。工作能不管则不管，能推给下级则推给下级。在这种情况下，我觉得去谈话已毫无作用。报纸倘要报导弊端，据说须等问题解决后再可报导（倘永不解决则永不能报导矣）。

弟自少年时代入党，已逾半世纪，今为大局忧，为前途忧，如此悲观论调，恐令爱护我者感到遗憾也。

上次来信嘱我将去岁尾之拙文寄上，现遵嘱附奉。此文此信希转黎澍兄一阅，并望教正。

问候张大姐。

匆匆

祝好

王元化

（？年）二月十日

二

锐兄

十八大札已拜读，种种关怀，感激无量。

我已找国栋同志谈了一次话，江则未去看望，一则他初来正忙，二则不相识不便打扰。倘他约去谈，当面陈种种，以尽党员之责。

关于我退下以后安排问题，当时胡立教代表市委向我宣布到市国际文化交流中心，后于光远来沪时说，他问过小潘，也说就要发布了。可是最近事情有了很大的变化，潘约有关方面，……，及宣传系统二人谈筹备该会事，……就作了改变原议的决定。此事并未告我。前见道涵，他亦觉奇怪，并说原议是市委决定的，而现在竟随便推翻，而且至今未和我说过。此事的确颇不正常。

程十发有一画奉赠，我想候有便人带上。

匆匆不及一一。

祝好

元化手上

一九八五年（?）六月二十五日

三

锐兄

六号信，今天（二十）宣传部派人送来。邮递不正常，加之宣传部也不及时转信，所以迟了。以后还是直接寄舍间吧。挂号件则可由宣传部转，以免拿信周折。（此间凡挂号信，邮局用一劳人便己的方法，即将一领信单投入信箱，得领信单后，需加盖图章，填好身份证号码、发证单位，再持身份证，步行需二十分钟，往返加上手续，则一小时矣，去邮局排队领取。）

兄书出版诚为一大事，可惜我见到较迟。（我想这是我们隔居二地的缘故，不似京中友人联系方便。）否则我可较从容提供一些供参考的意见。但愿这书出得顺利，小型研讨会可开。我们都已年逾古稀，入党已逾半世纪，自愧未尽一个知识分子的使命和责任。在今风雨飘摇世势中，没有做出自励励人的工作，以至每当梦回之际，难以入寐。倘再不奋发图强，真是不堪设想。而首先我认为就应扫除一切自欺欺人、害人害己的瞒与骗。——这就是兄所做的工作。希望书出得顺利，希望能发声的都发出声音来吧。

上海连日大热，气温在摄氏 37 ℃以上。我是在挥汗写此信的。我们二人身体尚健，也希望你多多保重。尤其夏天到来，正是你发哮喘的时候。幸好张大姐身体好，人好，会把你照料好。我觉得自己一生中虚掷的光阴太多，现不能再浪费时间了。故谢绝活动，天天争取读点书，写写小文，日记、笔记等，这样倒也自得其乐。但近来目力衰退，似有飞蚊症（玻璃体混浊）。匆匆祝
著安

弟元化

一九八六年（？月）二十日

四

锐兄

医院分手后二日即去烟台，参加大百科全书中国文学卷定稿会，月初始返沪。上海正值酷暑，炎热难当，不知京中如何？临别嘱我事，我觉很对，此类事确不必计较，故不准备再谈。今日见到H兄，已将尊意转达，叮咛他勿忘自己是位老同志，他对你关心表示接受。（我从秦川同志处已略闻有关他的事。）你检查下来，健康如何？殊念。

政协党组通知在港办一刊物（详附件），并报书记处。他们约请几人（费孝通等）为顾问，我亦被聘。此地一位编辑（尚丁）颇愿足下赐稿，嘱我代约，不知可否俯允？盼复。

你惠赐手书刘禹锡诗已裱好，挂在卧室壁，朝夕相望。人见者皆云书法好，而诗意亦颇耐寻味，非如你所云太直太露也。

请向张大姐致意。匆匆不一一。

祝好

化手上

一九八六年八月六日晚

五

锐兄

　　一直没写信，不是懒散，而是每一提笔，辄费踌躇，来信提的几个问题，我觉得要我回答，就得认真负责，我怕说得不准确。同时，最近和有些人接触，听到一些反应，并由此产生一些想法，很愿和你谈谈。但要谈清楚就得写许多，等于做文章一样，还得理出个头绪。这样一来，使我反而提不起笔来了。说来这似乎荒谬，但事实确是如此。要写的太多，反而成了不写的原因。

　　现在我想还是先谈谈来信提出的几个问题吧。

　　关于文和德的事，诚然不可分。但要我一下子举几位才德兼备的理论工作者（青年），却颇为难。最近我特别感到认识一个人是极不容易的。（这是从实际经验得出的，因常常看错或不准。）现暂遵嘱（中略）……至于摘要韦克曼著作事，已托小黄办，当再催他。来信嘱代为（向李慕琳）转达事，已办。今日申生兄来谈三小时始去。五月前后想来京一行，但未确定。确定后，当奉闻。此信写得像流水账，乞谅。

祝好

请问候大姐。

弟元化

一九八七年二月十七日晚

六

锐兄

七月十一手书奉悉。蒙关注甚感。自四月中起，身体一直不好，小病缠绵，令人心烦。数月来一直和医院打交道，看病吃药，折腾了近三个月。今天去医院做胃镜，未发现什么严重问题，请释远念。

惠寄复制大作拜读，深感切中时弊，不仅共鸣，也使我觉得舒愤懑。孔子那时代，能有那样平易的对话，实在可为今天大批判风的殷鉴。孔子是讲究温柔敦厚的，可是孟子的以意逆志的看人论事法，却是颇有成见的。例如他拒杨墨，斥之为无父无君，就有上纲上线的味道。不知你是否可再借题发挥一文？这类文章，你写得十分精彩，望多写。大概是前年吧，你写了几篇抨击时下讲大话吹牛皮的浮夸风文章，似引起"理论权威"反感，但我越来越觉得此风为害之烈，倘不扫除，将使我们这个民族陷于麻木、虚浮、自欺中。我在病中每天翻阅报纸，收看电视，都随时可找到这类例子。比如说什么……已达到或超过国际水平之类的报导，日必数起，倘作一统计，累积起来，定可名列世界之"最"。（我很讨厌这个"文革"时留下的字，但前天报上刊出《中国世界之最》的书就要出版了。）事实如此吗？这样的民族心理可建成"四化"吗？我们的精力都用在耸人听闻哗众取宠的言词上去了，至于埋头实干却很少被提及，这种人在中国肯定有，但不被传媒所注意。令人深忧！想起兄在数年前遭人横议的实事求是的文章，不禁为之浩叹。申生事我一直在为之协助解决，大致无问题。已尽二纸，匆匆向张大姐致意。

祝好

元化

一九八七年七月十五日

七

锐兄

　　回到上海快一个月了。此次在京两次谈话并同去探望住院的黎澍同志，十分高兴。我听到那件舒愤懑的事，真是痛快淋漓，这是今年使我感到欣慰的两大快事之一。另一件事是会见了那两位我尊敬而又同情的友人，和他们作了长时间的畅谈。不知澍兄完全康复了没有？十分挂念，见面时请代致意。

　　上海情况如旧，但我希望（尤其是在思想工作上）有所改善。我在上海连续工作了半世纪，很愿提供一些意见，供市领导参考。我个人一无所求，只希望宣传文教工作能配合改革形势前进。上海是"四人帮"老巢，根株未除，极左势力仍在牵制大局。十二大时小平同志陈云同志嘱上海领导要攻碉堡、挖根子，但人事工作变动太多、太快，此事终未贯彻，浮在面上的明显人物在整党中处理了一批，但盘根错节势力强大的某些人，则始终未能触及毫毛，今天虽已事过境迁，但终将遗患于未来。我因生性耿直，在职时不为上者所喜，更为某些人所恶、所忌，于是被搁置一边，许多应有我参加的会也被摈除在外。我不计较这些，但苦无发言的机会。我想为了上海工作应尽自己之责，向市领导反映并建议一些情况，不知你以为如何？希望你也帮助考虑一下。

匆匆不一一。

祝好

化上
一九八七年十二月九日

八日《文汇》发了一篇拙文，不知见到否？

八

锐兄

近来哮喘停止否？殊念。望珍摄。

访美定于何时？我已函告一位美籍学者傅伟勋教授。他原在台，一直在促进海峡两岸文化交流。其兄为蒋介石所杀（但不是中共党员）。他的地址是费城（略）。

另一位美国学者韦克曼，原柏克莱历史系教授，写了不少书，其中包括论毛的《历史与意志》（*History and Will*）。曾援引你的大作。现为美社会科学研究基金会理事长。地址是：（略）。

我是多么渴望得到你的大作，但又不敢催逼，怕影响你身体。对澍兄亦如此。如可能希早日收到大作。

匆匆不一一。

问张大姐好。

祝好

弟化手上

一九八八年十月十六日灯下

九

锐兄

承托人打来长途，告我你已返京。我想让你在家静静多休息几天，故未照他建议即刻挂长途给你。现趁万盛来京，请他代我面陈种种。

我正在积极筹办文萃（英文版）及《新启蒙》海外版，希你惠寄小照一帧，并选文一篇（海外版不用"新启蒙"，由沪港合办，在港出）。详情亦由万盛面陈。

教育出版社受到蛮横压力，置法于不顾，我等湖南来函（嘱他们将详情写清），拟以主编名上告，请秦川同志代达。不知妥否，便否？

匆匆不一一，望指教。

祝好

张大姐代问候

弟化手上

一九八九年二月二十三日

✚

锐兄

二十七日手书，前日始收到。拜读再三，如闻謦欬。

自办《新启蒙》以来，由于人手少，办法少，陷入事务堆中。我的精力都消耗在一些费力而少成效的琐事中去了。这些事又不可不办，如为发行筹划等等，事必躬亲，不自己去抓不行。这真是始所未料的。自都乐书屋事件后，更纠缠于各种恼人的纠葛中，站在辩诬地位，进行申辩。我自问未做坏事，无非想为我国文化事业面临严峻的局面，起些好影响，为改革开放做些有益的事，孰料竟惹出偌大一场是非。都乐事，我看得太简单了。固然都乐主人未免有些出格做法，如找来一批海外洋人（当时我即向主人提出不妥，并请她按涉外规定向外办谈一谈，以免误会），我向来不喜"轰动效应"，曾向若水谈过数次。再加上方励之闯进来说了一些我并不以为然的话。这些我事先未估计到，所以也就未能预防。后来竟不调查研究，轻率发文，上纲上线，甚至无中生有，实在令人愤懑。这种作风，真可说是满眼敌情，人人可疑，95％以上都是靠不住的了。至于某某所谓什么新启蒙会出现什么之类昏话，不足怪。而某某接过此话，到党校去作报告，则是我从所未见的怪事。不加调查，随意扣大帽子，这是什么作风？党的原则，党的政策到哪里去了？我有一种恐惧，这样下去，将会把一切断送掉。

春节以后我的生命精力都浪费在这类事中，真是令人可气可叹！

我已接受此间记者采访，拟在报上回答"他们究竟要干什么？"的问题（正由我校订中）。昨天光远和我在社联座谈会上谈了一些真相，以正视听。

春节前我编了两本书，将于下半年出版。

我被指定去参加五月间在荷、比举行的国际笔会。恐将来京，随团出发，届时当谋见面晤谈。

我的老伴患胆结石，是否动手术，尚未定。

你们两位身体如何？念念，望保重。

匆匆

祝好

王元化

一九八九年四月七日

——

锐兄

捧读大札，如对故人。上海入冬以来，气候温暖，近数日因北方寒流南下，温度骤变。上海不似北京，有暖气御寒，家中只能以红外线炉（用煤气），聊以略驱寒气而已。然写字时仍需呵冻，方能握管。十一月三十日为弟满七十岁。是日不知何人得晓，传出后，前来祝贺送花者甚夥。此为历来破例之举，盖这是生平第一次做生日也（虽然纯是被动）。大概朋友们看到近来《中国文化报》之大批判（不知获悉否？）所产生的一种默默表态吧。此文承好心者剪下惠我，盖弟已一年多不看报了。其中对老一代未涉及，但对弟却以不点名式地点名（用"主编"以代之）。此类大作，不仅无震慑效应，甚至连惹人生气效应也都没有了，可见其价值（如果还有价值的话）。观其伎俩远在十多年前棍子们之下也。鲁迅所谓"连眼珠都不转过去"，如今才使我有了真正领悟。弟仍在继续编写《短简》，打算明年出一续篇。兄之大作，完成如何？弟一面有早睹为快之愿望，另方面又希望你不可过于劳累，这种矛盾心理谅能体察。大约半年前，弟之子（年已四十出头，去年携媳自美留居香港），要我们去港和他们团聚度岁。我已申请，手续（经过市领导批）已办妥，暂定十二月十日后由穗转车去港。兄有信可仍送寄原址，沪寓已请人代管，信件等及时转港。匆匆

祝好

　　可问候张大姐

弟化手上

一九九〇年十二月二日

一二

锐兄

　　又有一些时候未通信了。念念。这几天有些琐事，较忙碌，几乎天天出去。大前天、前天都得到香港三联总编辑打来电话，家人告他我不在家。昨天他又打来，我接到了。由于是长途，未能详谈。原来他想编辑一套《思想者文丛》，已收了四部稿子。其中一部是我的，另一部是我转他的顾准遗著。再有两部是他自己组织的。他在电话中说，这部文丛目前先出以上四部（因都已付排开印），其余的暂停。这包括你的《青年与晚年》和澍兄遗著在内。三月下旬他来沪时，谈得好好

的，而且表示对你的、澍兄稿有极大兴趣，十分欢迎。这次突然变卦，事出意外，我问他究竟，他说不是他个人意见，但接着又嘱我不要把这一点外传。总之，吞吞吐吐，似很为难，又不便明言。我估计是受到什么压力，我和他不太熟，但他一直在上海工作，就过去情况来看，思想为人尚不错。看样子确实不是他个人问题（估计他是有苦衷而难言的）。其中原委，我只能慢慢去了解。但这事我深觉对不起你。澍兄遗著，原来说定，全稿交上海三联，其中选出十余万字，再交香港三联编入《思想者文丛》中（两边印）。根据现在情况看，上海三联尚未打退票，我再三叮嘱他们及早给我确切回音。至于香港三联那本（我已花了不少功夫，选出十余篇，并且另外复制了），看样子也不行了。我等上海三联给我确讯后，再与徐滨大姐联系。我怀疑此事是否有人传出去（例如说港三联的文丛是我策划。其实这丛书与我无关，我是事后才知有这一丛书的）。这几年《新启蒙》已成为热门话题，被左棍加上反动之名。报刊上常常在算这笔老账。虽然无人直接找上门来，但不点名的点名不断。……这些话一言难尽，这两年我几乎无法发表文章，但表面一团和气，执礼甚恭，使人受伤而外不能直。做法可谓巧妙（这还不是近年的事，二三年前即已发生）。我已年逾古稀，早经刺额，打击之多，已无所谓了。

　　现已入夏。记得你在夏天往往因气候不适而受到影响。希望多多珍摄。匆匆不一一。

祝好

弟化手上

一九九一（?）年五月八日夜

一三 *

锐兄

对于尊稿《青年与晚年》的意见，昨日电话中已详，不再赘述了。

……用知性分析方法把复杂的丰富的东西经过抽象，舍去具体的血肉与细节，化约到一个概念中去，这种方法与陆王心学是有一定相似之处的。陆象山在鹅湖之会上与朱熹辩论时，嘲笑朱的学问为"支离事业"，而自称其学为"易简工夫"。这"易简"二字无形之中成为他老人家（大概也由他而波及其他一些人）的一种思想模式。这种思想模式尽量力求简洁，虽然使思想变得清晰明快，但往往不免将生动的、具体的、复杂的、丰富的内容，化约为稀薄抽象。

……斗争必须选择它的形式。被选择的最佳形式是：一切通过群众运动来进行。这种以群众运动方式来贯彻斗争哲学的理论和实践是属于他自己的，马恩等均无此说。如果一定要探其渊源，我认为他是汲取并总结了过去我国农民造反的经验。这一点在列于卷首的《考察报告》中已见端倪。这篇文章的要旨以及一些具体论断，成了三十多年以后的文革蓝图。明白了这一点就可以理解，为什么一九四九年以来运动一个接一个不断？甚至连"五讲四美"、遵守交通规则、教育儿童讲公德，以至打麻雀、发动全民写诗……都要通过运动来进行，更不必说"镇反"、"肃反"、"三反"、"五反"、历次思想批判、社会主义改造、"反右"、"大跃进"、"反右倾"、"四清"……这些本身就被当做政治问题，从而理所当然地要发动群众通过运动方式来进行了。在这种情况下，一切专门机构的特定职能被政治运动所取代或主宰。作为这一观念的依据是，斗争无所不在。在这一观念的形成过程中，可能也是出于当时的政治需要去批判布哈林案件中的德波林的差异说。斗争哲学针锋相对地提出差异就是矛盾，甚至综合就是"不是我吃掉你，就是你吃掉我"……

政治运动在发动群众、调动群众的积极性上，力量大，效力快，因而是最便捷的手段。同时从"一大、二公、三纯"的道德理想出发，政治运动又可被视为使人净化，达到建立集体大我消灭个人小我的惟一途径。群众也只有在政治运动中，才能"提高认识，受到锻炼"。因为实践出真知，而群众运动甚至是比科学试验更重要的实践。道德理想主义所要求的"纯"，不同于斯多噶派的禁欲主义，而是从传统的大公无私演化来的一种政治意识。这种政治意识可以用"斗私批修"这一口号来作最简明的阐释。"文革"中盛行的"狠斗私字一闪念"就是这种道德理想主义的实现。

你的书中谈到他在青年时代喜爱过卢梭。其实不止他一人，比他更早还有一些人也受到卢梭的影响。倘使我们用《社会契约论》去进行比较参照，就会发现这种影响是很深的。我想把一位友人的论文介绍给你。这篇论文阐述了西方契约论，指出西方契约论有两种类型：其一，让渡的权力是部分的。交出的小，留下的大。国家取最小值，社会取最大值。由此形成了小政府、大社会。这种类型的契约并不赋予国家以道德化的要求，更不能奢望国家去领导社会去实现道德化，只能以权力制衡权力。这种权力牵制，既需社会对国家的外部规定，又需有国家内部的分权平衡。国家与社会各有运行的规则。前者为民主，多数决定；后者为自由，个人具有永恒价值，任何人不能强制任何人，不论是独夫暴政，或多数暴政。这种契约论称为政府契约论，或称小契约论。

其二，与上述相对的另一类型契约论，是由霍布斯开出，再由卢梭集其大成，称为社会契约论，亦称大契约论。霍布斯认为人性是恶的。他不信任人可以留下一部分权力，形成自治的市民社会。在这种契约关系中，交出的是全部权力，接受权力的也只能是一个具有绝对权威的主权者（专制的君主）。卢梭则批判了霍布斯的权力强制性和非道德性的理论，把服从君主个人转化为服从"社会公意"。照他看来，服从社会公意，无异服从交出去又转回来的自己，二者之间没有疏离与异化。这是卢梭人民主权论的逻辑依据，也是他坚持"社会契约"（大契约）而拒绝"政府契约"（小契约）的原因所在。

在卢梭的契约论中，由外在行为的服从，转移到了内在的道德服从。外在服从是服从世俗的功利配调，内在服从是服从先验的个人良知。卢梭的社会契约建立在道德基础上。他以道德与集体的共同体，来代替具有自由意志的个人。卢梭的公意是相对"众意"而产生的。公意的产生过程，就是众意的克服的过程。卢梭认为"公意只着眼于公共的利益，而众意只着眼于私自的利益"。他认为，从私意到众意"一度聚合"为物理变化；从众意到公意则是"二度抽象"，为化学变化，从化合产生一种新的东西"公共人格"，或称"道德共和体"。论者称卢梭的公意，实际上是"抽空了私意"。他在公意的名义下，也抽空了"众意的聚合空间——民间社团"。公意作为道德象征是神圣不可侵犯的，而每个社会个人绝不能成为公意的代表，只有从众人中产生出来作为道德化身的人物，才能体现公意，为公意执勤。

　　以上是从那位青年学者论文中摘出的要旨，我不过是作了简单的复述。我觉得卢梭的公意是我们十分熟悉的。我们都能够明白，公意是被宣布为更充分更全面地代表全体社会成员的根本利益与要求的。它被解释作比每个社会成员本身更准确无误地体现了他们应有却并未认识到的权利。公意需要化身，需要权威，需要造就出一个在政治道德上完满无缺的奇里斯玛式的人物。不幸的事实是，这种比人民更懂得人民自己需求的公意，只是一个假象，一场虚幻。其实质只不过是悍然剥夺了个体性与特殊性的抽象普遍性。以公意这一堂皇名义出现的国家机器，可以肆意扩大自己的职权范围，对每个社会成员进行无孔不入的干预。一旦泯灭了个体性，抽象了有血有肉的社会，每个社会成员就得为它付出自己的全部自由作为代价。民间社会没有了独立的空间，一切生命活力也就被窒息了。只有在国家干预有所限制的条件下，方能容纳各种需求，使多元性、自发性、独立性的公民意志得以沟通，达成真正的契约关系。这样才可以使原先淹没于抽象普遍性之中的个体性与特殊性，取得真实意义上的存在。

　　黑格尔幻想有一种不同于抽象普遍性的具体普遍性，可以将个体性与特殊性统摄并涵盖于自身之内。但这种具体普遍性只存在于黑格尔的逻辑中。不承认独立存在于普遍性之外的个体性与特殊性，实际上也就是用普遍性去消融个体性与特殊性。不管把这个普遍性叫做抽象的，还是具体的，情况并不会有什么两样。黑格尔的同一哲学，使他非常方便地作出了上述逻辑推理，得出消融在普遍性中的个体性和特殊性，竟能保持其自身的独立价值。过去我曾十分迷恋黑氏关于普遍性、特殊性、个体性三范畴的哲学，认为这是他的辩证法所创造的一大奇迹。现在应该从这种逻辑迷雾中清醒过来了。

元化

一九九二年六月二十三日

＊　本函曾以《与友人谈公意书》为题发表，后收入《清园夜读》。

致劳承万（五通）

一

承万同志

　　惠赐大作《审美中介论》并附信昨天收到。今天下午就要到金山集中，参加中国作协召开的国际汉学家会议，一结束就要去北京，大约要到月底始能返沪。我本来想仔细读完大作后，再给您去信，但这样就要耽搁很久。为了及时写复信，所以现在匆匆地先写几个字。

　　昨天深夜，我把《中介论》翻阅了一下，我很高兴，发现您书中对拙作的分析，有许多是别人所未说过的。人们多半只注意到拙作关于知性分析方法的论述，几乎没有人提到过拙著中关于 E、B、A 三个环节的论述。您在这个问题上，还作了更进一步的阐发，剖析入微，发展了我的一些观点。我在读时是充满了喜悦之情的。昨夜虽然睡得很晚，但仍未能将你的书全部读完。眼下没有时间了，只得带在身旁，找机会再读。我初步印象，您的逻辑性很强，一些复杂现象，在您条分缕析下，变得层次分明，明白易晓。您的钻研精神也很好，不肯浅尝辄止，停留在已有的结论上，而是试图钻下去开拓理论的新境界，这是一种可贵的素质。我想等我读完全书后，再把读后感写给您，尽量提点我感到不足之处和我对您的一点希望。现在能说的是您的书给我带来了愉快！

卓民先生是我的父执辈，我和他的交往，在那篇小文中已详。现在突然发现他的生前的学生，对他怀有温情，我也同样有些惊讶和高兴。我和韦先生除在六十年代一度短暂相晤（重逢于沪上）并从此通讯外，别无接触。他的译著曾赠我二三种，至今未收全。至于遗稿只是听他生前讲过，而从未见到，也不知内容，更不知现在何处。他的子女，我还是在小时（那是惟一的一次去武汉）在一起玩过。后听他说鄂生在湖北（何处工作及住何处均不详），保罗在广东务农，安娜大约亦在湖北。如此而已。韦先生逝世，他的子女从未来过信，连逝世消息亦未通知。您准备在大作再版后记中谈谈您与韦老的交往，我认为很好。的确现在国内很少人知道他。

您有机会出差来沪么？

匆匆不一一。

祝好

王元化
一九八六年十一月二日

二

承万同志

来信收到不少日子了。因忙于琐事，未及时作复，乞谅。鄂生先生的书目复制件亦同时收到。卓民老即使高龄，也仍在勤奋撰述，令人感佩。

　　承兄撰写拙著《文心创作论》述评，甚感。此系王瑶先生所嘱，他要我物色人选。我迄未写信给他。您允担此任，十分高兴。我突然想到，既然您对《沉思录》兴趣较大，而且在沪时还说过要写一关于我的较全面评论，那么就不必再写评论《文心创作论》的专文了（可交别人承担）。我原想自己写一回忆录，记述我所亲历的重大历史事件。倘您愿写，我愿将回忆录材料全部交您处理。希望您作公允评价，不溢美，不掩恶，秉笔直书，通过一个人留下一部信史。

　　今天《文汇》发表拙作一篇，剪下寄奉请正。

　　匆匆

祝好

王元化

一九八七年（？月）八日晚

三

承万同志

　　八日手书奉悉。

　　去岁去港，后在深圳疗养，二月去穗，应中大之约，同时又去暨大为研究生讲学。我的确如您所说，曾向中大、暨大的熟人谈起您，认为您应在这些大学授课。对于您的书，我也说了赞扬的意见。来信说传入耳中者，不知是否指上述情况？大作下面二册的写作进展如何？念念。

十月份能来上海，甚好，届时可把晤畅谈。不过我在十月中旬已预定出访北欧。倘您月初能来最好。我已带博士生（因我是国务院学位委员会第一、二届学科评议组成员），故较忙乱，最近身体也不大好。您拟在后记中悼念卓民老，很好。

撰安

王元化

一九八七年八月二十三日

四

承万同志

八日手书奉悉。久疏音问，甚念。五月间中国文艺理论学会在芜湖举行年会，事前曾嘱筹备会务的上海华师大张德林（学会秘书长），给你发去请柬，以图一晤。会议期间因琐事丛集，未得暇询问你未到会的原因，不知你收到请柬否？望来信时一提。这次会议情况，《文艺理论研究》八八年四期（七月份）中有一篇杨圻葆的综述，文末一大段记述了我在会上的总结性发言，虽简略，但大体上记得还不差。我准备年内写一篇论现实主义的文章，从马恩、卢卡契直到国内。极左路线批的"深化论"、"广阔道路论"其实也未脱机械论的窠臼，但从极左角度看觉得还不行。卢卡契虽享盛名，但他的理论也不无可议之处。胡风亦然。自然他们在反教条主义上也确实作出贡献。比较地说，别林斯基在论述普希金、果戈理时的一些观点，今天仍站得住。现国内不少人大叫现实主义已过时，可是，照我看，不是过时，而是还未真正开始。

近来理论界颇混乱。海外学者如杜维明所倡新儒学，在国内颇有影响，且有不少私淑弟子为之张目。（我觉得美汉学家中仅费正清、余英时、周策纵较实在，非以艰深文浅陋者。）我不能同意华裔学者中有些人批评五四的论调。我也不赞成我们这里近年来所出现的什么五四救亡启蒙双重变奏，什么积淀说，什么传统无法突破等等，正在撰文驳之，纵使碰伤友人，亦不顾也。现已成万言，未完。因需阅读资料，故进展较缓，但月内可成。拟先在报上发一较详细摘要，然后再将全文交一丛刊发表。*

四月间上海《文汇月刊》发我《论样板戏及其他》一文，希你看一看，给我提提意见。此文反响较强，有赞成者亦有恨之入骨远道来信谩骂者。

大约最近东北一份杂志将刊出我的博士生给我写的简略传记（经我阅改），约万余言，刊出后当剪奉。又，英剑桥传记中心来函嘱我答问，我已将回答寄去，倘你愿看一看，我当将底稿复写寄奉。

我今年除写上述二篇较长文章外，尚拟写一篇《杨朱考辨》（是我在港大讲的《简论尚同思想的一个侧面》的姊妹篇之一）。

如来得及年内将编好我的第五本论文集，并将《文心创作论》全部修订重印。我曾在研究生为我写的简略传记中补充了自己的一些看法。这是我惟一一次自己对自己作的一些鉴定。可供参阅。

匆匆。不一一。

祝好

王元化

一九八八年八月十八日

---

* 这是指我当时所写的《传统与反传统》（副题《为五四一辩》）一文。当我后来经过对五四的反思后，我的观点已经完全不同了。从这封信可以看出目前攻击我今天的观点的，和我当时的说法几乎是一样的。

五

承万同志

　　惠我九纸长信拜读后为之怅然良久。今天学界风气坏到这般地步，令人感叹。兄之处境，我虽未身受，但可推想。如今拉帮结派，互相吹捧成风。昧于此道或不堪此道者，自当吃苦。我想对付之良策，还是埋头读写。鲁迅说，最后算账时，不是看谁使心计，用手段，拉关系，争地位……而是要以他的贡献来衡量。这是谁也抹煞不掉的。自然读写要有一定环境，倘环境不好，要设法转移。望你将详情见示，如能出力，当尽力而为也。

　　我现担任了许多会长之类的职务，但实同傀儡，即如邀你与会事，竟不置理。现在一批"灵魂工程师"见利而趋，见势而趋，奔走权势之门，斯文扫地，大概多年养成之奴性不是一时改得掉的。让我们互勉，尽量做个人，说人话，而不要被污泥浊水所染。

　　十一月十至十五在穗举行文心国际会议，我已去函指名请你参加（住宿较贵，膳费可贴补）。吸收上次经验，如月底仍未接通知，请即告我。

　　现我在赶文章。匆匆不一一。

祝好

　　　　　　　　　　　　　　　化

　　　　　　　　　　　　　一九八八年九月六日

我办了一个理论性小刊物，现将缘起寄上一阅。

致沈絮云

絮云先生

　　七月二十一日来信敬悉。

　　五十多年前我在上海结识了唐弢先生，那时尚不满二十岁，他是一位长者、前辈。抗战前，我在北平读中学时就读到他的文章。解放初，我们同在上海作协，见面时候很多。唐弢先生调京以后，很少机会见面。他的去世，使我十分悲哀。这次接到您的来信，勾起如烟往事，令人惆怅。

　　唐弢先生严谨治学，一丝不苟，不写敷衍应景文字，这是有口皆碑的。他具有强烈的正义感，像那一代许多优秀知识分子一样爱才，对青年一直孜孜不倦地加以培养和扶持。这些事，倘细说起来，是有很多的。解放初我曾到先生上海寓所，他曾领我参观他的几间房子的藏书，收藏之富使我惊讶。这些书都是新文学开天辟地以来的各种版本，不仅多而全，并且都加以细心的安置、保管，不知花费了他多少的心血和精力。这给我印象极深，至今未忘。我觉得唐弢先生不仅治学如此，而且在生活上、在待人接物上，都是认真对待，决不肯马虎，这是不可多得的。通达和严肃往往不能调和，但在唐弢先生身上却融合无间。

　　下月我将出国参加一个会议。连日为出国作准备，恐来不及在八月内写成纪念文，这是我深引为憾的。敬请
暑安

王元化

一九九二年七月二十七日

致严建平（四通）

一

建平同志

　　近在晚报见所载几篇《夜读抄》，排式甚佳，无错字更令人满意。现再奉上一篇，即请审定。

　　匆此。颂

编安

王元化
一九九一年九月十四日

二

建平同志

　　奉上新写的两篇，请审定。

约一周前曾邮（非交换）寄《红杏青松图》一则，不知收到否？殊念。此一篇连同现寄上二篇共三篇，倘能将底稿复制件及校样交我校阅，则甚感。（来件倘直接送舍不便，亦请用交换办法较快较妥，封面书明办公室〈急件〉交我即可。）

　　匆此

祝好

王元化

一九九二年九月二十一日

三

建平同志

　　再奉上《书话》一篇。请审定。

　　为了排印方便，先请人用电脑打印，奉上一份。我自己保留一份，以备校阅，故不必再麻烦你们复制了。这篇稿子与以前投寄的字数一样，均在两千字以内。（原用稿纸写至六页为止。）

　　另一篇校样《早点前》迄未交我校阅。

　　匆匆不一一。即颂

编安

王元化上

一九九六年十二月三日

四

建平同志

　　久疏音问。奉上稿一件。这是一位友人寄我的，文章是纪念最近逝世的北京富连成的叶盛长先生。因稿太长，我请俊为同志摘要处理。《夜光杯》倘能发表，我认为是很有意义的。但希望早日刊出。

祝好

　　　　　　　　　　　　　　　　　　　王元化

　　　　　　　　　　　　　　　　　　　二〇〇一年六月十六日

致邵东方（二十一通）

一

东方先生

手书奉悉。所询拖鞋一双，茶杯二只事，未及时奉告，歉甚。我临行时，曾特地将这些东西交二十五日送我上机场的那位您介绍给我的先生（我忘了他的名字），请他负责转给您，他一口应承了。不知何故，他至今未将东西给您？真使我觉得愧然。（附带说一句，他未按照您的嘱咐送我进机场，而是车一到，我们下去，他就走了。）邓实卒年较难查觅，拟向钱仲联老先生去请教。（太炎文中有二处提及，但未涉及生卒年月。）附一笺，乞转在夏大攻戏剧博士生的胡雪桦先生。

祝好

谢谢惠赐照片。

要什么书，请告，我可寄奉。

王元化

一九九一年三月三十一日

二

东方先生

　　顷得三月二十二日手书，关于秋枚生卒年，我正预备给您写信，我已查得郑逸梅《艺林散叶》2024 则，知其卒于辛卯冬（2716 则记其弟秋门夭折之年）。今得手书，知您已先我查到此书并《辛亥时期革命期刊介绍》（二集）。后者我未见。郑逸梅还有一种为《清末民初文坛逸事》，不知是否有记秋枚事？《美术丛书》有一篇《邓实原叙》，未言及生平。再者，《出版史料》亦可翻阅，或许会有记神州国光社事。

　　此信为我写给您的第三封信。在第二信中我告您所借拖鞋及茶杯事（交送我走的一位青年先生）。不知您找到否？殊念。

　　匆匆不一一。

祝好

王元化

一九九一年四月四日

　　又，秋枚生前结交之友为姚石子（南社）、黄节等。姚石子之子昆田现在沪，与我熟悉。昆田藏有石子日记。

　　最近上海出有二套丛书，《民国丛书》（影印）、《近代文学大系》（编纂），建议您提请研究所可各买一套，颇可供检索。

三

东方先生

　　手书奉悉。顷将《陈垣来往书信》寄上，请查收（书款不必寄还。方便时，请寄些海外资料给我）。最近，我以半天时间读写，谢绝来访，可以读些书，也写了点短文，有几篇是关于《论语》注疏的。现正在写的一篇是读英时先生为金春峰谈《周官》一书所写的序读后，也是谈训诂学与诠释学的。此文尚未完稿，写成倘发表，当寄奉乞正。（金春峰《周官之成书及其反映的文化与时代新考》为去年所出，不知是在港还是在台出版的？此间借不到。如知出版处，盼示，以便去买。）您目前在读哪些书，写些什么？念念。

　　上次来信说，送我走的是李陀先生。是的，在机场我们进去后才分手的，我和他原来是认识的。但是我二月间离开夏大时，您是交代另一位年轻先生（迄今我记不起他姓什么）。我离开宿舍前，是把您的一双拖鞋和杯子交给了这位先生（不是李陀先生），并再三嘱他还给您，不知为何，他竟没有将我拜托他的东西还您。我想您再记记看，是会知道他是谁的。

　　姚石子的儿子姚昆田是我在宣传部时的同事（八三—八五）。他原是张闻天的秘书，后被打成右派，到西北去牧马，七九年平反后回沪。他曾因我请托写了点邓实材料（他父是邓挚友），准备寄奉。仙我看无新内容不寄了。您如愿与他通信，开头一封可交我转。匆匆

祝好

王元化

一九九一年七月十日

四 *

东方先生

七月二十七日手书奉悉。寄出的陈垣书信集收到否？九月初，你将离檀岛出访，赶写此信，以便行前达览。

《崔东壁遗书》，上海古籍出版社于一九八三年出版，十六开本，千余页，精装成巨帙，虽捧读维艰，但检索甚便。书前有王煦华协助顾颉刚所写长序，约数万言。此序为顾氏晚年重要论文，述其学术思想甚详。崔著清时影响不大，观《遗书》尾所附清时诸儒之评骘可知。五四后，疑古思潮日炽，由胡适倡导，顾氏以十年心血将崔著整理出版。钱穆序中可见其对崔著之委婉微讽。崔述以疑古辨伪为顾氏所重。据顾氏云，古史研究即在辨伪与造伪（或成伪）之争。以怀疑精神探究古史本无可非议，但以辨伪规范古史，则未免过于简单。盖如此难免胸中横亘先入之见，所见莫非伪书。倘再率尔断案，则其弊尤甚。如崔述曾断"老子之言皆杨朱之说"，虽顾氏亦谓此说"毫无根据，自嫌卤莽"。疑古派盛行于二三十年代。战后，文物发掘，甲文、金文大量出土，于征订古史方面，足资凭借，即以《周官》一书而言，宋欧阳修、洪迈，清方苞、廖平、康有为诸人，均斥之为伪书。宋时夹有党争偏见（即今所谓意识形态化），清之今文家则更趋极端，称此书为刘歆助王莽伪造。徐复观先生更别出心裁，直谓《周官》乃王莽本人所伪造。（余英时先生于金春峰书序中驳之甚辩。）我曾据近二十年来出土青铜器铭文考订，仅西周早、中、晚三期，其中册命职官名称、职务与《周官》合者，不下五十余例（参见中华书局出版之《西周金文官制研究》及台湾出版的《西周册命金文官制研究》）。前人论先秦之典章制度，多取证于《诗》、《书》，而不取证于《三礼》，以为不可凭信，足征已往之偏见未除。《崔东壁遗书》的学术价值，疑古派似过于推重，清时王崧等评其所偏，未尝不得其要。近人钱穆，稍晚如杨宽等所论定，亦可称为持平之说。

　　近读《四书》，曾参阅前人注疏多种。顷已草就《论语》束释数则。今夏海外学人惠我牟复礼（Frederick W. Mote）所撰评史华慈（Benjamin Schwartz）《中国古代思想世界》（*The World of Thought in Ancient China*）。文中涉及"达巷党人"章。牟氏与史氏俱将"达巷党"三字拆开，解党字为"乡党"，并释乡党为"乡下"。又史华慈释孔子"吾执御乎？吾执射乎？吾执御矣"，作为孔子不喜"军事技艺"之凭证。倘以诸如此类望文生解之训释，作为理解孔子思想之根据，岂能得其真谛？近又读海外友人 H 先生惠我其所撰关于创造性诠释学一书（系我年初回国后由美寄来），书中分诠释学五个层次，最后两层次，一为"应谓"（即原作者应说而未说者），一为"必谓"（即原作者必须说出而未说者）。H 先生认为创造性诠释学任务，即在于替原作者说出"应谓"与"必谓"两层次内容。我以为这项工作不是不可以做，但极易引出逞臆妄说之风。如作为诠释者个人意见或诠释者的批判则可，而硬归派为原作本身思想则勉强，倘进一步断定如此方得原作之真谛，则更不可为训。即以 H 先生本人来说，他以老学名家，而其书中竟未说明老庄并称始于魏晋，而在此以前只有黄老之学，诠释者只就己之好恶以庄解老，谓此才是真老，只字不提老氏何以曾与黄学兼综，而开法家先河。如此诠释岂非带有极大主观随意性？我不仅不反对，而且还赞同以羼入海外新理论（只要是推动理论前进的）的新观点来诠释古人著述，但不要流入比附，强古人以从己意。……

一周前，上海举行秦汉思想与华夏文化讨论会。参加者除国内人士，亦有海外学者数位。我被拉去与会，又被拉出发言，临时讲了几点感想。目前海内外对秦汉思想史都较轻视。谈儒家，必宋明，不是程朱（理学），就是陆王（心学），而视两汉为既陈刍狗，轻之如敝屣。即以经籍注疏言，汉儒固简拙，岂可废也。近翻阅《论语》注疏，宋人虽多新解，但穿凿者亦众。儒家思想至宋明如日之中天，被称为新儒学。但两汉定儒于一尊，当时儒家如董仲舒诸人，焉可弃之于不顾？否则何以理解儒学之源流与发展？据我管见所及，近来大陆研究秦汉思想专著，仅有金春峰及祝瑞开所撰两种，似未能超迈前贤如吕思勉之《秦汉史》者。目前谈文化思想很少涉及秦汉。《吕氏春秋》一书，仅仅成为追寻先秦思想遗迹之资料库，而书中所反映之时代精神与文化思潮，迄未引起重视。《淮南鸿烈》亦然。《论衡》一书系早期对孔子持批判态度者，研究儒学，不可不考虑儒学定于一尊时持不同意见者的品评，以求从正、反两面探其全貌。自然汉学亦有明显缺陷，如汉儒《易》注，专重象数。魏晋时，王弼以玄学本体论解《易》，其说出，汉学遂告寝微。唐定《五经正义》，弃汉《易》而取王《易》，非无故。就思想通豁、兼综各家而言，宋明确优胜于两汉。宋明儒学，融贯释老，擅发义理，长于思辨，而汉人多墨守师说家法，但就经籍注疏来说，汉人成果亦不可废弃。近有一想法，学人多钻研海外诠释学，而对两千年来前人注疏未加注意。倘将两千年来前人注释，爬梳整理，总结其成败，对今后传统文化研究定有极大帮助。自然，此项工作非个人可成，亦非一时可就。我相信，在此基础上，或将会在《古史辨》学派后开创一新方法、新境界。五四以来，《古史辨》在我国所形成的主流学派达数十年，其功固不可没，但今天其病多已暴露。

匆匆已尽四纸，字小而劣，乞谅。又，蒋善国先生于其所撰《尚书综述》出版前（一九八六年或一九八七年）已殁。

王元化

一九九一年八月十日

＊ 本函曾以《与友人谈古史辨书》为题发表，后收入《清园夜读》。

五

东方先生

去岁十二月上旬携老伴和保姆去珠海白藤湖度冬（地处特区外的偏僻乡村，空气清洁，风光明媚），过了三个月的离群索居生活，虽孤寂，但可潜心读写。回到上海已是三月中旬了。

在白藤湖曾得转来大札，回沪后，又先后收到三月十六日函，四月二十六日函并附件二。因诸事困扰（检查身体、校阅书稿、为亡友黎澍遗著整理出版、处理离家后积压诸事、接待来访等），一直未及时作复，甚歉。来函嘱寄诠释学伽达默尔等中译本，当托人代办，购得即寄尊岳转奉。《二十一世纪》所刊大作，已拜读。兄近日似专攻世界史，以填补国内研究者不大关注之空白，甚佩。我去南方后所得第一封大札（二三十年代的古史辨派），承询对于东壁遗书的看法。自然，崔氏著作影响了一代史学研究，不能说毫无价值或一无可取。它的时代意义，它的疑古精神（破除两汉以来装饰经籍上的神圣光圈），都是应予充分肯定的。我大概在过去信中，多偏重于抉其弊端，所以使人容易产生误会。其实我对矫枉过正的全好全坏的偏执观点是极为反感的。最近《读书》沈昌文来沪组稿，我将（请兄复制还我的）那封谈崔述的书简，删去一些私人琐事，并对原信略加补充，交其发表，据说将刊在近期的《读书》上。受东壁遗书影响的古史辨派，在二三十年代成为古史研究的主导学派，在今天其历史使命已经完成。我觉得我国学者，倘从诠释学角度，总结自汉儒以来（中经宋儒、清儒），直至古史辨派的注疏工作，实事求是地理出其优点何在，缺点何在，何者当继承，何者当发展，何者当扬弃，如此不仅有助于前人，亦可嘉惠后代。继古史辨学派后，在古史研究领域中开新风气，新境界，新方向，这是我们当前亟应集中人力去做的一项重要工作。可惜学人很少注意。故今日古史辨之研究方式，仍在海内外延续不绝。明知其短而不更新，此实令人为之叹息。

经胡适倡导，顾颉刚对于崔氏所谓"始以怀疑，继以征实"之学加以推重。（见光绪戊申《东方杂志》载蛤笑《史学刍论》。当时北师大〈？〉亦有学刊谈崔氏之学。案一时未能查到出处，北师大是否在民国前即已成立？）据我推测，此风来自日本。日人那珂通世于明治三十五年（一九〇三年）即已校订东壁遗书，认为崔氏一扫千年来之曲解偏见，揭示古传之真面目。其时另一日本学者三宅米吉文亦有同样赞美之词。值得注意的是三宅米吉文曾称："（《考信录》）当时不广传于学者间，只得少数人之景仰，以之比较日本国学之隆兴，可知清代学界之颓弊已久矣！"我以为这几句带有刺激性的话，可能成了五四后胡、顾等整理出版东壁遗书的一个诱因。（自然自清末开始形成、越演越烈的疑古空气实开其先河。）古史辨学派引进一种无征不信的科学精神，对前人诸说，一概不当做既定真理轻易接受。顾氏曾以辨伪与造伪概括古史研究之要论，用意虽好，但病亦在是。其结果往往在否定前人之伪的同时，又造成了比前人更为严重的新伪，如鲁迅所讽的大禹是条虫之类。此种辨伪而成伪之风，崔氏实开其端。遗书中曾言"杨朱之说皆老子之言"即为一例。如此轻率判断，顾氏亦以为妄。我以为学者断案，主观臆测固属不当，仅凭推理作判断，亦会形成冤狱。表面看来，推理是合乎逻辑的、理性的。无奈事实往往不一定按照推理的逻辑轨道发展。一旦舍事实而用推理去代替，其结果往往与臆断同。

王元化

一九九二年五月七日

六

东方先生

我于上月底偕老伴赴杭休养，半月后返沪。杭州空气新鲜，环境幽美，树木葱郁，道路平坦，尤其可用泉水，更胜于沪上的秽浊。我去杭不与各方面接触，排除了干扰，除招待者安排轻松的游览外，可读些书。其间去杭大找来一些有关陈寅恪的文章。读时产生了一种想法：近代至民国初这一阶段，思想史上以章太炎、王国维、梁启超（包括胡适、陈垣、陈寅恪、钱宾四、顾颉刚等等，等等）为代表的学人对后来乃迄至今日的学术界有极大影响（包括治学立场、态度、方法），成了前人（近代后期以前诸子）学术的传授渠道（或如你所说的中介），如陈寅恪在王国维纪念碑铭中所揭示的独立精神与自由思想

(再揆诸《王静庵先生遗书》中论近代学术诸篇所阐述的学术与政治关系，及治学的立场、态度、方法等等精湛之论），已成我们这几代人学术追求的典范。因此对这一段学术史的研究不仅有历史意义，也有现实感，对我们自己认识自己治学的长短是大有裨益的。附带说一下，我认为寅恪治学立场、态度、方法受到王国维影响极大。他们之间关系处于师友之间。但就治学态度而言，则可谓具有师承关系。（这一问题你如有兴趣，日后再笔谈。）

来信所述崔述之学，极为详赡，充分显示了兄的好学深思精神，令人无限钦佩。其中蒙垂询我的看法，有些我可回答，有些则不能，尚需查阅资料，仔细斟酌。此信暂且将回答搁置一下，先向你征求同意。我已将尊函复制，一交《读书》供他们参考，一交上海《学术月刊》请他们发表。这是一份纯学术月刊，出版周期较短（投《读书》则最快亦需半年始可刊出）。此事未征得同意，先斩后奏，谅不致责我鲁莽也。更需你原谅的是，我为尊函冠以《崔述的疑古考信与古史研究》（疑古考信是尊重兄之提法），别题为《与王元化论学书》。不仅此也，尤为冒渎的是我对尊函作了较大幅度的删节，一为压缩以应编者要求（压至万字多一点），一为去掉函中涉及个人生活等方面文字。由于你写的是信，未准备作文章发表，故文字繁冗处，作了一些删芟修改（自然原旨未动），使主旨较为显豁。匆匆致礼。盼即示尊函可发否？处理当否？

化上

一九九二年六月二十四日

七

东方先生

　　尊府转来六月三十日手书，收到已久，迟复为歉。近来上海酷暑难当，每天汗流浃背，颇以为苦。上次你那封长信（经我压缩为万余言），将刊于九或十月份的《学术月刊》（上海社联机关刊），编者嘱我写一小引，已交去。吴宓记寅恪小书已读到，资料可采，而识见一般。惟较陈垣书信集可观。钱穆《师友杂忆》，亦有不少资料，而识见似亦乏善可陈。杨遇夫树达《积微翁回忆录》不知见过否？此书系作者据日记增订而成，倒是可称为一部学术著作。浦江清《清华园日记》殊平平。余先生甚有卓识，惟解陈寅恪诗称有二重密码（如民间之藏头诗类）有时殊牵强。前人滥用音转，曾遭讥嘲，以密码入诗，更匪夷其思。〔补记：数年后读《柳如是别传》，见陈寅恪评牧斋诗确有密码之说。陈诗用密码殆得自于牧斋欤？〕冯驳余书，亦读过，大失原旨。窃思凡意识形态化者（不论哪一种），必如一叶障目，难见真相也。我在上月得哈佛燕京图书馆函邀（杜维明签名，附周勤来笺），将于八月二十二或二十四日去旧金山，休息四五日再转机飞麻省康桥。会期为九月二至五日，不知兄亦与会否？甚盼趁此机会一晤。尊函附一黄纸条，上云张志国君将于七月十五日赴檀岛。当即去电话联系，说张是由美大陆去檀岛，早已离开上海了。本拟托他带书而未成，怅怅。天气实在太热，书不尽言，以后再谈。匆匆
祝好

王元化

一九九二年七月十八日

八

东方兄

前后三信并四日 Fax 均已先后收到。照片十六张，拍摄得很好。康桥、哈佛大学、波士顿都给我留下美好的记忆。这在美国要算作一座古老的文化小城了。确具有非商业化的气质，包括小城的建筑、街道、林立的书店、往来的行人，以及我所下榻的 Inn 都有一般大城市所没有的幽静情调，使人眷恋。

我还在为回来的机票事担心。周勤已有信来，我已作复，感谢她的关心，并请她不必为此挂怀，她说了许多客气话，反使我感觉不安。我来美参加会议，使帮助会务的青年朋友费神操心，真是既感且愧。但当时因机票不能落实，可能滞留旧金山，确也心中焦急。因为在旧金山很难觅一可以作十天或半月逗留的居亭主。当时感到无法安身，不免急中说了一些埋怨话。事后颇为后悔。这些话不好对周勤说，但我们之间是可以无话不谈的。你还记得由波士顿飞往旧金山时，我们在机中的谈话么！你我都无保留地谈了一些心里话。现在我也同样将上述心情向你表露一下。

《学术月刊》未及时将尊稿寄到，使你久候不已，真是抱歉。现在也只好由他们校正了（我十分担心他们做的质量）。现我十分后悔将你我的稿子交这刊物了。它编得奄无生息，如雇佣兵应付门面。你的另一稿寄刘梦溪很好，这刊物编得不错，也有一定影响。但其缺陷在于周期特长。建议你问刘是否确定刊载，如不确定可请他将稿退我处，我可转其他刊物（如《社会科学战线》等）。

机票事是否已报？殊念念。倘不能报，请直告我，我当尽力补偿，不能使兄负担。此事千祈就近示之为荷。在波士顿的干女儿（关慰）未来信，你有她的地址么？我弄丢了。匆匆祝好

王元化

一九九二年十月六日

九

东方兄

托人带来的信、日历及复制件，均已取回。我腰疼病发作，卧床十余日，近始下床，但医嘱仍不可伏案过久，故这些天仍未工作，看看闲书而已。余文已读过，揭露诸点大体不错，但行文之间，意气过甚，似乎非要说得淋漓尽致刻骨镂心方肯罢休。我以为评论文字，当以理取胜，所争者亦在这一"理"字耳。感情色彩过重，甚至继之以詈骂（如前时《二十一世纪》所载何、刘等关于诠释"克己复礼"之争），则不足为训也。郭之为人与治学，我亦十分厌恶。余文以闻一多称赞之故，对郭早期浪漫主义诗歌，不予置评，我以为可不必如此（即不必因闻高度礼赞，即深信郭之艺术造诣必定非常卓越）。愚意仍不妨各抒己见，爝火不必因太阳之明而自行熄灭。我国早期（五四后不久）浪漫派诗人（如郭及田汉等），均有一种"创造气"，与十九世纪西方兴起之浪漫主义流派不同（我从未喜欢过郭等之浪漫诗歌）。今年十一月六日，北京为郭举行百年冥诞学术研讨会，曾有友人坚邀我出席，我辞谢不赴。此种集会，虽以学术为名，但向来不是探讨学术

(讲真话）的场所。且我对郭之为人治学，均有自己看法，不愿在此会上充当点缀，因此不参加了。

兄之大作已草草拜读一过，俟细读后再细细谈。初步印象觉得兄之思想周密细致，这是优点，惟史学家多不大注意辞章之美，倘于此更进一步，则佳甚。（《学术月刊》文章或已出或即出，当尽早寄奉，勿念！）

彭林著作尚未读，翻阅赵光贤序文，其中言及五经事似有误。

写完二纸已觉腰痛，不敢硬撑，余再谈。

祝好

化

一九九二年十一月一日

一〇

东方兄

刚刚收到十一月二十日由家中转来的信（还有复制的几篇文章）。我一直没给你去信，上月腰痛毛病发作，卧床多日，痊愈后，医嘱不要伏案书写（弯腰过久恐再发作）。这一个多月的时间只能静养，白白过去了。接着又是客人（国外来的，外地来的）络绎不绝，送往迎来，忙于接待。加上还有些打杂的事要干，所以一直没给你写信。你的文章在《学术月刊》上发表了，不知他们寄给你否？随此信同时，由我邮寄二本给你，希检收。今天稿费也送至我处，人民币贰佰陆拾元。不知是否要寄家中，还是存放我处代为购书？盼示。

　　最近此间一片"下海"声（文化人弃文经商也），好像非如此不拥护改革开放。这情况有如"大跃进"时全民打麻雀、全民炼钢、全民作诗。现在也是人海战术，一哄而上，大有全民经商之势。我们搞惯了"四个一"：一言堂、一面倒、一刀切、一窝蜂。干什么都要集中兵力打歼灭战。积习难改，不以前车为鉴。文化事业正在急骤滑坡，面临严重危机。教育首当其冲，大学要学校自找出路，教委不管。文化被视为无关紧要之事，出书困难。长此下去，不知伊于胡底？我实在不忍见文化事业之覆灭，已在华师大、政协《群言》杂志社座谈会、化工学院文化所，发了三次言，又写了《就当前文化工作问题答记者问》投上海报纸（不知能刊登不？）。虽人微言轻，无补于事，但知其不可而为之，尽一己之职责而已。

　　近日还在口述由研究生笔录一些材料，系哈佛林同奇所嘱。他要写一本书在哈佛出版，已进行了五年，看了大量资料。题目里有关大陆新时期（一九七九——一九八九）十年的学术概况。他认为这十年是有学术成果，值得重视的十年，不像海外某些学者所说仍不过是"意识形态化"而已。书中所涉及十年中的学者百余人，而重点十余人。他把提要和提纲寄我，洋洋洒洒，细字写了五张纸，并嘱我写点意见和自己的材料给他。这些天我就忙这些事，别的都搁下了。我在康桥与他初次相见。不知兄对他了解否？离开康桥前，他说将把我那篇《达巷党人与海外评注》拿给史华慈看。当时我请他问问史的意见，他在信中把史的反应告诉我。史说他尊重中国学人的意见。中文不是他母语，尤不懂训诂，我的意见他同意，对我释"执射"、"执御"尤为赞赏云云。最近见到周振甫先生，我请他对此文提意见，他也提了一些，和我的解释颇有不同处。《发微》一书你有什么意见，我很愿听到你的批评。

　　不久（十二月十日左右）我将偕老伴去珠海度冬，以避上海之湿冷，去后你仍可写信来，有人会将信转给我的。或者，我到珠海后，用珠海通讯处（略）亦可。附在你信中的杜文尚未读。你在读什么书？写什么文章？

紧紧握手

元化

一九九二年十一月二十日夜

———

东方兄

　　顷得家和先生转来大札，并复制件。甚感，甚感。我来广东后，曾奉一函，谅已先此达览。我每年冬天，南下广东，过冬避寒，因老妻于七九年中风，身体较差，上海冬天比北京难过，取暖设备，既费钱又不顶用，所以每年冬天，约有三个月是去南方过的。今年去斗门由我儿子购得一房，以后每年冬天都要来这里了。同时我也想利用人地生疏的环境，可安心读写。这次迁入新居，占去时间不少。但我还是利用余暇写了几篇文章，一是《读樊著龚自珍考》，一是《无梦楼随笔》序（此文是为亡友张中晓集子写的序），另一是《东方台开播序》。我还准备写一篇谈胡适文章。这些拙文，将来印出即复制寄奉，请兄批评指正。

　　两次收到的复制件，只读了后一次寄来的。翟志诚文，尚未读，实在太长。此公政治意识特强，这大概是从大陆带到台湾去的。虽然他站在强烈反大陆立场，他可说是以大陆的思想方式反大陆的思想观念。我对大陆的"左"是很讨厌的，而对大陆那种"突出政治"的思想模式（不管是以"左"反右，或以右反"左"）都同样厌恶。翟君在这方面是最突出的。兄寄来的……先生文也有这味道。他为熊十力辩，我是共鸣的。承他不弃，提及我。但我不懂为什么非得说我"年轻时就已加入共产党"，给我这么一个头衔。我从未想到要掩饰历史事实，但×先生特别提出，似乎其潜台词是：连青年时参加共产党的王元化先生尚且对熊十力如此……何况……大陆上惯用的阶级分析，我深恶痛绝，凡是提及某某，一定要在政治上定性，加上一个政治意味的头衔。海外一些学者，也似乎喜欢这一套。呜呼！用平等的观点去看人衡文者几希！我将以持这种观点的人引为同志。近日大陆有某学者（教授）写文赞我，其意虽善，其词却不敢领教……这些话和兄直言，是因为视兄为知己，没有任何顾忌也。信写得很乱。俟心静下来，再和兄谈谈学问。

握手

化手上

一九九三年二月十六日

我来广东后，不知瑞典有信寄至上海否？回去后，当主动去信罗多弼。兄有何近作？盼告！

一二

东方兄

　　二月七日手书，今天（二月二十二日）收到。路上足足走了半个月，可谓迟缓得出奇了。不知我寄你的信，路上要用多少天？前几天曾寄奉一信，谅已达览。兄得此信后，来信可寄上海。我已定三月上旬返沪。此间邮编：519000。我每年冬天均偕老妻南下度冬。现在此间有一套房间，可供使用，今冬当再来。地址为（略）。兄今年尾来信可直寄此处。大约每逢三月初即回沪，请按此一规律通信。关于寄刘梦溪君之大作，我拟再去一询，请暂时不要将稿索回。倘他改变意见，可刊出最好。这刊物在目前毕竟是一大型学术杂志，有一定影响。如他决定不用，我当请他退回给我。我想转至上海古籍的《中华文史论丛》，不知兄意如何？盼示。那场风波之后，学术元气大伤，至今国内无一较理想刊物。《中国文化》前次已说过，不赘。《读书》沈昌文君虽想认真办，但编者识见较逊，不及他的前任（亦即提拔他的前辈范用先生）有胆有识。香港中大文化所有很好条件，但方君是搞物理的，对文化（尤其传统文化）较隔阂。……也是搞科学的，再加之有当前大陆一般趋新风，故只刊载他们认为是新潮的俗浅之作，其中难得可以看到几篇好文章。故去年康桥之会时，当毓生兄称其办得不错，我当即答以"我们应对它要求高一点才好！"毓生认为我的话极是。我近年来与海外学者交，就接触到的来说，杜先生堪称朋友，不必多说了。林先生的为人是我很看重的。我觉得他素质、气质都好，使人可亲、可交。兄亦是如此。这是我参加杜先生召开的会的最大收获，我是很愿有能交心的朋友的。兄寄来台北开会之文，我匆匆翻阅。有一事可告兄，即方……在大陆学人中，地位是很低的。我在这二三年（现稍有好转）是遭到围剿，命交华盖的时期。《新启蒙》事被……在……动员报告中点名后，一直成了不点名批判的靶子。三年来饱经炎凉之世态，一些过去前来强托知己的中青年纷纷撰文批判，捏造罪名，恶意拘陷，无所不用其极。而我的名字在此间曾有两年不披露，不报导。（如《文心》一书与钱钟书、季羡林同获十年文学研究荣誉奖，而上海《文学报》报导时则将我的名字从中删去。）去年上海华师大哲学系一位中年副教授，与方熟悉。他告我方被……所网罗，入其研究班子，可享副部级待遇，工资加多少，房子配若干等等。而方某竟向这位华师大副教授露出流氓式的口吻间："最近王元化在上海有什么活动？他态度如何？《解放日报》皇甫平文章，幕后是不是王在那里起作用？"你看这像什么学者？"六四"之后，最大好处，就是一些文人纷纷"亮相"，但这一次由于大家经过"文革"，总算有了觉悟，有了认识。如方之恶劣者，尚属罕见。我深知兄之为人，故直言相告。成中英先生见方某（肉麻捧场）文字，惊喜过望，亦可见其为人之浅。这也是我特别尊重林毓生人品的缘故。故我与成先生无多少来往，其故亦在此。刘述先先生驳翟君文已读，我基本同意。但刘先生一本正经与一位并无学术只有政治的人去讨论，似乎有点迂。正如他与何炳棣辩克己复礼时火气十足一样，我认为都是有些举措失当的。翟某站在反共立场（与极左立场反对封资修一样，我把二者视为一丘之貉）以酷评责熊十力对马克思学说有同情之处，这是一种非学术的恶劣态度，同时也是对熊十力的人格诬蔑。但刘先生对翟志诚此种应予批评之论调，可能反而也有共鸣。（但愿他不是如此！）现在大陆知识分子对"异端思想"，远不如台湾学人那样意识形态化。（自然我说的不包括那批左棍子在内，因为他们算不上是知识分子！）台湾某些学人这种褊狭态度，难以容人容物之器量，我是感到很不舒服的。

前二信中忘记说了，《学术月刊》另有贰佰陆拾元稿费交我处，不知是付尊岳杜敬先生代收，还是为兄购书？倘是后者，则希将书名示下，或告我一个购书范围，我当代办。此事请下次来信即告，已拖得很久了。

兄从胡、顾的崔述研究谈到五四疑古思潮一文完成了没有？愿先睹为快。我在来此前，曾与上海几位朋友，谈到创办一个刊物，类似台湾中研院的文哲通讯（全名记不清，此刊谅兄一定见过），交上海三联出版，但书店在市场经济冲击下，多不愿出学术读物，而转向大众、通俗文化方面。我回沪后，当设法促成此事。我们手中有一刊物可以发表应加以提倡的那种文章。此事如办成，兄当然是此刊的一位同仁。（兄有些文章也不致被那些无识编者所埋没了。）兄谈到余先生，其实我和兄一样对余先生是尊重并钦佩的。他在海外学人中，就所走的路子，基本观点，我都是深感共鸣的。但他往往情不自禁地流露出一种政治情绪，我觉得太意气，太褊狭，和他一贯扎扎实实做学问的态度相悖。他的论钱穆与新儒学一文，我将找来细读。兄寄来杨祖汉对余论新儒学观点之批评，由于二人学力相殊太甚，不值得评述。海外有些学人只是饶舌而非论学，不足观也。匆匆已尽四纸，但终不如把晤面谈之痛快也。

匆匆

紧紧握手

化手上

一九九三年二月二十二晚

一三

东方兄

　　我写这封信是在广东珠海的一个乡间小镇，在这里已住了一个半月了。近数年每到冬天即携老伴去南方避寒，上海实在太冷了。无取暖设备，一般用煤气红外线，既不安全，又不暖和。惟一办法只有去南方过冬。杜先生转来的资料和尊函，都由上海寄来，交一位友人再转我，所以收到已迟，而复信就更迟了。

　　此间人地生疏，可免去沪上来访不绝的纷扰。我已写了几篇短文，有件事一直忘与你说了，即……曾来函，对你那篇文章有点看法，所以《……》发表似有问题。不知他和你写信提过没有？他不能从内容上认识文章价值，而太偏重于形式，喜欢忸怩作态的文字。只要看他写的那些文章，实在谈不上什么学术，徒以艰深文浅陋而已。可是目前大陆文化界偏偏流行此种文风，这是十分可悲的。兄文是很有内容的，也有见解，治学方法近于乾嘉的考证工夫。但这在当前不被理解，也不被重视。这是很不公平的。我刚刚写完一篇读樊克政有关龚自珍考的文章，借题发挥了此意。樊乃一中年学者，和兄一样平实治学，不趋附新潮，颇有建树。我和他无来往，纯为学术才撰文推荐（他也未请我撰文评介）。

　　你寄来的资料，前天才收到。这几天过春节，尚未翻阅。翟某之文只略翻了翻，等于未读。但印象似是从政治上批评熊。他这一代人，在政治斗争环境中长大，耳濡目染，积久成习，所以看人论事，自然不知不觉选择了政治功利角度（奇怪的是海外某些华人竟亦有同样情况）。我觉得文化不要和功利性的政治目的搅成一团。这套伎俩，四十余年反复出现，真是使人腻极了。为什么文化本身的价值不重要呢。（文化中的政治我并不反对，也并不否定。我讨厌的是从外面加上去的政治。）另一篇杜陈对话，老实说我看不惯，也无兴趣去理解。我觉得他们是用中国文化以外的语言谈中国文化。这也许是我偏激。近日深感此风始于胡适以西学"化"中学之遗风，不知兄以为如何？

匆匆　祝好

化

一九九三年二月二十六

一四

东方兄

　　三月十三、十五两信并寄来的复制件均已奉悉。所需大百科历史卷（似二册），已向大百科去查询。我过去在大百科工作，还是担任领导工作的，我想社里有，我可要到一部。一到手即海运寄上。《古书通例》书肆坊间已难购得，但我与古籍出版社亦有特殊关系，已去查询，他们说要去仓库中找。不知可找到否？找到也即寄上。这是一本不厚的小册子，可邮寄。只好请你耐心等等了。

　　我是十七日到上海的，回家发现信件积压成堆，花了两天工夫才看完。其中有罗多弼寄来为斯德哥尔摩会议写的信，说已为我定了六月八日——十八日的往返机票，要我一定去，不管有无论文，不写也成。我因家中诸事待理，拖了几天才回信，我向他催问是否发函邀请你，和上海朱维铮教授（他未得邀请函），倘未发出，请他斟酌考虑，我说我很希望他也邀请你，但不知下文如何？且待他答复。

听朱维铮说（他今天来看我），杜先生筹不到钱，文化中国今年的会可能开不成。我和朱商量结果最好今秋在国内举行一次，由于经费有限（尚待筹集），能邀的人不多，且不包括旅费。朱即去函杜先生征求意见。我一直没问过你，不知你能回来参加会议么？如能来，自己担负旅费行么？我很希望我们能再见面，多一点时间谈心，而不要像上次在飞机上才找到谈话的机会。我这样说也许冒昧，但我相信你不会见怪的。我们虽然相识时间很晚，但已是什么都可说的朋友了。

许冠三责我批胡适是事实，他并没冤枉我。那时只是盲目地听话，按照指示去做。这情况你可理解，许不可能理解，这不能怪他。但他不知我在"四人帮"后才有忏悔机会，才有可能在为此而自劾。搞批评的人多苛刻，但在理解对手时则粗枝大叶，我过去也常犯此病。最近我在广东乡间写了几篇文章，其中恰好有一篇是论胡适的。这是代表我对胡的较公允的看法，而不是为政治服务搞意识形态化，自然这不能掩饰过去的错误，只能说自己借此进一步清算了自己的错误观点。（我在《向着真实》序中说到自己的错误，但其实在此以前，五五年开始就已经有了这种反思了。）所以我对许的责备不觉恼恨，不管怎样，他说的是事实！他不知道，在批胡文中有些观点，我是从胡风那里抄来的。胡风批胡适更凶，且发生在解放前，这种曲折的经历，复杂的历史，不去了解，永远搞不清楚真相的。这是大陆年纪较大一代知识分子的悲剧。

严文已读，用意似好的，但仍是一厢情愿的纸上谈兵、书生论政。其病在脱离实际，把事情看得简单了。你对《二十一世纪》的批评，我完全同意。从喜欢你写的西洋史文章，而不喜欢你写的国学文章，就是最能说明问题了。他们倒的确像余先生所说对传统太茫然无知了。（对西学了解了多少我说不出，似乎也停留在皮毛上而已。）时代潮流是不可轻视的。但不能做一个投机者，甚至做一个赶时髦的弄潮儿也不好。治学是一件实实在在的事，来不得虚假。如陷入上述两种境地，纵使自觉真心诚意跟上时代，也仍然是自欺欺人而已。乾嘉学者所用"浅人"二字，颇可发人深思。

你询问的张维屏资料，尚待查考，找到再函告。你何时离夏威夷，盼示，这可以使我知道什么时候暂停写信，以及何时你回来我再写。你在海外工作问题解决了吗？十分念念。你看我能为你做些什么？请别顾忌告诉我，我能做的一定会尽力去做。

我现在积极筹办一丛刊，内容以国学为主。刊名暂定为《中华学术集林》。不知你以为如何？我们把你当做同人之一，而且是海外的主要联系人，你能同意么？胡、顾论崔那篇就可刊在这丛刊上。你看还应约哪些人的稿（包括海内外）。我们初步想法是希望每年一至二本，每本三十至四十万字。内容主要显示大陆国学研究水平，包括文字学研究，考古新发现，文史哲主要成果（已发在他刊上的也拟转刊），学术问题讨论的新进展等等。主要论文（包括已发表），请专家推荐写二三百字评价，如冯友兰哲学史由陈寅恪、金岳霖写审读意见。推荐专家署名，付以较高报酬，但内容一定要严肃负责，不作应酬文字，更不能炒作吹捧，也不敷衍了事，这些都是初步想法。你有什么想法，盼即告我！

此刊拟由上海社联出面，具体拟推荐可靠中青年（自然需有胆有识者）若干负责编务。我以顾问挂名（这是社联要求）。我精力日衰，拟将一点力气花在写作上，这是我一点点愿望。（又来信所云电话加传真此事国内较困难，需审批。）

此信写于灯下，不知不觉已满四纸，现已临午夜，为了不影响睡眠，匆匆收场。每次和你谈，总是谈不完。（又恽文集待查，我无研究。）

即颂

撰安

化

一九九三年三月二十日

刘梦溪处尚未写信去，不日即去函，如《中国文化》不用，我将替你把稿索回。我不大愿意给他投稿，因周期太慢，需一年多。

一五

东方兄

昨日甫发一函，今天因为得知一些新情况，再写此笺。刚刚我和刘梦溪通话，他已决定将兄文刊于该刊九三年三期（即第三季度），但估计这一期最早也得于明年〔中〕方可印出。我现收到者，乃是该刊九二年的两本。总之，此事，可告一段落，只有耐心等待了。大百科已查询，中国历史卷刚出不久，只有二卷。兄来函说三卷，不知是否包括外国史一卷在内？我已去讨中国史二卷，如有外国史，也请他们赠送。讨到后，即海运付邮，但兄收到当起码在三个月之后也。余嘉锡的《古书通例》，尚无消息，倘实在找不到，准备复制一本，好在篇幅不大。我目前正在忙于编自己将出的两本书，一是近两年多的文集《夜读记》，一是《清园论学集》。二书稿均定于下月中交出版社，故较忙。上海阴冷如冬，离开南粤暖和气候，来此颇不耐寒。罗多弼处亦已去函，建议邀请兄赴会。此信昨晨已发出。兄何时离檀岛？匆匆

祝好

化

一九九三年三月二十二晚

一六

东方兄

四月四日九纸长函和四月十五日的电传，均已先后收到，谢谢你这么快就将拙文译好。你要的历史卷，书店已告罄，需到仓库去取，我已托人去催过数次，书是有的，但兄要耐心等待。《理学与朴学》已托人去找（因我已很久不去书店了）。

昨天罗多弼复信来了。他告我，已发函邀请朱维铮，兄处则有困难。他信中说："邀请邵东方教授恐怕很困难。夏威夷很远，而且我们的经费有限，因此，我现在不敢邀请邵教授。"我当即复一 Fax 给他，说邵先生可自己负担来往路费（不知这样说可否？），希他仍考虑约你。但不知结果如何？我是希望你能被邀参加的，这样又可见面谈心了。

来信谈及自己的许多情况，谢谢你对我的信任。这使我可以更多了解你的近况。今天我们在上海社联开了一个小会，谈《中华学术集

林》事，这事希望搞成。我想介绍我的一位研究生傅杰和你通信，专谈此事。我有不少研究生，博治学踏实。他原是姜亮夫先生硕士生，专考据训诂。姜老已九十多，卧床已多年了，故他到我处攻读博士学位。我嘱他把刊物事向你汇报，希你成为我们中的一员（帮助搞好刊物）。

来信谈及寄去的信中，有一封被拆开。此事颇蹊跷。不知是哪一封，里面谈了些什么？此间通信，有时信封磨损破裂，邮局代封，均加盖公章（简单说明原委）。不知美国有何规则？

你今年延迟毕业，可以不需找事了。但转瞬明年即至，怎么办呢？我想先将履历带至瑞典，见到一些海外教授，向他们推荐一下，但不知有无用处。我也可以和那里熟人谈谈。

前天，我已将新编好的一本书《清园夜读》交出版社，估计要等到第四季度可出版，届时寄奉请指正。

来信说上次嘱更正的文字已发给三位先生，十分感谢。现再有《胡适的治学方法与国学研究》中一处需更正。

该文第五页第二行案下文字（括弧内）全部删去。请改为

"唐注怀疑此语非张载所说。杳张载《经学理窟·义理》有云：'观书者释己之疑，明己之未达，每见每知所益，则学进矣，于不疑处有疑，方是进矣。'胡适所记不误。"

诸多麻烦，谢谢。

匆匆

祝好

　　　　　　　　　　　　　　　　　化
　　　　　　　　　　　　一九九三年四月十七灯下

一七

东方兄

 我刚刚寄上一信，即得你四月九日来函。现得罗多弼教授传真，他已得我去信（我说你可自己解决旅费），表示歉意，说这次确因经费所限，不能邀你参加斯城之会。我们失去把晤机会，甚觉可惜，只有俟诸他日。倘国内可开文化中国之会（现正在酝酿，需到斯城与杜先生面议），则望兄能来参加。附上剪报一纸，希兄复制一份，寄哈佛林同奇（这是从我给他的信摘出的）。拙文中提及二位学人关于胡适的对话，也是余先生亲口告诉我的，我未提胡绳名，倒不是怕给他带来不便，而是我不大同意他的意见，这从文中可读出。我两篇谈胡文，一将载于《学人》（北大陈平原等中年学人所办），一已投《读书》。前者即谈唐注那一篇。胡的方法论在大陆一直被重视（批也是重视的表现），但我觉得除开拓研究领域扩大视野之外，似反不如乾嘉学派之扎实。至于顾对郭的赞扬，我以为大概以环境及政治空气占主要因素。郭之为人与治学均不可取，《明报》上收载我写的一篇短文（杨遇夫）涉及了这一点。去年郭的百年诞辰，是邀我去的，并有人来沪面邀，但我拒绝了（我对郭是有自己看法的）。顾如真的称赞他，我觉得顾的识见也有很大局限。胡适不用《尚书》考史是因为他除了《春秋》《诗经》等之外，对于其他各经一概存疑，认为不足凭信的缘故。来信提及胡受 Grote 影响，以及对古书通例与疑古派比较，所论甚是，对我很有启发。匆匆。

化上

一九九三年四月二十四日

一八

东方兄

　　四月十九、三十两函，已先后收到。拙文谈胡适两篇承奖饰，文中言犹未尽，尚未谈深谈透。大陆学人与美华裔学者，确是余（英时）与胡（绳）。我是在檀岛之会时，听余亲口对我说的。未写名字倒不是为胡讳，这意见在大陆很普遍，大约胡乔木对这一问题的看法亦是如此。其实我是不同意的。我同意余的意见。你引太炎对胡适的评价，说胡适旧学功底不足，我认为很对。拙文所述即此意。有一点大概我在文章中未说清，致使兄可能有误解。所谓"多方面的影响"是胡适在某一时期自称，但我觉得他后来所说，"大胆怀疑"是来自杜威，"拿出证据"则是来赫胥黎，是较为准确的说法。自然一个人的思想形成往往有多方面影响，但其中也有主要的、根本的一面。这一面我认为主要来自西学，而不是继承乾嘉。他的"大胆怀疑"是与乾嘉之学全然异趣的。此说不知以为然否？来信谈及胡适的《尔汝篇》、《吾我篇》。其实在语言学上，胡也是以西学为主体。这一点杨遇夫早已指出过。杨说他只举符合自己理论的例，不符合的例还很多，都被抛在一边了。这是胡适以中学去附会西学时必然会产生的弊病。谢谢你复制来的汪荣祖（我也熟识）文。不知此文发于何处（台湾什么刊物？盼示）？读后，发现有相同处，也有不同处（细审拙文即可发现）。汪对胡的政治态度批评过苛，有欠公允，似与大陆学人有同样毛病。例如用过河卒子责胡，这是不对的。胡用过河卒子是指抗战而言。他原不赞成当时就打仗的，抗战爆发，他当了驻美大使，就愿做过河卒子，决心为抗战奔走了。曲解对手原义，妄加指斥，这不是实事求是，而是意气用事。大陆学人多有此弊，汪文一再用过河卒子讥胡，就更不应该了。

王大象在上海社联工作，我嘱他将书款寄京中令亲处，并与兄去信。兄要的《中国历史卷》五本，已于五月五日海运寄上（收到请告知）。另二本《外国历史卷》也送来了，不知你要不要，亦请告知。这是大百科赠我的，不必付钱。《古书通例》尚在寻找。六月《读书》将发抽文《读樊著龚自珍考》，不寄上了，因你可见到此刊，读后请正。我六月初去瑞典，十八日返沪。谢谢你的译文。匆匆

祝好

化

一九九三年五月九日深夜

此信尚未封口发出，又得五月二十一日函并译文定稿及胡适英文发言复制件，杜公如此搞花架子不知何故？Wakeman 我熟悉，近两年来未联系，圣诞及新年，互寄一卡而已。林同奇观点，兄以为如何？他对西方学者只承认有造反之声，不承认有学术思想持批评态度，我觉得是对的。以为然否？——又及

一九

东方兄

手书奉悉，迟复为歉。后天我就要去北京，在那里住两晚，再转

机飞斯德哥尔摩，参加学术讨论会。将于十六日回北京，再住二天，返上海。临行匆匆，不及多谈，兹有数事奉告。一，拟于今冬（大约在十一月中旬）在沪，由复旦等单位，召开一国际文化研讨会（去斯后将与杜维明商量）。如开得成，将邀兄来参加。二，林同奇托人由北京寄来美国的 *DAEDALUS* 1993 春季号 China in Transformation，其中林同奇的 *A Search for China's Soal* 谈及到我。我仅翻了一下尚未读。三，你问上次那份英文材料，是由上海国际笔会印行的。书名为：*Selected Works by Members of China PEN Centre of Shanghai Volume I*. 出版者：Shanghai Translation Publishing House（上海译文出版社）。四，奉上我的新书《清园夜读》后记一篇。请复制寄 1. 周策纵，2. Zhang Longxi（地址略）。五，近得哈佛大学寄来税单一纸，内开领取了伍佰美元，应付税壹佰伍拾美元。此款在哈佛时未收到。（还问了一下其他大陆去开会的人收到了否？）不知何故？兄知否？

匆匆祝好

化

一九九三年六月四日晚

二〇

东方兄

　　从瑞典回来后，连得数信，我仅仅回复两封短简，我一直想写得长一些，谈谈会议的感想，谈谈读了你最近寄来的复制件的读后感，可是这反而成了我没有及时写回信的缘故。这两天比较干扰少了，出访的劳累也恢复得差不多了。前两天成中英来此，到我家谈了两个多钟头。我原想托他将回信带你，但太匆忙，来不及写，连想托他带给你的书也忘了。

在斯德哥尔摩，乘船游览时，恰与余英时坐在一张桌边，作了比较长时间谈话，内容多系生活，少及学术。会议结束分手时，他送了一本近作给我：《中国文化与现代变迁》。这本书被参加会的朱维铮借去，前天才还给我。连日夜间读了几遍，发现与近期拙著多有暗合者。这使我一方面对余著多了一些了解，一方面也对自己不能及时了解海外著述内容，以致有某些暗合观点，别人已先我而言尚不知道，颇感不安。你寄来汪荣祖论胡适文中，亦有这情况。我与汪文有暗合处，因根据共同的资料，往往在互不知晓情况下，分头作出观点相同或近似的论述，是可以理解的。而我和余文有暗合处，则是另一种情况。这是关于中西文化交融汇合的理解（包括对过去中体西用说、全盘西化说、中国文化本位说、西体中用说等等之批判）。自然在这方面也有从客观资料引申出观点的问题，但和上述情况有较大区别。后者不是从资料直接推出，而取决于作者的理解和认识，问题要复杂得多了。在海外华裔学人中（以几次会议所见者为限），我与余的观点较接近，大概是他对传统有较深素养，又是比较偏重于史的观点的缘故。至于杜，是以西学为坐标的。说到这里，我不得不感谢你经常留心海外披载各文，剪下或复制惠寄。这几乎成了我了解海外学术的重要渠道，希望今后仍源源不断给我这方面的支援和帮助。余著中《中国思想传统的现代诠释》一文，涉及沈曾植一段（P.239），虽仅寥寥数语，却极为重要。沈曾植为王国维、陈寅恪极为推重的学者。先师王瑗仲曾受业于沈。但长期以来，大陆几无人研究沈之学术（不知台湾及海外

如何?)。倘兄能找到海外研究沈的著述，将情况惠示，则感甚。兄能
分出一些时间，从事这项工作，则我觉得比研究崔述更为重要。谈到
著述，我要告诉你，在瑞典开会时，见到大陆留在日本的原复旦古籍
所的李庆（已去日五六年）。我托他找那珂通世资料，他寄来了一篇日
文的（由我研究生译出，将发在《学术月刊》上），读后始知那珂通世
为日本"东洋学"的创始人。但文章仅介绍性质，在学术上未深谈。
译文发表后当寄奉一阅。关于瑞典会议情况，近有采访者来访，我谈
了一些情况，将在杂志上披载，刊出后即寄呈，这里不赘了。你的工
作如何？甚为念念。望告。《集林》还未落实，但总要办成的。陈宁先
生大作望寄下。匆匆

祝好

化

一九九三年七月二十八日

二一

东方兄

久疏音问，一因今年出去的次数较多。二因身体也不大好，这几
天患感冒，现在轻一些，可坐起来，写此信。但在医院检查，有脂肪
肝，甘油三酯及胆固醇都高，超过标准，还需进一步检查。三因文债
较多。一忙乱，就无法给兄写信了。

得信后，即给刘梦溪去函，询问尊稿事，请他务必给我一个回音，
如稿不用，则退我处。尚未得复。倘再无消息，当打长途去问，请放

心。最近大陆很缺乏敬业精神，做什么事都马马虎虎，毫无责任心，这种情况像瘟疫蔓延，学界亦不例外，虽令人可恨，但也无可奈何，它反映了一种社会心理。龚自珍曾说，每个朝代可从器物的精粗见其兴衰，盛世器物，坚固耐久，气象雍容，似怀百年大计。而衰世器物，潦草粗陋，格局褊狭，一望即可见出于临时打算。今日新建筑物，徒知表面光彩，而质量低劣，样子单薄，反之，昔日大厦，雄伟坚实（都是近一个世纪前大英帝国所建）。这一情况，真令人感叹。这两年在上海从报上（我只看一份晚报）时时可见令人惊心骇目的现象，这样一个社会，旧道德已荡然无存，又无宗教信仰，新的做人标准（如雷锋之类为人民服务等等，虽往往是一些刻板教条，由政治的强制力推行），亦失去效应，所以社会上出现了一种赤裸裸的利害关系、金钱关系。报上常常披载为了住房，为了一点钱，甚至为了一点细软，即可杀人，杀无冤无仇的人，甚至是亲人。前些时报载，一少年为向祖母索钱不得，即将其强奸，你说可怕不可怕！一般所谓新潮作者，唾弃理想，文章中几乎无法见到理想、道德之踪迹。我现七十有四，已进入老年，目睹此情此景，不禁为国家前途悲。

　　王润华信已写好，附此信内。我近二年与他无联系，不知他地址有无变动？请你打听一下如何？

祝好

化

一九九三年十二月二十一日

致邵燕祥（四通）

一

燕祥同志

　　大象今天转来十月八日的大札，甚感欣慰。我和张可自上月十四日开始住进医院做常规检查。迄今已逾一个月，大约再有一周可以出院了。我们住院检查的原因，是张可今年初随我去汕头，发现有脑血栓（轻度），去岁发现有胆结石。而我则在夏天发高烧腹泻。所以这次需做仔细检查。目前未发现新问题，故大致无碍，请释远念。

　　一年多来，我的情况信中难以说清楚，等见面时我们互叙经历罢。总之，不如所传之糟，亦不如所传之好。为聂公诗集写序的贵人白八三年以来，一直未能忘情于我，在他关心下，使我几度濒临险境，但终又幸免。我已届七十，无求亦无惧。但有一阵在低气压下，确实感到难以透气。一个多月前《文汇报》拟出增刊，约我写专栏稿。今夏大热中，我仍以《思辨短简》为题撰写小文，又得七十余则，准备择出若干篇交编者，作为此专栏之用。后据说报社内有人写信举报，说是已停的《文汇月刊》想要复辟。报馆老总，闻言惊慌失措，急忙调整版面，说是有些人的稿子（仅仅因为名字关系）不拟马上发出，抽稿就被压下来了，迄今已有两个月了。编者向我说，这些稿子将发在本月二十四日增刊上。我看这未必能够实现。上次我有一篇发言稿定要我整理出来，但交去后，又被编辑部删之又删，改而又改，结果变成一篇废话。我向报馆提出抗议，要求退回，报馆又不肯，后总算发出来。这就是今日之《文汇报》，我不想再与它发生什么关系了，每一次都弄得不欢而散。广东《随笔》尚佳。您的文章发出来，盼告，先睹为快。有机会南下否？我今冬欲去香港。倘明春您可来沪最好。我不想再去京了。

祝好

化上
一九九〇年十月十七日

去汕大开文心会是为了摆脱在学会的挂名。这个学会的学风一向很好，但这两年来，有些小人钻进来，弄得一团糟，故想脱身了。

二

燕祥同志

我于前日自港提早返沪，为的是办参加夏威夷会议的出国手续，由于时间已晚，不知能否成行？就是去美，也不过一周左右即返。

您的诗作拜读再三，成为夜间临睡前功课，以解悒闷。尔泰再三推荐，诚是佳作，可留下一些历史痕迹。

弟之《短简》又得八十来篇。近日出版的《文艺理论研究》刊载了七则。手边仅一册，谅此刊不难找到（拙文由编者加题名为《哲理随笔》，我知道要改已来不及了）。望您读后赐教。现在彼此以诗文代谈心，未始不是一种办法。匆匆

祝好

王元化

一九九一年二月十日

三

燕祥同志

我二十三日由美返沪，张可则于前天由香港回到家里。家中久不住人，一切均待整理，生活很乱，我也很累。二月二十一日手书并惠我的三份剪报，都已收到。大作当即拜读。您的杂文已达四百余篇，字数约四五十万言，令人钦佩。我和您的看法一样，即知识分子主要要在知识领域内工作，像鲁迅说的他还是用他那支笔，这笔是五分钱买来的，名字叫做"金不换"。

我此次去美参加中国文化的讨论是有心理准备的。大家生活环境不同，思想背景不同，因而在问题的选择、提出、解决……各方面都会有所不同。分歧最大的在对传统态度上。我去参加会议是想使美籍华裔学者多理解一点中国大陆上学者并不如他们所设想那样古怪。我曾和我文章中的对手林毓生教授作了几次长谈，他人品不错，我们结

下了不打不成交的友谊。我很想和您与若水好好谈谈我在这次会中的感受，比如什么知识分子边缘化，什么黑格尔的民间社会观念等等（黑现已成了红人，不再被视为"死狗"了）。

尔泰大约四五日后可望来沪小住，我为他作了安排。您和若水伉俪何时可望来沪？匆匆

祝好

化上

一九九一年三月五日

四

燕祥同志

十月二十二日手教奉悉。十分感谢您很快就将所存旧信，以特快专递寄来。重读一遍，又回到那段令人郁闷的日子。我在记忆中还留下了一些印象，所以当湖北教育出版社准备向京中友人征集我的书信时，我报出了您和另几位的名字。我记得那时曾向您倾诉了所感所想，多多少少留下当时的某些思想痕迹。这些痕迹不应听其泯灭，前几年您也将您在这方面留下的文字整理出版，恐怕我们的想法是一样的。

我最近除过去一些毛病外，又新增了两种：一是颈椎狭窄引起的头晕，另一是神经性过敏皮炎。毛病虽小，但每天时时刻刻受其侵扰，使人不得片刻安宁。不知您和文秀夫人近来身体如何？念念。张可也已八十出头了，情况大不如前，但像我所得的那些小毛病她却一样也没有。

　　近出《九十年代日记》一种，这部拙作也许可使友人对我十年来在反思中的思想演变得以窥知一二。另邮奉上一册，请正。

　　匆匆不一一。

祝好

　　　　　　　　　　　　　　王元化

　　　　　　　　　二〇〇一年十二月二十三晚

致范用

范用同志

　　贺卡收到。您的一笔漂亮钢笔字，使我和张可把玩良久，爱慕不已。荆公诗虽多拗句，但这首确是寄意遥深，尤其是岁老阳骄一联，此时读来更觉有味。京中友人时在念中。秀玉同志曾寄卡附言，见到时请代致候。弟来珠海已近一月，三月间返沪。匆匆

祝好

　　　　　　　　　　　　　　　　　　　　王元化

　　　　　　　　　　　　　　　　　一九九三年一月十日

致陆晓光（十五通）

一

晓光兄

　　惠我三纸长函，一周前即已收到。当时小刘正来舍，一同读了来信，我们都很欣慰。你在日本受到冈村先生及合山、笠征诸位先生热情款待，令人感动。（你比琦幸运气好。）我得信次日，就握笔作复，后因事扰停下来，一直到今天。昨得冈村先生信，已　并作复。冈村先生信已直接寄去，表示了我的感激，并说你在其门下受业，得到诸般爱护，将来学成将不忘其教泽之恩。又说你为人诚恳可靠，可帮他作些抄写、勾稽文献资料等工作。（不是打工性质，要打工可另找。）希望你一切顺利，排解困难，刻苦耐劳，把日文学好，将来在学术上取得成就。我已垂垂老矣，只望你们将来比我有成就，也比我幸福。建华来过，大概今日携孩子飞德转美。你和琦幸可多联系。述卓有信来，将任暨大学报主编。晓明每周六来我处吃顿饭。

　　匆匆

祝好

化

一九八九年九月十八日

二

晓光兄

　　廿一日信悉。约一周前寄奉一函，谅已先此达览。信中附致笠征、合山先生便笺。冈村（以后勿写"邮"）先生函，则单独另邮，我无非表示谢意。他们对你的热情而周到的接待，使我感动又感激。晓明事暂勿麻烦冈村先生等，你审时度势，不要使人感到中国人麻烦别人的事太多。你在这方面不至鲁莽，我较放心。你要多多了解日本的风土人情，生活习惯，多懂一些，对你在日生活有利。晓明事，据他自己说现教委有新规定，联合培养出国不可能（他会详告），故可从缓。

　　现在你既拜在冈村先生门下，应执弟子礼，恭敬而不卑不亢，要在诚恳二字。礼貌是重要的，信实更重要，万勿轻诺寡信，这会给对方印象极坏。自持应勤俭，但也要注意身体。看你寄来照片较瘦，不可过于节省，营养要保证。要注意清洁（在日很重要）。生活应有调剂，但绝不可接近花花草草（日人在这方面与我们不同，需留神），也勿卷入搞不清底细的政治漩涡。至于学习方面，一定要把日语学好（读讲写）。选何种日语课本可请教中日两方面熟人，最好既长知识，又在语言上可有进步。对冈村先生要尊重不要太麻烦他，他毕竟年纪大了。这一点你应摸清如何向他请教。我在给他信中说，你学成后不会忘记先生的教泽之恩。建华携女去德转美，不知抵达否？我托她带去一函给琦幸。望便中来信，以免悬挂。要保重身体。

祝好

　张可嘱笔问候

化

一九八九年九月二十八日

三

晓光兄

　　长久未和你通信了。去年十一月三十日，你祝贺我的生日，寄来了贺卡，甚感。我们二老在生活方面和身体方面尚称粗安，请释念。去岁十二月二十日离沪，先去广州，逗留三日来深圳。在穗与述卓见面，谈到你和琦幸、晓明近况。他现在校编学报尚好。我在暨大为青年教师、研究生讲了一次课。现来深圳已近一月，从深大借来参考书，为写杨朱考辨准备材料。此地无人下扰，工作尚顺手。希望能在离去前写出初稿，起码有一大纲。我们在此过春节，为的是与儿子团聚。得上海信，说收到不少日本友人贺年片，我在离沪前寄去一些，可能有些遗漏未回寄贺年片。你倘见到这些朋友，请代一一致意。

　　现王建华携女去美，在旧金山工作，他们一家团聚了。你的情况如何？十分怀念。此地信件来往极慢，此信是请儿子带港发出，希望早点寄到。你工作仍辛苦否？健康情况如何？一切均在念中。估计日语方面有了进步吧。冈村先生诸位请代致意。北大张少康先生不久将来日本，在京都大学做访问学者，为时约半年以上。你可与他联系。我的两本书快出了，如何带到日本？最好有便人，盼告。来信仍寄至上海原址。不一一。

祝好！

祝新春吉祥如意

化

一九九〇年一月二十日

四

晓光兄

　　三富先生来沪，匆匆见了一面，托带上照片二帧，谅已达览。前托他带上《思辨短简》收到否？我及张可自汕头返沪后，忙于看病，处理积压信函（至今未偿清）。保姆离去，我需天天处理繁琐家务，至今始略上轨道。

　　你的近况从三富处获悉，冈村先生又来函谈及，我已再三拜托他们帮忙。估计情况有了改善吧。克江曾来舍，谈及探亲事，我已向学校反映，据说对你延长无异议，但需教委批（这是新规定）。希望此事可较好解决。最近你无信来，谅太忙。望诸事善自处理（日本是一新环境，生活要注意）。要抓紧搞好日语。琦幸有电话。述卓尚可，而晓明工作尚无着落。书三本请转（寄去可也）。

祝好

化

一九九〇年（？）三月二十八日

五

晓光

上面的信写好，带信的人尚未来取，顷得二十三手书及补发之便笺。

信中详述近况，阅之甚慰。希望你诸事吉祥如意，可安心读书，首先是尽全力（至少是大力）学好日语。

从最近几封来信看来，你的文字似乎有退步（恕我直言）。这一点望注意。我青年时代也曾困于文字不能达意，且写得枯燥乏味，毫无文采。被年纪大的朋友批评，他们严厉待我，两年中不发我一篇文章，使我发愤过文字关。我想每个执笔为文的人都有些经验。望你在学日文之暇，也注意及此。

你对《思辨短简》有何意见（可于休息时随便翻阅），尤其是批评意见，盼告。我曾嘱你与高木宏夫先生（东京东洋大学社会系）通信，此人不错。不知联系了没有？匆匆

祝好

化

一九九〇年四月三日

六

晓光兄

五月二十四日手书奉悉。所附日元亦收到（信中不可附寄，这是邮

政规定，望注意）。谢谢你对我的关心，但以后万勿再寄钱来。你在海外挣来一点血汗钱，得之不易，馈赠给我，使我极感不安。何况我的收入尚好，可维持家用，且略有余。请你以后千万不可再寄钱来。这不是客气话。切记为祷。我所期待于你的，是你学成归来。首先把日文学好，这是第一要着。昨天听到萧华荣说，学校已批准你和琦幸延长留学时间，你可放心了。至于小刘申请事，则尚无消息。望你在日安心学习为要。

关于《思辨短简》译成日文事，不必急，留心就是。与日人（不管多熟）打交道，注意不卑不亢。我一生从不求人，更不愿对日人显出此态。这不是我矜持或傲气，而是有关民族自尊心。故翻译拙书一事，请你务要审时度势，灵活处理。译者要有兴趣，也要有适当水平，与其粗滥，宁肯不出。我的想法和心情，不知你清楚否？

冈村先生处，你去电话，他如何答复？望告我。

你应晓明之约为他写稿，我已转告，他很高兴，说你一向办事认真。

小刘心情不好（你信中告诉我的），倘如此，望常写家书。

你在日讲课顺手，闻之欣慰。

我的新著《传统与反传统》已出，俟交便人带到日本。自然当赠你，要你提意见。

张可问你好。

近安

高木宏夫先生处一直无信来，望你设法打听一下。比如给东洋大学今富正巳去信或打电话问问情况。

化

一九九〇年五月三十一日

七

晓光兄

　　来信收到，迟迟未复，说不出什么理由，自然主要是懒于写信，但也不完全是因为懒。六月下旬去京参加学位评议会议，回上海后，连日大热，每天骄阳似火，我仅穿一条短裤，或在电扇旁，或躲进卧室，开了空调降温。半个多月来，都在炎夏中苦熬。但我仍做了点事，即在着手编《思辨短简》的续篇。此书正编我已邮寄给你（记得还有一本《传统与反传统》），迄未得来信通知收到，不知现在如何？望收到后务请即告知。

　　上月在京时，我见到教委吴本厦（似乎跟你说过，他是我的学生，在教委研究生司任司长，但现已退下；不过仍可管事）。我把你要求留日延长事向他说了（学校说教委只决定你延长二个月），并要求他为之说项，批准你再延长一年。他答应了我。我回沪后，又将此事向系里反映。昨天我给琦幸信中，也向他提及，并望他多与你联系。

　　甲裴先生愿将拙文译成日语，请代致意，并表感谢。你给晓明信中提出"沙简二众"或"五众"不知如何译法，现另纸答复。请你们二位参考。

　　我们二老尚健，勿念。小刘不常来，我只有请晓明、老萧、大象等，代我问问她的近况。

　　你身体如何？日本诸位友人，请代问候。

祝好

化

一九九〇年七月十七日

八

晓光兄

　　前寄一函谅已达览。我在上周突感不适，发烧腹泻，住院吊针补液，现已无恙，释念。

　　我拟写一扶桑考，已动笔，因不谙日本以扶桑为代称始于何时，由何书可证，请你便中翻阅一下日文词典，并征询日本学者（如冈村先生）。一要准确，二要详细，并希望能早点复我。切盼！诸多烦渎，加重了你的负担，甚感抱歉。我知道你在日本工作生活均紧张。但我找不到其他人帮忙，只有麻烦你了。

　　琦幸有信来，我要他关心你，他来信说自当铭记，随时留意。

　　代问候冈村先生、三富、合山诸位。

　　不一一。

祝好

化

一九九○年八月十日

九

晓光兄

　　顷得九月五日惠寄的大信封，内装有信、你的大作、复制件一、译文三纸，满载而至，十分高兴。你在日既要攻读，又要为糊口打工，竟写出荀子诗说论考这样需花工力的文章，足见刻苦好学，有锲而不舍之毅力，可佩。论文刚收到匆匆翻阅一通，以后还要细读。初读印象甚佳。勉之勉之。我很重视你的刻苦精神，一直保持发扬下去，终必有所成就。希望你在学术上超越我们这一代。我一生颠簸，命运多蹇，如今已迈古稀之年。少时心存壮志，而多成泡影。深盼你们不像我们，能有安定环境治学。倘知识分子能在知识领域中作出贡献，使人摆脱愚昧、野蛮、残忍，少几分兽性，多几分人性，便是尽到自己的天职。

去美事，我早就函告琦幸，要他帮你。你要我写信的事，我考虑过，我曾介绍琦幸给 Wakeman，而琦幸并没有从他那里得到奖学金（美国事也复杂，不是谁说了算，这是琦幸告诉我的）。琦幸尚如此，介绍你去，更无希望。杜处情况不了解，估计并不会比魏处容易，但不妨一试。迄今我未向外国朋友写过信，但可寄一书给杜，俟美学者来沪时，我可口头嘱托。目前，你应先与一学校联系，筹笔钱，自费去，去后可打工（较日容易）。琦幸现就在打工，收入不错，你去后有他帮忙找事，估计不太难。打工一时期，存一笔钱，再去听课，我以为此法最好。琦幸即采取此法，望酌。

晓明亦苦，总算在华师大找到一席位。但压在他身上的工作极重，他与萧先生间或来此谈谈。我与华师大已没有什么关系（此校做事实在不近人情）。

寄来日本辞书中的扶桑条较我国辞书详细，持论亦较妥切。这真令人感叹。向冈村先生等致意。

握手

化

一九九〇年九月十一日

十

晓光兄

得你电话后，见到徐中玉先生，把你的情况向他说了。他说，他也得到你的信。我请他向校方疏通。据云，系里无问题，只是研究院负责人较难办。此人我不熟悉，要他尽量帮助打通这位"难办"的人的思想。徐答应我，他会尽力而为。我觉得你还应向大使馆打通关节。据云，大使馆有权可批（王建华由德转美，即通过驻德大使馆办的）。过去驻日大使宋之光我还有一面之雅，现任的全然陌生的了。

附寄近作谈扶桑一篇，此篇你在日本代查资料，文中已说明。

匆匆不一一。

祝好

王元化

一九九〇年十一月一日

一一

晓光兄

我于十二月十日离沪抵穗，次日乘火车来港。此来是探亲性质，拟去承义家住二三个月，约三月初返沪。在港打算看点书，将《杨朱考》写成，不想出去乱跑（兴致不高），也不想多去访友，更不想发表什么高见，因为我还要回去。意识形态由……掌权，人才网罗不到，以……充数，气焰嚣张，而棍法低劣，能力尚在张姚之下。故有识者互相告勉，以看戏不生气，来对待又一次大批判。（《中国文化报》十月间连续三天载批丛刊文，作者弋人，乃……之代字一分为二也。其实一分为二有什么用？纵使有孙悟空之分身法，仍不过是虚张声势，掩盖不了势孤力单之窘态。）

离沪前夕，收到你惠赠电子卡。谢谢。十一月三十日为我七十初度。我素不作生，但不知何故，今年由过去学生传开去，贺者不绝，赠以鲜花、蛋糕、贺卡。兴致盎然。

琦幸时有信来，他拟将《扶桑考》在美发表（但希望他将第一篇中括弧内谈三足金乌一段删去）。你说刘勰身世一文已由甲斐君译毕拟发表，不知发出否？念念，望告。

我儿子承义地址是：（略）。在港期间可来信或来电话，谈得可畅快一些，不受什么拘束。

祝好

化

一九九〇年十二月十日

一二

晓光兄

昨得来信，另邮拙译抽印本亦同时收到。（刊载拙译的日本杂志，倘便中能惠寄我二本则最好。）

此信附上致冈村先生函，举荐你考他的博士生。你阅后，封口面呈冈村先生。我对你暂不赴美而报考冈村先生博士生的决定，十分赞成。这样你可取得海外学位，既可较为精通一门外语又不致放弃学问，一举数得，希将此事办好。

上周在此突得辗转送来的美夏威夷大学邀请信，请我去参加那里举办的文化研讨会（一切费用由会议提供）。从二月十八至二十二，为期五天。我准备赴会，故将于一月底或二月初返沪。我将由港先回上海去办出国参加会的各种手续。

甲斐君将拙译译出，花费了不少力气。不知他在日本何处？盼将他地址告诉我，以便函谢。他在书后写得很客气，但似将士族之士与士大夫混淆。士族为魏文定九品中正法后之门阀制度。所谓簪缨之家及望族等等说法，殊几近之，故译作"世族"则可避免上述之混淆。他所援引古人的话，似乎不大站得住。

琦幸有信来，也谈到兄事。少康处请代问候，向冈村先生致意。匆匆，不一一。

祝好

化

一九九一年一月十八日

［附］

致冈村繁教授函

冈村繁先生

久疏音问，时从晓光君处获悉先生近况，知一切安吉，甚欣慰。

仆于去岁来香港与家人团聚，已逾一月。不久，即将去夏威夷大学参加中国文化研讨会。估计约于二月底三月初可回到上海。

　　兹有一事奉恳，晓光君来函称，准备报名先生门下，攻读博士学位。他为人诚挚，信实可靠，勤奋学业，尚堪造就。来日后屡蒙先生援手，倘能得先生俯允，收为门下，则可培养一有用人才，功德无量也。不尽一一。敬颂

大安

弟王元化手上

一九九一年一月十七日于香港

一三

晓光兄

　　四月二十一日写的信，今天收到。你去美国的消息是刘三富告诉我的。他还说你去日本最后给我的信，我未回信，你以为我对你有意见了。这是你多心。二月初我从香港回上海，办出国手续，又匆匆去夏威夷，开完会又匆匆回沪，实在疲劳，所有朋友信都未复。我已过七十了，身体也不太好，去港时犯过胃病，这一阵又在犯胃溃疡，精力体力不如以前了。你们不大能了解一个老人的苦处。我觉得琦幸和你出国后，脾气都有些变化。这也不能怪你们，在外面闯，一定甘苦备尝，想法会有些改变。比如，琦幸这次去夏威夷和我相会，本是极高兴的事。但他问了我一些问题，我觉得很奇怪，似乎这么久相处，他对我仍不理解。同时他带了一架录像机，把开会情况和我在会上的

发言等等一一录下，这样招摇，又使我对他不理解了。至于你对刘三富说的话，也令我奇怪。当时我是赞成你归来的，怎么我会因你回不回来问题，对你有意见呢？我尊重别人的决定。我一向反对强人从己，这是你也知道的。难道我说的和我想的不一致么？何况我确实觉得在当时情况下你回来好。（这是假设你如果问我意见的话。自然对你自己的决定，不管怎样，我决不会以己见相加。）

美国人确实比日本人性格开朗，但你也要注意，人情味是很少的。美籍华裔（尤其台湾）大抵不可深交，他们看不起大陆留学生。再者，美国社会极实际，凭本事赚钱，有能力大家尊重。纵使学问好但英语不好，也不行。希望注意。这次去檀岛开会，认识了张灏、林毓生二位先生，他们都在和我通信。傅伟勋过去较熟，但此次发现此人甚怪。这些话，只你知道就行了，勿为外人道。

琦幸一直未来信。我曾要他把他的录像翻印一份给我，迄无下文。

来信仍写原址。

好好学英文。

祝好

化

一九九一年五月一日

十四

晓光兄

十八日函收到。前些寄来的信和发表的文章也早已收到了。近来身体不大好，虽无严重大病，但小毛小病不断。直接影响写信的是腰病发作，不便伏案，至今未痊，遵医嘱少作或不作案头工作。此信是支撑着写的，怕你们不放心。

在美需适应环境，作艰苦奋斗，这我全了解。（主要在许多不同观念上，如人际关系，打交道，甚至交友方面，更需注意。不习惯，你会觉得那里没人情。）我自美返沪后，谢绝社会活动，规定了会客时间，可以多读些书了。也写了点东西（今年十二月香港《二十一世纪》刊有拙文）。你为了打开出路，不得不放弃读写，这是可惜的。青年人怎样才可找到一个静心读书的环境？看样子"浮于海"似乎也不行。思之令人怆然。我以为人生还当以从事学问为主。

琦幸不另。匆匆

祝好

化

一九九一年十一月三日

十五

晓光兄

六月九日手书收到，你在美的情况，我大体可以想象，但究竟不如你亲自叙述那样清楚。你现在了解了美国全靠个人奋斗，没有什么关系网。这种情况有好也有坏。好的是大家全凭本事，坏的是人情味少。你厘定的三步骤，大体是实事求是的。一切取决你的打算。比如在美的生活学习问题，你的家庭问题，自己的志向问题，都得好好考虑。在美住下去，首要问题是语言问题。专业极好，语言不行，较之专业极差语言极好，绝对不一样。前者只能勉强过下去，甚至相当困难。后者只要有办法，即可一帆风顺。我知道的这种例子太多了。许多在国内尚称有名学者，因语言不行，在美是毫无发挥余地的。这是从做学问、发挥自己所长来说。至于在美找工作，大概比日本要好多了。打工过苦日子是不难的。但不能长期如此，那就变成去美找饭吃、混日子了。你目前做研究自然好，但我以为不如学好英语（千万别老是和说中国话的华裔混在一起，要与洋鬼子打交道）。因为那种研究项目，在国内也能做（只要复制材料带回即可）。

来信说到日本，日本人（不是指我认识的有几位很好的学者）像你来信所说，有一种岛国狭窄心地，内向而自傲，对人彬彬有礼，但实存轻视。这些年，日本很富，去打工的中国人素质很差，什么下贱的事都干，以致日本人对大陆去的人极其看不起。这次我去夏威夷，来去都经日本，在成田换机的短短几个小时，就领略到日本人的作风。对于日本的政客（美国的也不好），我特别反感。美国汉学全为过去台湾去的入籍者所把持。我与其中一些人感情不坏，但在治学上则有差距。我去开会时，他们以长者待我，很尊敬，我回来后，如林、张等都寄来书写来信。但我忍不住要向他们谈谈不同观点。

我已年逾古稀，垂垂老矣，但求自己做个真正的人而已。因此，我对地位、名声等等都不要，凭心之所以为是、所以为安者去做。也许老了，我很重做人的尊严，这是任何力量不可侮的。我也并非藏在个人的硬壳中，仍以家国为念，想到我们的人民这两年，我的内心很痛苦，但头脑却越来越冷静。茫茫四顾，不禁黯然。我也希望国家前途好，也希望一切清明，但我看不到健康力量。因之，我的思想变得很黑暗，现在我才常常理解鲁迅说他自己不敢把自己的思想打开给青年看的原因。这些牢骚话就说到此为止吧。目前，我在读"经"，为的是抬杠。已写出《论语识小》、《原壤夷俟》两篇，还打算写四五篇。倘发表当寄上请正。我回来后，几乎谢绝了一切开会活动，上午闭门读写，谢客来访。所以来找我瞎聊，或差使我帮忙打杂的事，大大减少了。我是不以"宾客盈门"为幸福的（和前几天《新民晚报》说的相反）。我也想试试"独善其身"了。

祝好

化

一九九二年六月二十二日

致陈平原（五通）

一

平原同志

　　昨天马白同志将他写的有关我的一章寄来了。他信中说同时将稿（正稿，我的是复制）寄给您。他要我看看提意见。我看了觉得不大好。一，王先生在时曾告我说不是评传式。他写的纵使不是评传，也近似，至少这方面占了极大篇幅，且其中大多是可有可无的交代，有的还不准确。二，他未突出我在文论方面所作的成果的剖析与评价。王先生生前谈话中似以这一点为重点。而马所写是泛论我的所有论文（涉及多，而又并不全面，有些他肯定的恰恰是应否定的）。三，文中缺乏科学分析，而像推荐性的评介。直说即不少都是溢美的话。这恐怕不是王先生编此书的宗旨，而我自己看了也觉愧然。以上意见，我昨晚特地打长途给马白同志，向他说了。我提出我想向编者建议另约人改写，他同意了，表示没有意见。您知道，此文原定撰稿人有变动，当时要另请他人，我提出朱寨同志，朱以不谙古代文论《文心雕龙》

而辞谢。一时找不到合适的人，我想马白同志是专搞《文心雕龙》的，和我又熟，就推荐他了。这次读了他的稿子，发现他未在我的《文心雕龙》研究上着笔，舍其（马本人）所长，以致写成这样子，编在王先生遗编（自然现由您主持）中，实有愧对故人之感。我与马很熟，所以先征得他同意，再给您写信（免去您出面之烦）。现想征得您意见：一，现如改请人，限在十月至十一月左右完稿是否来得及？二，您同意换人改写吗？三，倘实在来不及，我觉得就把我的那一章暂时撤掉，在编者话中交代一下，有可能再版时再补入。以上望您裁夺，并即示复为盼。匆匆。

祝好

　　改写人我想好二位，一是我的博士生胡晓明，另一是广东雷州师专劳承万，二者选一。

王元化

一九八九年八月十七日

二

平原同志

　　十九日手书奉悉。

　　浙江文艺出版社在上海举行的会议，我去参加，以为可以见到您，可惜您未来沪，失去会面叙谈的机会，甚憾。我曾问起北大旧友，他们告知您和樊骏同志因故先返。《学人》出版事曾听此间青年朋友说起。二三年来，文化急骤滑坡，水平大大下降，令人忧心。但据闻京中学人仍在潜心读书，方使人觉得有些安慰。目前浮在面上的一些现象，实在可厌，但真正学人却在踏踏实实做刻苦的工作，文化前途有赖于他们。我九月初去美国见到金春峰同志（您认识他么?），他曾提到《学人》，并向我谈起。可见你们的努力，在海外也得到人们注目。

我最近腰痛病复发，卧床近半月，现稍愈，但书写不便，此信是依枕写的。

谢谢您惠我大作，收到后当细细拜读。我也有新书出版，不日寄奉候教。

王瑶先生生前主持的项目，终于可以完稿问世，这是可庆幸的事。您能将出书的周折详细一点示知么？

希望您不久有机会来沪，以图把晤叙谈。

匆匆

祝好

王元化

一九九二年十月二十三日

三

平原同志

前几天从南方回来，才见到您去岁十二月十五日来信。我是在十二月十日离沪去珠海度冬的，主要是为了避寒，我们都已年逾古稀，老伴七九年中风后，冬天太冷对身体不宜，加以我也想找一安静地方，躲起来，读点书，写点东西。所以去到珠海所辖斗门县属井岸镇，此地位于珠海特区之外。我们在这里一住就是一个多季度。乡间虽无人来干扰，但也非净地。环境嘈杂，生活不便，所以也不能如我所愿，多出些成果。我写了一篇论龚自珍考，寄给上海的许纪霖，请他寄您，我想以此表示一下对你们的支持。但小许来信说，过去您曾跟他说过，老年学人的文章一概不登，怕摆不平，所以谁都不去约稿，他建议我交《读书》。这次回沪后，见来信要我推荐文章，您没说要什么样文章，也没说到年龄限制，所以我一直不知您的编辑方针。《学人》全载中青年作品也好，这也是一种特色。读来信知道您几位一直在寂寞中工作，但我相信，只要坚持把刊物办下去，一定会得到真正的新朋友（读者），而不会像那些如过眼烟云的趋时的杂志，哄一阵就结束了。我为这个刊物默默祝祷，因为这是一份有益于中国文化的力量。在南粤小镇我还写了一万多字的论胡适文。我读到过您的论胡适文，拙文刊出后希提提意见。劳文（写拙著的）并不理想，有溢美处，编者尽管删削，使其完整一些。

匆匆祝好

　　　　　　　　　　　　　　　　　王元化

　　　　　　　　　　　　　　一九九六年三月二十一日

四

平原同志

　　四月十日手书奉悉。

已请文忠兄将拙文（《清园近思录》）打印，估计不日即可寄出。《学人》收到后，请示知，以免悬挂。（我现住友人处，友人电话〈略〉。本月二十二日将去南京。月底返沪，住回家中。）我希望能读此稿校样。又《近年反思答问》黄先生编入《文化保守主义》，本来我对拙文被人编集是没有意见的，但不知编者是否把拙文作为"保守主义"？我不赞成激进主义，并不等于就是保守主义。如此集所收之文并不都作为保守主义代表，我是没有意见的。黄先生尚未来联系。上述意见不知可否代为转告，甚感甚感。

祝好

王元化

一九九六年四月十五日

五

平原同志

邮汇稿酬叁佰伍拾元已收到。

久疏音问，不知近况如何？念念。《学人》前途如何？有什么打算？此间一切如旧，乏善可陈。弟年岁日增，精力日减，打杂事多，想做的事做得很少。言路日窄，令人担忧。中国学术文化本极荒芜，不加扶持，反施压力，真不知是何居心？每念及此，悲从中来。

匆匆祝好

王元化

一九九六年十月二十三日

致陈礼荣（四通）

一

礼荣同志

二月二十日手书奉悉。承告美鹏学校*事，并附来校舍模型图及新沙路小学 110 周年校庆纪念手册，感激无量。此事从未听先人说过，倘非您将本末见告，恐永不得知。今日将来信带给九三年伴我同来江陵的三姐桂碧清，又以长途电话告知在京的表妹桂湘云（去年亦到过江陵），她们听到后都很高兴。您要美鹏公的资料，我们当设法在家中查找（相片似有一二张），找到后当寄来。今日荆州计委熊自强同志来访，我请他带上近著三册（《清园近思录》、《读黑格尔》〈影印本〉、《太平天国革命亲历记》），另有二本（《思辨随笔》、《清园近思录》）赠送给您。熊明日返荆州，倘得信尚未收到书，不妨拨一电话去询问。

不尽一一。即颂

编安

王元化

一九九八年二月二十八日

* 美鹏学校是我外祖父桂美鹏，于清光绪年间，在家乡荆州所创办的分班授课的学堂。

二

陈礼荣同志

来信奉悉，所附报纸并复制大文亦同时拜读，甚感。您的报道写得很好。其中有几处小地方可酌。文前介绍，称为文艺理论家，现一般不这样用，而称学者，因我以写学术文字为主，久不写文艺文章了。所列书目，似应补充一本《思辨随笔》（九六年得国家奖的书）。自然这些都是小节。总的来说，您的文章写得很认真很好，尤其提到新沙路小学事，使我极感兴趣，可惜前次来错过去看一看的机会。倘方便拍一照片惠赐，则十分感激。

我准备寄一本拙著给您（另邮）。请向家乡领导、父老致意。

匆匆不尽——。

即颂

大安

王元化

一九九八年六月七日

三

礼荣同志

七月三日手书奉悉。复制件亦收到。文章所述基本上都是对的，仅几处小地方不够准确：一，小说《舅爷爷》中所写的环境，不是想象中的湖北，而是北京。二，《思辨随笔》获奖是"国家图书奖"（这是全国最高的奖励。其他如中国图书奖，或社科等等优秀奖均不是最高奖。这一点搞出版的人都清楚。第二届国家图书奖，上海上报不少，获此奖者仅拙著一本。另一本是与香港联合出版的）。现此书第八版已售罄，印数近四万册。三，《文心雕龙》创作论曾与钱钟书、季羡林等著作同获比较文学荣誉奖。

来信所询我奉赠的对联，其中是集何人句。陆士衡即晋时陆机字，此语出自其所著《文赋》（载《文选》），而不是陆诒的话。陆诒是新闻记者，似未有古文著作，我与他熟识，前年他已故世。拙著均已赠荆州图书馆，是较全的。近出《清园近思录》亦可一读（系自九三年下半年至九七年所写诸文的汇编）。

家父简历容以后寄奉。日前图书馆新老馆长汤铁与姚家松同志来沪，我托他们带上外祖父美鹏公照片一帧，请他们即转您，希望你用毕即寄还，盖我处仅有这惟一的一张也。（连日为此事打电话给汤、姚二位，均未联系上，倘得此信尚未与汤、姚碰过头，请您去催索，我怕他们事忙，忘记或拖延。）

又，写我和张可的文章，与《海上文坛》同时，《上海文化》亦发过余秋雨所写的一篇。余是张可的学生，故文章题名《长者》。匆匆祝好

王元化
一九九八年七月九日

四

礼荣同志

　　手书并照片复制件等均已收到。谢谢。

　　关于万寿宝塔事，我已将你们的信和报上的文章交一位友人，请他设法撰写一文，呼吁一下。我因近期事情较多，不能为此抽出时间，故请人代劳。

　　最近熊自强同志为其女高考事打来电话，我请一位原北大的年轻友人与他联系，帮他解决。顷得这位友人消息云，熊女高考分数达630以上，成绩之高，惊人。江陵多出此等人才，令人可喜，无怪前人称"楚人多才"。

　　汤馆长久无联系，上次信中曾说，他为送书事甚觉麻烦。我觉他态度不像以前姚馆长那样积极。我曾告他有一批书拟送江陵，希他前来。至今好几个月过去，未得音信。故我将书另赠他处，就地处理，似比较合理也。我为江陵图集写的序，他也一直未给我回音。如今班子常更换，干部随之不断变化，许多事已无连续性，以前办的，以后可以不管，这恐怕已成通病，非一地一处为然也。此事因您十分关心，顺便奉告，不必外传，也不必向领导反映，至嘱。不过我过去将自己所珍之文件等赠江陵，以图保存，或不无可资利用之处。今情况变了，这些东西如何？您倘能了解一下，告我，则感甚也。匆匆

祝好

王元化

一九九九年七月二十五日

致陈冰夷、袁佩兰（二十通）

一

冰夷兄

七日来信刚刚收到。

去作协开会，获悉兄将来沪一行，不胜欣喜！可惜佩兰嫂夫人不能同来，倘仅仅因为不能和你们一起住招待所，那么可住在舍下。此信倘在你动身前几天收到，望再考虑决定。张可、碧清姐均望在沪和佩兰嫂夫人重聚话旧。

作协正在为你们三位安排下榻处，我提出可住衡山宾馆。浩川现是宾馆顾问，我可去疏通一下（老姜第二次来沪是我去洽商的）。

上次拜托的几件事，蒙你于百忙之中操劳，甚感。现这些事已成过去，不必再谈了。你临行前倘有机会见到黎澍，请代问一下，我有一篇拙作于上月下旬投寄《历史研究》（听说他们将出专题讨论的丛刊），不知收到否？如丛刊目前不打算出版，该稿望早日退回为盼。自然你不必为此特地去跑，我可以写信给他。不尽——。

敬礼

元化手上

一九七八年（？月）九日晚

逸兄信即转去。

二

冰夷兄

收到此信谅已安抵北京了。一个月来长途跋涉，望回家后休息一两天再上班。

关于拙稿事，*再把我的打算奉告如下：我寄周扬同志的信稿是十月二十四日挂号发出，直寄中国社会科学院的（今天我已嘱邮局查询，一星期后可得回报）。我想首先再麻烦老姜，去问问周收到否？估计不外三种情况：（一）如他答收到了。就问他有什么意见，是否可交《文学评论》发表？如他答：拟转去发表。则请老姜告诉他我作了一些小修改，拟直接将修改稿寄去。（烦兄得讯后即把修改稿交许觉民。希望《文学评论》务必按照修改稿发排，排出清样最好寄我看看。）（二）如周答信稿均收到，但表示不赞成发表。那么此事就告结束。请兄将修改稿寄回给我。（三）倘周答信稿未收到。那么就请兄直接把修改稿转许觉民，并将他如何处理情况见示。

这事很琐碎，但问题复杂，需仔细对待。你回京后诸事待理，现我以这些疙疙瘩瘩的事相烦，实在于心不安，可是除了老姜和你之外，没有别人可以奉托，只有请你们大力相助了，感激的话也不说了。

由于此事取决老姜去问周，所以麻烦你和老姜见面时，把此信内容告诉他。我也希望听听你们两位的意见。总之一句话，我希望发表此文，希望双百方针能贯彻，容许批评也容许反批评的自由讨论能真正实现，你们倘有更妥善的办法，我完全遵从你们去做。

此外，关于寄《历史研究》编辑部黎澍处拙稿《灭惑论与刘勰的前后期思想变化》（已寄去一个月多了），此事不必太急，俟兄便时再去问他。

今天我去医院看满涛，他的病情相当严重。我在医院呆了一天，现在才回家。

请向兰嫂问好。

匆此

敬礼

弟化手上

一九七八年（？月）

* 这是指我写的《释〈比兴篇〉拟容取心说》在《文学评论》复刊号上发表后，该刊下一期就发表了两篇批判文章，指我在阐释比兴时没有遵照毛泽东援用朱子的阐释是错误的。我的第一篇文章原来并没有想到发表。我只是把我写的《文心雕龙创作论》全部书稿寄给了姜椿芳，请他再转赵朴初一阅。可是姜将我的稿子转给了周扬，而周选出释比兴的那篇，交给《文学评论》发表了。所以我就后来的批判文章写的答辩，仍请周一阅，并听听他的意见。

三

夷兄

昨天收到来信，我要赶快写这封复信给你。关于《动态》事，你嘱我不要有所举动，任其自然就算了。我太性急，在得来信前已写给许觉民一封长信，说明该文和我的原话有出入，请他帮助考虑更正。大概这件事又做错了。请你看看如何补救？最好得此信后即与许觉民联系一下。一再相烦，给你增添额外负担，真是过意不去。

《动态》发表我的发言，我并没有什么意见。我并不是心有余悸，担心害怕。我说过的话，纵使说错了，也不收回。但如果把我的话去头去尾，加以阉割之后再联系起来，我是不能同意的。如说我说：胡乔木在二次文代反公式化，以后绝对不提，把反教条当做反马列，至今尚未改正等等。老实说，我对《文学评论》实在领教得够了，吃足了它的苦头。此间一位同志告诉我《文学评论》掌握古代文论的是……而编《动态》的也是他。此人过去是我的学生（胜利后在北平铁院），我一直把他当做熟人看待。但昆明会后，回到上海见到《文评丛刊》又发表几篇所谓"商榷"文章，而把我的答辩压下来，这次又看到《动态》，才使我不得不怀疑。有人告诉我他在《文学评论》能量很大，我不懂他为什么要这样对我歧视。他在做学生时，我把我的一篇小说给他看，不料他竟用了别的署名，一字不改地拿到北京的一个文艺刊物上发表了，稿费也被他吞没。事前未告诉我，事后也未向我交代。为了息事宁人，我没说过一句话。只觉得此人心术手段不正。数十年过去了，他在反右时栽过筋斗，我想人是会变的，曾同情他的遭遇。因此在昆明时还与他通过信。如果《文学评论》与《动态》的事件都是他搞的，我真不懂他何以非对我加以打击不可。

这信由于急于寄出，下次再谈文涓的事。

我寄给许觉民的信，留有底稿，誊清时做了修改，把话说得平和些，现附上供参考（阅毕请掷还）。你看看怎样再代我向许觉民打个招呼，就按你说的办，不要什么更正了。你给津莘的信即转去。

　　匆匆问候兰嫂。

祝好

化上

一九七八年六月二十二日

四

冰夷兄

　　前天寄社科院拙作（修订稿），并附一信。昨天又寄老姜一信，请他再去问问周扬：我于十月二十四日寄去的信稿是否收到。老姜约于廿日左右去成都。你回京不知何时？大概时间相当紧迫。但只要知道老姜问周后的回音是什么就行了。此事一再相烦，实在抱歉。

　　满涛病情十分险恶，现住长征医院，诊断为脑溢血，有生命之忧。为此，我需奔走，往医院值班，身心俱疲。请不必担心，如有什么消息，我一定会奉告的。

　　老林尚未住进医院，大约住院日期不远。

　　匆匆不尽——。

祝好

　　兰嫂不另。碧清、张可嘱致意。

化手上

一九七八年（？月）

五

冰夷兄

　　寄来的二封长信，均于昨天同时收到。晚上即去裕和坊转津苹一阅。读了你的信，心情久久不能平静。你对满涛的真挚的友情，对他的评价，对他的哀悼以及对我们这些生者的关怀，使我们感动万分。在这不幸的日子里，你给我们带来了多少慰藉，我们衷心感激你和兰嫂。倘使我们不照你的话去节制自己的哀愁，那就辜负了你们的用心了。

　　现在我把这件不幸的事简单向你们汇报。你于十四日离沪去武汉不久，满涛病情即日趋恶化。我们心中毫无准备，医生说病危，但又说倘支持一星期左右，仍有好转希望。这期间我们轮流去医院值班。（从这时起到今天我一直未再去看老林了，他已住院，开了刀，情况良好，这是别人告我的。打算过几天去看他。）十七日晚，我的孩子去医院守夜，十八日一清早，我尚未醒，即被他的痛哭声惊醒（他是很爱他的大舅的），匆忙赶到医院，发现满涛晚间病情恶化，已切开气管输氧气，床前挤满了医生护士正在抢救。我知道已到最后时刻，没有让可去医院，同时把建侯打发走了，因他俩都高血压，建侯还有心脏病。我陪津苹守在旁边，不久清姊也赶来了。满涛身上好几处插了管子，呼吸急促，大口喘气，全身痉挛，在向死亡作最后的挣扎。看到这种痛苦的样子，我感到自己的心都紧缩起来。他在上午十时，停止了心脏的跳动。医生为他按摩心脏，做人工呼吸，继续了半个多钟头，毫无转机。最后把我叫到一旁，说抢救无效，问我是不是再要抢救。是我同意不再抢救的。这时，津苹抚在满涛遗体上，一边痛哭，一边叫着"可怜的满涛，可怜的满涛……"我帮助她为满涛擦身、换衣。他身上仍有体温，我握着他的手，感到那上面的温暖。这印象是这样深，我觉得自己手上的温暖感觉恐怕永远不会消退了。我们随同医院护工一起把他的遗体送至太平间，并参加了搬放。

我和满涛不仅是亲戚，而且是四十年的挚友、知己，一旦人天两隔，我就失去了心上最宝贵的那一部分。我有负疚之感。这两年来，我对他体恤照顾不够。他受到"四人帮"迫害，晚年在性格上起了很大变化。我懂得这时为什么他的自尊心特别强，常常会怀疑别人对他歧视，甚至连亲人挚友也不免。这是许多人在遭到政治迫害后往往容易产生的心理状态。但是当他对某些我认为绝对不会对他歧视的人也有疑心的时候，我们发生了争执。我责怪他不像从前那样听我的劝告，因而在一些看法上有了分歧和隔阂。现在我失去了他，再想起这些事，就感到痛苦了。这几天晚间醒来，我不禁想到自己身上不是也同样存在着因自尊心受伤而产生的那种多疑的不正常心理状态么？我也有的，有时甚至比他还厉害。我们都是"人"啊！我们不能超凡入圣。自然也有少数人，胸襟开豁，智虑明达，堪为我们的楷式。但是不从社会历史的复杂原因去看待满涛晚年的性格变化，是不公正的。为此我深深地感到负疚。这确实是一个悲剧。许多事往往在事后才会使人变得聪明一些。但是太晚了。他已经无从知道我此刻的心情。我失去了一个兄长，一个友人，一面可以照出我的灵魂，使我不敢妄为、时时促我上征的镜子。这损失是太大了，这是无可弥补的啊。

最令人感到痛心的是他没有实现他的抱负。这并不是什么宏图大业，却是一种令人不得不肃然起敬的为文艺、为人生的严肃态度。虽然他在晚年所能做的只是译事工作，但他锲而不舍，只要活一天就要做一天，决不肯苟且敷衍，贪图个人的舒适享受。可惜他未能完成志愿就赍志而殁了，连他在生前以为可以完稿的《死魂灵》，也仅仅译出了三分之一强。现在他的书桌上还放着他在译稿上写下的最后一个字，当我在十八号那天在医院安置好他的遗体后，陪津荪回到裕和坊时，看到翻开的《死魂灵》原著和他用颤抖的手写下的那些字时，我抑制不住流下了眼泪。命运太不公平！如果他再活五年把《果戈理集》五卷和《别林斯基选集》六卷译竣，他的一生也算有了交代。他留下的工作，我干不了，我想别人恐怕也不能像他那样卓越地去完成它们！这是多么大的损失啊！

你对他的评价，说出了我的心声。你是深深懂得他的，你的评价是公正的。我不得不说到译文社。满涛生前原拟译好《果戈理集》《别林斯基选集》后，再着手译司各脱。他很赞赏马恩对司各脱的评价。可是他向出版社提出后，他们婉言拒绝了他，说已有人翻译了。这使他很气愤。我同情他的气愤，因为我知道出版社约了一个无论在原文、母语、专业修养各方面都远远不及他的人去翻译司各脱。出版社连珍珠和扁豆的区别也不能辨别。尽管主持者也是我认识多年的朋友，我不知道他们对翻译事业怀着怎样的心理，甚至怀疑他们究竟考虑的是"人事"，还是"事业"？现在满涛已故，在我们的悲痛里也包括为我国文化事业所感到的损失，但有些人也许不是这样，他们感到去掉了妨碍他们成名成家的一块绊脚石。但这些话现在已经晚了。

让我再汇报一下满涛的后事吧！（一）他病危时，我请老钟速办平反。老钟多方奔走，宣传部派专人办理，终于推倒一九七六年"四人帮"加给他的"胡风分子"帽子种种诬蔑不实之辞，恢复"文革"前结论。但最后信息传来，他已含恨而死了。（二）通过老钟由作协、译文社联合出面于下月十三日下午举行追悼会，已成立治丧小组（我是成员之一），董其事者，还有萧岱、丰村、吴岩等六人。《讣告》不久即可发出。（我原以为你去广州，可能转来沪上，曾要他们预订几间招待所房间，现在你自然不能来了。不知京中去穗开会的同志何人会来？）（三）一些老同志巴金等为追悼会出点子，希望追悼会加上平反恢复名誉的内容，我已提出，老钟支持。（四）成立治丧小组会上，我因心情悲痛，一肚子怨气，历数了译文社种种不合理措施，发了火。事后我责怪自己不应感情冲动。中妹来信说你为我担心，你的信中再三告诫。我一定听从你的劝告，不再激动、冲动。

关于所托拙稿诸事，你在百忙中，多次奔走洽商，我除了感激之外，又有什么可以回答你的关心呢？（一）前去一信给兰嫂。《文学评论》事，你为我完全解决了。不赘。（二）《历史研究》已有信通知，拙稿将在明年五月出版的《历史学》季刊二期发表。这都是你劳心费神的结果。（三）克政同志大作将在《中华文史论丛》第九期（即新三期，明年元旦出刊）发表，已排上，目录我已看过。谢谢他对我的鼓励，也望他多多提意见，以后当写信给他。（四）联耿来过，近因忙满涛后事未去看他。昨得你信后，已去信给他，通知他满涛逝世。过一阵一定遵嘱和他联系，希望短期内再见面。明年有人约我去河北师范谈《文心》。如能实现，我将弯道来看你们。你现在很忙，我的信又是写得这样杂乱潦草，只有请你原谅，望保重。张可附笔问候祝好

化上

一九七八年

满涛追悼会赠花圈事当代办。还有什么事需我去做，请告诉我。请向京中拍来唁电的友人致谢。你最近忙，不要忙于回信，有事我会写信来。——又及

六

佩兰嫂*

你和冰夷兄打给津苹的唁电已收到。谢谢你们对我们的关怀。现作协和译文社已为满涛组成治丧小组，准备于下月十三日举行追悼大会。《讣告》即将发出。

冰夷兄大概已去广州。有件事因时间急迫，所以特写此信给你。我于本月中旬曾将一篇《再释〈比兴篇〉拟容取心说》稿子由挂号寄中国社会科学院交冰夷兄，准备请他转给文研所许觉民。不知此稿是否收到？冰夷兄是否放在家中？现我得北京来信，通知我周扬同志已将我于早些时的同一篇稿子直接转觉民（这篇稿子是初稿，我寄冰夷兄的稿子是修订稿）。如果《文学评论》准备发表，我希望按照我寄给冰夷兄的那篇修订稿发排。周扬同志转去的那篇初稿是没有修订过的。因此，只有麻烦你了。如果你可找出我寄冰夷兄的那篇稿子，是否可以劳神，请代为转交许觉民？不知你认识许觉民吗？我附上给许觉民一封信，请你把我稿子转去时，一并交给他，此事是否可行？得信后请即复。

诸多费心，谢谢。祝好

王元化手上
一九七八年

碧清、张可嘱笔问好！

再者，如果找不到我寄冰夷兄的稿子，那么就不必将我写给许觉民同志的信交给他了。我当另行处理。

* 袁佩兰是陈冰夷夫人。

〔附〕

觉民同志

前将拙作《再释〈比兴篇〉拟容取心说》一稿寄周扬同志，顷得通知周已将稿转给您。这篇稿子我作了一些小修改，现请冰夷同志（或佩兰同志）将修改过的稿子转呈。如蒙采用，我希望按照这篇修改过的稿子发排。倘不拟发表请将原稿赐还。诸多费神，谢谢。

此致

敬礼

王元化手上

十一月二十五日

通信处（略）。

七

夷兄

得两信后即复一函，谅已先此收到。老姜虞老要我进大百科（沪办），已去开过会，看样子要到那里去工作了。今后在工作上要仰仗你，请大力支持（如约人写稿、译稿、提供资料等）。

满涛追悼会在筹备中。《讣告》已印好，即可发出。

上次奉托诸事给你增添了不少麻烦。现只有那篇投《文学评论》的答辩，想请你再助一臂之力。《文学评论》至今没有来信通知，不知何故？托转许觉民同志信亦未见复。我希得一确信，到底《文学评论》如何处理，不用即请他们退回。如拟发表，则请务必以修订稿发表。以前托周扬转去的稿子，我想请兄要回。(只要退回你处即可，不必再寄还给我了。)一再相烦实在不好意思。

(一) 小李已将《世界文学》给我。送伯龙的一套已给他。送杜宣的一套因他外出，拟下周送去，勿念。

(二) 老宋处已去过信，他也复了信。今后定遵嘱和他多联系，他的事当尽力之所能去帮助。

(三) 上次来信提到王文生、罗玲事，我已把内容全部代达，王文生要我向你致意，致谢，说你太客气了，很感激。文涓尚未见到，见面后代致意。

望保重，清、可向你们问好。

化手上

一九七八年（？月）二日

八

冰夷兄

六日信收到。《文学评论》事一再相烦，累你奔跑，实在过意不去。克政同志信和你的来信同时到达。他仔细地读了拙作《龚自珍思想笔谈》，除勉励外也提出中肯意见，令人折服，我很感激他对我的关心，并佩服他的一丝不苟的治学态度。我已有复信寄给他。大家说，人才集中于北京，这是实话。上海所谓学者，除少数年长者外，大抵趋奔名利之场，而不务实学。我一向感到和他们没有什么共同语言，不去交往。像克政同志这样踏踏实实埋头钻研的青年研究者，也许我孤陋寡闻，在上海迄未见到过。这也许南北学风不同吧。十多年来"四人帮"余毒渗入学界，更把上海的文风弄得一塌糊涂。我有个偏见，认为史学界要比文学界（尤其新文艺）好得多。

我已调至大百科，此事首先想到的就是告诉你，听听你的意见。以后关于这方面工作，还有大量问题要请你出点子，拿主意，给我指点和帮助。我准备下次信中再详谈。

联耿同志来过一次，因另有约会正要出门，未及详谈。我想推荐他入大百科，不知妥否，请函告（暂勿向他谈此事，因未成事实）。世镇有吊唁满涛信来，已复。

匆此祝好

化上

一九七八年（？月）十一晚

又我用《世界文学》编辑部名义代送了花圈。妥否？

问候兰嫂。已代兄嫂和唐弢同志送花圈。请向唐弢同志致意！

兄如忙请不必即复。有空时再通信。——又及

九

冰夷兄

来信并附转老姜信已收到。

世镇夫妇已来沪，住耿兄家，前天中午他们一起来看我，下午我要去上班，未能畅谈，我已约他们星期天上午（十四日）再继续谈。

先说联耿的事。他已和陈娟同志一起去看过老姜，谈及进大百科事。当天老姜到分社开会，一起用饭，他问及此事，我当场表态，觉得耿兄到我们这里很好。但老姜说草婴不赞成他到社里来，最好给他点东西翻翻。在老姜心目中，草婴是迟早要进大百科的，所以关于外国文学方面很尊重他的意见。我不知他为什么不要耿兄进大百科，对耿兄究竟有何看法。考虑结果，我也不想去和他谈此事。这情况我未向耿兄谈，也不想让他知道。所以请你也不要向别人谈起（包括老姜）。我实在不擅长处理人事关系，对此视为畏途。（你是我信赖的。）情况现已如此，耿兄问题在进行方面拟相应改变。据他告诉我，他见老姜时提出入大百科，老倪在旁极力支持，并表示没问题。我想索性向老倪说项。老倪与草婴、老汤关系很好，他如支持，问题解决，比较有把握。现他们已去南京，下星期一返沪，届时当陪同耿兄去看他和老姜谈此事。

关于大百科人事我不愿插手，实有说不出的苦衷。所以耿兄事，我出于无奈，只得想请你转老姜，由老姜提出。但现在摸清了一些情况，尤其是看到你的来信后，的确老姜的话在分社也起不了作用。我对老姜、虞老是信赖的，也有深厚感情，此次我进大百科主要为此。但来了后，才摸清一些情况。老姜在北京，且不去说。虞老在此，我和他是有共同语言的。但他年纪老了，管的事又多。管人事方面的，都是过去出版系统的人，我一个不熟悉，有的虽认识，但从无来往。我发现虞老对此也是不起什么作用的，最初我提出一两个人，他很支持，但结果是他的话也不能算数。我和你一样，很怕官气，倘官气之外，再加腹藏很深，我就更不会也不愿与之周旋了，还是以避开为妙。处此情况下，我无法为耿兄进大百科事效力，但又不能向他明言，真是哑子吃黄连也。我并不想把大百科作为一个地盘，拉一些人进来，作为发展个人势力之地。但很可能由于我昧于世故，不懂人情，已给别人造成这样一种印象。现在真有些后悔，对自己进大百科没有和老友们多商量，也未多摸摸情况，实在太草率了（我的行事往往如此）。我原想看在老姜、虞老的老关系份上，好好为大百科多做些事。但这想法太天真了。有些人是把大百科作为培植个人权势的地盘的。我的志愿本来是想在自己余生中，多读些书，写点东西，到大百科是抱着牺牲自己爱好而来的。可是没料到情况如此。所以我打算将来一有机会，即跳出这是非之地，找一糊口之处，让我安心读点书写点东西，则于愿足矣。这些话我没有向任何人讲过。自然更不愿向老姜讲。你知道也就算了。将来见面时再细谈吧。

世镇兄问题，老姜已和洪荣华（过去出版局管人事的，和老汤很熟，现仍在出版局）谈过。倘洪肯出力，则事情就好办了。我目前能为镇兄做的事，只是帮他出出主意而已。此事也同样牵涉到老汤，他是关键。我想还是由老倪向老汤说项较妥。有些人在文化大革命中吃足了苦头，但自己问题一解决，对别人吃过更多苦头而问题至今未解决，也毫无同情之心，反而像那些搞过他们的人的作风一样加以歧视，或像小包那样咬定"总是有错误的"。对这类人，我是不想和他们多打交道的。何况我自己问题也还未解决，此种处境，想能理解。

末了，有几件事向你说说：（一）许觉民有个侄子彭思华，现在上海一个中学代课，与我有些认识，通日、英、法语，我原想介绍他进大百科，虞老也支持。但结果未得人事部门通过。（此事太曲折，不赘。）（二）有便请问问《历史研究》，我那篇拙作已早得他们来信通知将发表在《历史学》第二期。校样是否可给我一份，有一二句话拟作些小修改。（三）有便请问问许觉民，投《文学评论》那篇答辩何时可刊出？虽然已说定发表在今年第一期上，但迄未通知我。请你和他们再谈谈，是否有变化？（四）《文史论丛》今年一期收到否？未收到我当去催。

兰嫂近况如何？请致意。问克政同志好。

拉杂写了三纸。涉及人事问题颇多，不足为外人道也。

祝好

化上

一九七八年（？月）十三日

一○

冰夷兄

刚刚从机关发出一信，回家后即得《文学评论》编辑部来信，说我那篇答辩，因正刊稿挤，要耽误时间，所以发表在今年丛刊第一期上。我想既然如此，就发表在第一期丛刊上算了，以免对方说我"太疙瘩"。不过，我想麻烦兄转一信给许觉民。（一）务请编辑部以我交给兄的修订稿发排，而不要用那篇请周扬转去的初稿，因初稿中有些错误。我怕编辑部疏忽，故只好麻烦兄"盯"住此事。（二）如来得及并方便，我还是想看看校样，这样比较放心一些。（三）请询问一下丛刊何时出版。以上三事，只有请兄帮忙了。因根据经验，编辑部是写了信去，向不回信的。

  匆此

祝好

化上

一九七八年（?月）十三日

— —

夷兄

  前天康继琴持你介绍信来，适我外出，她留下信和电话。昨天我早上去开会，午后约联耿来谈他的问题，同时趁便约君樵（他约我和张可去看他导演的淮剧，说要来找我谈谈）一起在家便饭。所以今天早上去大百科开会时，就打电话给康继琴，约她明天下午见面，不巧她又不在，我请接电话的同志转告。谁知中午回到家里她已在我家等我了。这次总算碰了头。她向我很坦率地谈到女儿问题。我就力之所及，提了些意见供她参考，并答应她能做到的定出力。前天看你信后，我就觉得此事颇为困难。第一，文教界我有些关系，如对象有一定条件（能力方面），还可介绍。倘系一般在厂青工，无专长，则我较难办，使不出力气了。第二，康继琴女儿，六九届初中尚未毕业，只是喜欢阅读文艺书籍，条件限制太大了。但读来信我对康很同情，也极愿出力。只是自己力量太小了。今天中午我们商谈的结果是以争取进大百科为上策。叶籁士曾把她介绍给老汤，她已和老汤谈过。老汤说可以考虑。老汤在分社是管人事的，起关键作用。他答应考虑，我再和虞老谈谈。这是比较有希望的。但也要看大百科的用人方针（即关于吸收青工方面的规定之类），至于文联各协及出版社方面，看样子希望甚微。我答应她去试试，但不能作指望。同时我也对她说了一点关于对待她女儿的态度等问题。我的能力只有这些，不过我一定遵嘱和她多谈谈，出点主意。（你知道我的孩子已快三十了，至今仍窝在工厂，我不愿为自己孩子去请托，勉励他勤攻英语，学得一技之长，以便将来总有一天会量才而用的。）

昨天联耿也把他的问题向我详谈，中途君樵来了，联耿似不愿别人知道此事，所以未谈下去，他准备下次来继续谈。他的事，我也一定照你的嘱托，尽量为他出力，请勿念。

你离沪前叮嘱我办的事，我一定尽力而为。但因能力有限，也许办得不好，现正在进行中，结果如何，尚未可卜。先把情况向你汇报。

我去大百科后，大概要坐班了（客观形势如此）。现正赶写那本书稿的最后一篇。估计明年元旦后就结束目前这种状态，天天得去"办公"。这对今后的研究写作大有影响，不过也顾不得了。

祝好

　清、可问候兰嫂，希望她有机会来上海。

化手上
一九七八年十一月二十日晚

一二

夷兄

　　得二月四日发出的信，知道拙稿《文学评论》尚未发排，总算舒了口气。我的性格急躁，在有些事上很马虎，在有些事上又很拘谨。张可责我"浓得化不开"，满涛生前责我太迂，你都理解，所以一得我信马上为我奔跑，又马上作复，真成了我的保护神！我在北京有些琐事，每次都立刻想到你，只有你才不嫌麻烦，为我操劳。你的友情，让我得到了很多安慰。

　　关于拙稿的事，还要唠叨几句，请原谅我的琐碎，实在我和《文学评论》打交道以来，经验教训够多了，每次都不幸虑中。一日晚间，我特地去找罗荪，他今午赴京，我嘱他一到京即与许觉民通话，并托他转告你，请你帮忙。今得你信，（一）知道我的电报和寄回的修订稿（在得《文学评论》编辑部来信退稿后一小时，和寄你的航空信同时发出），直至来信时尚未收到。原因是我将发报发信的地名，按照《文学评论》来信的信封地址（建内大街五号《文学评论》编辑部）书写投递的。据罗荪说《文学评论》编辑部地址早已改为"日坛"（?）。不过，他又说写旧地址还是可以收到的。可是，今得你信，我又担心起来，寄《文学评论》旧地址会不会收不到？会不会在时间上漫无限度地积压？因为我于三十日上午发出的电报，许觉民尚未收到，而你见许时已在二日上午了。我想目前我国通讯联络办法，除电报外再也没有表示发电者的"急迫心情"了。发报时，邮局告我当天下午可达，而如今迟了两天尚未收到。《文学评论》旧地址收发处大概没急速转去，压下来了。因此在同时用航挂寄回的修订稿（发信时邮局告我次日即三十一日下午可达）也一定压下来了。你得信后，请把此情况通知《文学评论》编辑部其他负责同志（因许已动身），麻烦他们向旧地址管收发同志查查看。（二）我已向罗荪说将来拙稿清样请你帮忙看看。罗荪说他可代看，但我仍想请你看校样（我自己无法看，因编辑部告我只有两天时间就得退厂）。我这样不顾一切地给你增添麻烦，实在是除你外，我在京没有别人会像你这样不怕麻烦地来帮助我，会像你这样耐心地帮助我。总之，这一切全都拜托了。我知道你忙极，现在又加给你沉重的负担，请原谅我吧。

我九日乘机飞昆明，二月下旬可返。届时兄来沪上，当可见面畅谈。我有一肚皮话要向你倾吐。匆此

祝好

问候兰嫂，向新郎新娘致贺。

化手上
一九七八年（？月）四日晚

克政同志来信（并寄来《动态》二册），他在信中说即去陕西，故未复。倘他未走，请向他致意。我对他印象好极！这些见面再谈。——又及

一三

夷兄

　　到京后想必又忙起来。现有几件事奉告：

　　古籍出版社《中华文史论丛》编辑钱伯城日内即将来京。记得在上海时，我曾给你们介绍过。我和他认识已有二十余年，也是新文艺出版社的老同事。他来京后要趋前拜访。希望兄给他介绍北京他所要会见的一些学术界同志（为的组稿）。同时在生活方面他如有什么困难，也希望兄予以帮助。有内参电影票是否可给他弄几张，让他看看电影？总之，一切拜托了。

　　我本拟二十二日去昆明开文论会，后因种种原因，改由我社樊康同志前去参加，我不去了。大约四五月间我可来京一行。

　　张可已取消来京原议，原因是北京会演即将结束。只有等以后有机会再来京，看望你和兰嫂。见到老姜时请告诉他一下。

　　你们离沪返京后，上海情况如旧，但冷清不少。我仍每日上班，有时去文联开会。看书写作均不可能。瞎混而已。问候兰嫂。

　　不尽一一。匆此

敬礼

化上

一九七九年（二或三月？）十九日

一四

夷兄

　　久未通信了。

　　可患病事，已托老姜转告。一个多月来我以医院为家，既焦虑又疲劳，可说是身心交瘁。这是未给老友写信、复信的原因。如今这么久，未见你来信，我有些担心，不知你是否也病倒，盼写几个字来，以免我悬念。

　　现张可已脱离危险。完全康复，尚需较长时期。我已上半天班，一个多月来，未回家，暂住母亲处（古柏公寓，为的是离医院近），大约还要过一个时期再回皋兰路。

　　来信可寄上海人民广场大楼大百科上海分社。

　　此信写得潦草匆忙，只是先和你通通气。

　　我因忙乱，没有整段时间，只能写这样的信给你，乞谅。

　　问候兰嫂，克政同志。

祝好

化上

一九七九年七月二十七日

一五

夷兄

　　上月初北京匆匆一别。不久你就去哈尔滨开会去了。在这期间，几次提笔，但写了一半就被琐事岔开。这些未写完的信，至今仍留在抽屉中，现索性从头另写。

文代会我要参加的，可能我在会前早些时来京，先把大百科中国文学卷的事料理一下。届时当和兄作促膝长谈，以补偿上次言未尽意的匆匆会晤。我要向你一吐衷曲，家事、国事、天下事什么都谈。但主要还是要解决我今后的工作问题。组织上一再表示五五年事"就要解决"、"快了"，但仍一拖再拖，延至今天。无论如何，我想年内总会有个结果吧。在大百科工作，如饮苦酒。我性愚直，总以为一旦问题解决，就绝裾径去，未免太甚。所以我想把中国文学卷搞好，再作脱身之计。如何脱身，我还想就商于你，望你出出主意。一旦"改正"，我不想去担当什么实质性的负责工作，只愿找一挂名之所，以解决编制问题。这样，我就可以埋头读书写作了。直白地说，我不想当"官"。这是我的想法，但不足为外人道也。总之，来京后，我主要想和你谈谈这方面问题。

此外，有一事奉恳。我现在编大百科中国文学卷《参考资料》，第一期明日印出，当即寄奉。第二期于下月出版，月底截稿。内容除刊载海外百科条目译文外，也有一些试写条目。我们想请冯至先生写一篇《杜甫》，字数在一万左右，先在《参考资料》上发表，再收入大百科作正式条目。本月中旬，我社姚芳藻即将来京，当趋前走访，烦你带她去向冯先生约稿。望大力支持，最好先向冯先生打个招呼。

拙作《文心雕龙创作论》已付型，十一月内可望出版。总算了却多年一桩心愿。

见到克政兄，请转告，他寄《论丛》那篇大作，下期尚没有付排，已催促伯城尽早发稿。

《历史学》第二期发表了拙稿，但在上海至今未见到。我两次去函编辑部索取，答已寄我三本，要我去查询。我到哪里去查询呢？这真使人哭笑不得。问候兰嫂。

祝好

化上

一九七九年十月九日

一六

冰夷兄

前奉一函未见作复，不知近况如何？殊念。附上文涓赠你剧照两张，这还是上月拿来，而你去哈尔滨未寄奉，一直拖延至今，甚歉。我大概于二十八日随上海代表团乘机来京参加文代会。此间组织上向我说，要把我的问题提前解决（即参加文代会前解决）。是否可望实现，尚需拭目以待。反正我已等了许久，也不太着急。文代会后拟即召开中国文学卷筹备会，为此最近一个多月来忙碌已极，而社中诸事，牵掣又多，极不顺手，如在夹缝中生活。老姜处理问题，拖泥带水，但我决不半途而废，宁肯多吃些苦头。生性如此，殊难改易。有人说我像阿Q，枪毙前画圆圈也要画得圆才心安。这个比喻，虽挖苦，我觉得，倒还符合事实，这是我的脾气。

今天为了寄相片，拉杂写几句。又文涓告诉我，冯牧约她于文代会期间去京演出，此事不知究竟如何？你在京可为她作点呼吁否？可能吴祖光在为她进行此事。匆此

祝好

　　问候兰嫂

化上
一九七九年十月十六日晚

一七

夷兄

　　前奉一信，另邮寄上书一包，谅已收到。

　　久未得来信，近来想必很忙。望暇时写几个字来。我也是整天忙乱，一事无成，长此下去，真是不堪设想。

　　上次你来沪时，我曾介绍你认识彭恩华。他最近有篇译稿，发表在《世界文学》第六期上。彭虽年轻，但中外文功力均深。他对英法日三国文字都擅长，中文根底也好，在三十多岁的青年中是个人才。他希望能经常为《世界文学》译稿，但不知你们需要何种译文？最好能给他一个大概范围，以免译出的东西不合刊物的需要。请你便中予以指点为感。现附上他给你的信一封，请赐复。问候兰嫂和全家。

　　匆匆

祝好

化上
一九八〇年元旦

一八

冰夷兄

北京别后，回到上海，没休息，即忙于上班"办公"。终日碌碌，忙乱打杂，狼狈之状，当可想象。你的情况，我想也差不多。另邮寄上拙作一包，其中之一，奉赠我兄，乞批评指正。这自然要占去你的一些时间，但仍向你提出这个无理要求。你知道，我是多么重视你的意见。我相信，也只有你可以向我提出直率的意见和批评。我等待看你的指教。

其余各本，乞代分转克政、凌山、毛星、黎澍、泽厚诸位同志。这又给你增加麻烦，让我先向你致歉，致谢。泽厚同志我尚未见过面，希望他不客气地提提意见。此外，你看看你那里还应送什么人，盼告，我可补寄。

我的工作，回来后已和陈、汤谈过（他们主动找我的，要我参加领导班子，当副总编，说是北京也是这意思）。我表示，身体不好，张可需长期在家疗养，自己也想搞点研究工作，看点书，不想担任任何实质性行政工作，离开大百科后，决不会另谋他就，只想觅一挂名差使，在家看看书，写点东西。所以编制放在外面，大百科如有事要我做，我定效力，中国文学分卷仍勉力搞完。他们说服我说可满足我的要求，但希望我的编制仍在大百科，仍入领导班子，不再兼室或组的具体工作。谈了半天，我说再考虑考虑，因一时难以断然严拒，人家说得很婉转，我拉不下面子（这老毛病是你深知的）。但我深为此事焦虑、苦恼。此事不决，今后恐将一事无成。可惜你远在北方，不能为我想些推掉的主意。奈何？

此次返沪后，张可身体尚佳，一切正常，在恢复中，聊堪告慰。

在京时，记得你告我，张可所译莎翁评论诸篇在你处。最近记忆极坏，不知确否？汤芾之曾表示愿在他们刊物上发表一二篇。倘见到芾之，盼问一下，请芾之赐复。但不必急，不要使你太麻烦，便中进行一下即可。

世镇兄问题，大抵可解决，勿念。匆此

祝好

问候兰嫂及全家

化手上

一九八〇年十二月十五日

一九

冰夷兄

一直没有得到你的信，不知近况可好，殊念。望得此信后写几个字来，以释远念。因为我有些担心，不知你是否病了，还是太忙。倘因忙，无暇写信，那也算了。但我吃不准究竟是什么原因。过去你一直爱写信的，每信必长达数纸。如今竟不见一字寄来，什么原因呢？是不是如你以前所说，要么就写长信，要么就干脆不写？我希望你随便写几个字来，以免我悬望。

我整天上班，终日碌碌，乏善可陈。现仍在大百科栖身，个中缘故，非三言两语可尽。主要是因为一离大百科，领导上（你可料到是谁）一定会以市委名义，强我去做我不愿也没有能力去做的工作。前些时市宣已把我找去要调动我工作，被我婉拒了。一旦离开大百科，名正言顺，调令必接踵而来，届时当无推托借口了。这就是我的目前处境。在大百科又实在忙得没有名堂，回到家里精疲力尽，看报也觉费神了，遑论读书写作？忝居老友，故不惮这些琐闻渎听，请不要责我专门叫苦也。

　　匆匆不尽——。

　　祝全家

春节快乐

化手上

一九八一年（?月）十七晚

　　弟不久将迁至新址，来信请暂寄：人民广场大楼大百科上海分社。

二〇

冰夷兄

　　上月底发出的信，收到已经有好几天了。最近才静下心来给你写回信。来信使我分外高兴，我没有料到你还能写这样小而工整的字，更没有想到你的记忆和思维还是和从前一样好。我所听到关于你的消息，都说你的健康很差，不但耳朵不行，连读书和写字都很困难了。似乎生活也不能自理，需要别人照料。所以从六年前（九五年三月），我去京参加中国社科院举办的顾准学术研讨会时在徐雪寒老人家与你会面后，一直没有写信给你，出的书也没给你寄去，怕你没法看。现在读了来信，知道你不但可以读，而且还可以写这么长的信。

我们都已老了。我也到耄耋之龄了。年老了，首先碰到的就是健康问题。身上各部分零件都因年久而失灵了。我也和你一样，除了几种毛病无法治愈外（血粘度、血脂、胆固醇均超标，且均高出一倍以上），小毛小病不断，先是腰椎盘突出，一发作就得卧床。近来转为颈椎狭窄，影响到头晕目眩。半年前又得了过敏性皮肤病（曾在医院多次检查，查不出过敏病源。现上海患此病者颇多，均是老人，我怀疑是空气污染）。去年白内障动手术，开刀三四个月后，眼睛又模糊了，半月前再去用激光治疗。现目力恢复了，但不知长期效果如何？我也因头晕摔倒过，幸未骨折。

我仍在读写，倘什么事都不干，活着也太无聊了。何况我一直希望能做点研究工作，写点东西，目前总算有此可能了，我不会放弃的。至于其他活动（包括我也愿意做的如出国去参加学术讨论会等），均一概辞谢了。但仍有些不想干的事和无法排除的干扰。

征集书信是出版社的要求，自然我也同意。"四人帮"后那一时期给你的信是最能体现我当时思想与心情的。如还在，是否由我请一位年轻友人专诚来京到府上帮你清理？盼告。

问候兰嫂

化弟

二〇〇一年十月十五日

致陈福康

福康教授

　　三月二十八日手教敬悉。

　　大作商榷文已拜读，甚佩。拙文称"我国用扶桑指日本始于近代"，确如尊文所说是将上限定得太晚了。明人多称日本为扶桑，尊文义证甚明，可纠拙文之误之漏。倘能在报刊上披载，是有意义的。不知您准备投寄何处？倘拟在上海发表，是否可寄《文汇报》专刊《圆明园》编者陆灏君一阅，我想他会欢迎的。

　　顷得福建长乐县郑更生君来函，知郑西谛先生纪念馆在筹建中。

　　匆匆不一一。

祝好

王元化

一九九八年三月三十日

致周贤能

贤能同志

　　九月二日来信奉悉。另邮寄上《传统与反传统》一本，是我赠送您的。这次义卖，把书价增加，这办法我不大以为然。这种海派风气原盛行于画坛，如今波及读书界，殊出意料。我捐书参加义卖，原受上海作协所嘱，签了名，交出去，根本不知要待价而沽。您不写信来，我还一直不知要卖十元一本。您要的书，我手边没有。丛刊五、六册一直未出。《文化发展八议》已旧，不值得读。拙著可翻阅的尚有《思辨短简》《文学沉思录》《文心雕龙创作论》。这些书我只各保留一本，但头一种今年可能重印，届时您如需要，当寄奉。

　　匆匆不一一。

祝好

王元化

一九九一年九月八日

致林元 *

林元同志

　　手书奉悉，附寄的钱学森同志给您的信①亦已拜读。最近因忙乱，未能及时作复，歉甚！您建议我撰文商榷，我很感谢您的关注。

　　钱文②发表，很引起文艺界的注目。他提出九种理论作为马克思主义和九门学科之间的桥梁，颇受启发。我曾在最近发表的拙文③中提及。顺便说一下，这篇拙文是今年四月我在屯溪召开的《文心雕龙》第二届年会上的讲话记录，交我阅改时，限时限刻，以致有些误记，一时疏忽，未及订正。在此之前《文学报》、《报刊文摘》发表了记者关于这次讲话的报道，同样转述失真，也有不少讹误。例如，说我说方法上可以"离经"，观念上不可"叛道"，即是一例。离经不叛道的说法很好，我确实援引过钱文这一说法，但我不赞成钱文附加上去的限制。方法怎么可以和观念截然分开？马克思主义要汲取新方法，也要更新观念，纵使某些基本观点，也要发展。这一点，早出的《徽州社会科学》（今年第二期）发表有关我的访问记中也说到了。后来我在拙文中订正了《文学报》等报道的失误。我对这问题的看法和钱文不大一样。我不同意在任何情况下方法都不能改变基本观点的说法。自然科学中的情况，我不清楚。但在文艺创作中，方法有时是会改变观念的。现成的例子，就是恩格斯说的巴尔扎克的现实主义战胜了他的保守的世界观。

至于钱文说，人的思想总是落后于社会发展，这一点我也不同意。大约在五十年代后期哲学界讨论过桌子和桌子观念问题，已涉及到认识中的主观能动性。其实不仅桌子和桌子观念是这样，社会主义学说就先于社会主义社会。《资本论》说得好："劳动过程结束时得到的结果，已经在劳动过程开始时，存在于劳动者的观念中，所以已经观念地存在了。"实践的观点是反对机械的反映论的，从而也是反对惟一决定论的。但是我们往往忽视认识主体的能动性。我看到过去编纂的一部哲学小辞典，其中对韩非反对"前识"的主张大为赞美，但同时也就站在机械反映论的立场上取消了认识主体的能动性。

此外，我认为钱文把普列汉诺夫的文艺理论当做马克思主义文艺理论的开山祖和基本观点也不太妥当。普列汉诺夫确实作出不小贡献，但他不能代替马恩的地位，尽管马恩不像普列汉诺夫那样写出艺术论之类的专著。普列汉诺夫在论述托尔斯泰艺术论时，给艺术所作的定义，不能视为马克思主义文艺理论的基本观点。因为断言艺术不仅是感情交往的手段，而且是思想交往的手段，并不见得比托尔斯泰的定义更准确。托尔斯泰并不是认为艺术不表现思想内容，他的意思其实是说在艺术中思想内容是通过感性形态而表现的。这样，艺术才不是诉诸思考，而发挥入人速、感人深的潜移默化的作用。问题的实质在于艺术作品中所表现的思想感情和在其他精神产品（如科学论文）中所表现的思想感情有什么不同。普列汉诺夫没有探究它们之间的不同特性，从而比古希腊人用"情志"（πάθος）来提示艺术作品所表现的思想感情的观点反而后退了。普列汉诺夫还认为艺术作品中，具有"社会等价物"，这就导致了拉普派后来据此所提出的分别为社会价值与艺术价值的二元论艺术观。我认为这和马恩的艺术观是有根本分歧的。我并不是说，在一切观点上都必须严格遵循马恩的主张，而不能发展或超越。但后人发展前人的观点，必须提出比前人更丰富一些、更完整一些、更准确一些的看法，而不能重复前人的错误，或比前人的观点反而后退。从马恩的艺术观点中，我们是看不到后面这种情况的。但是普列汉诺夫却有时经不起这种推敲。

现在我手边只有钱学森同志今年发表在《文艺研究》第一期上的文章，另一篇一时未找到。我觉得文艺学似不应包括生活美学的内容（如服饰、烹调、园林之类），上次我对史中兴同志只提了这点看法。我除了这些拉杂感想，没有多少意见可提，所以也写不出商榷文章。由于您的鼓励，谨以上面不成熟意见，供您参考。倘钱学森同志要知道我的意见，您可以将此信转他，请他批评指正。

匆匆不尽——。

祝好

王元化

一九八六年

* 这封信曾载于一九八七年第一期《文艺研究》上，下面摘录的"编者注"和"编者按"是《文艺研究》编者林元撰写的。

　　编者注

① 钱学森同志今年四月十八日在本刊编辑部作了题为《美学、社会主义文艺学和社会主义文化建设》的学术报告（载本刊一九八六年第四期）。六月十二日上海《文汇报》摘发了半

版。同日该报副总编辑史中兴同志来信说:"钱文刊出后,编辑部内外反映甚佳。我打电话问王元化同志的意见,他对文章甚感兴趣,并提出(你刊)应从系统工程角度请钱再写一篇,这是他最拿手的。对文中阐述的文艺结构、分类,王则持不同意见,认为可进一步讨论。我则感到钱文对文艺层次的论述,言简意赅,极富现实意义,对改善党对文艺工作的领导,提供了有益的启发。"编者将意见反馈给钱学森同志,并要求从系统工程角度再写一篇。六月三十日钱学森同志来信说:"王元化同志的建议,我一时还难以完成。因正如史中兴同志讲的,文艺的结构及分类尚在探讨中,而这是个基础,基础不定,怎么往上兴建系统工程?所以我觉得等待中国艺术研究院的同志,请他们明确中国社会主义文学艺术的结构分类。我在文中所提的只是一家言而已。"编者即去函(并附钱学森同志信)给王元化同志,感谢他对《文艺研究》的关心和支持。为了推动学术讨论,并请他对钱文中一些意见撰文商榷。

② 指钱学森同志发表在《文艺研究》一九八六年第一期上的《关于马克思主义哲学和文艺学美学方法论的几个问题》一文。

③ 指一九八六年八月二十五日《人民日报》转载王元化的《关于目前文学研究中的两个问题》一文。

编者按

著名文艺理论家王元化同志的《关于文艺学问题的一封信》,是同著名科学家钱学森同志商榷的。最近几年,钱学森同志提倡自然科学和社会科学之间学科交叉,以极大的革命热情关心着我国社会主义精神文明建设、文学艺术的发展。他发表的许多文章,对于发展和建设具有我国特色的马克思主义文艺学,提出了重要意见,引起了广大读者和专家学者的重视。钱学森同志多次提出希望听取文艺界专家们的意见,王元化同志的信,就是很好的学术对话;信中提出的一些重要问题,值得理论界重视。

王按

拙文发表后,同年《文艺研究》第三期发表了李准、丁振海的《关于文艺学讨论中的两个问题》,对我关于普列汉诺夫的批评提出异议,认为"相比之下,恐怕普列汉诺夫的意见更科学些"。接着同年《文艺研究》第六期又发表了叶纪彬的《思想形象化非艺术的审美本质》的论文,参与了这个问题的讨论。他是支持我的意见,反对钱学森与李准、丁振海的意见的。我在《信》中谈得很简单,叶纪彬作了充分的发挥,论述详瞻,读者倘要了解这场小小的论争,请参考上述文章。林元同志于一九八八年四月二日在北京逝世,他把自己的一生献给了编辑工作,为了表示我对他的尊敬和悼念,拍去了一封电报,以志哀思。

一九八九年

致林同奇（十一通）

一

同奇先生

我已于三月十七日由珠海转深圳，乘飞机回沪。您的来信已拜读。

我这两年思想变化较大，原因是对自己进行了反思。这情况可从已发表的《思辨发微序》、《文心雕龙讲疏序》看到，也可以从其他拙文，包括尚未发表的、最近所写的几篇中看到（后者刊出后即寄呈一阅）。大陆学人近二三年，变化也较大，有的改行转业，有的在沉默反思。后者暂不写文章，但我相信，过一时期他们会写的。这一情况，海外学术界似乎尚未感觉到。您倘注意这一点，一定会有新的认识的。我认为这种外表平静而实际在急骤变化的情况，是大陆知识分子最堪瞩目的特征。

来信说对《传统与反传统》一书中的一篇有兴趣，在当时这确是有些新意，但对我来说，它已成过去（我觉得大陆学术界思想界今天已不是把重点放在解决这类问题上了，而是向更深层发展。这两年我

的思想变化很大……）。以上供您参考。您的工作进行得如何？尊著写
了多少？念念。

　　匆匆不一一。

祝好

王元化

一九九三年三月二十三日灯下

二

同奇先生

　　四月十三日（信封上日期）手书奉悉。在此以前，曾托参加康桥
之会的夏威夷大学邵东方兄，将今冬我在珠海所写的论胡适等文复制
件寄奉，不知是否达览？殊为念念。现再奉上最近在《文汇读书周报》
发表的二文，请兄一阅。自述一篇是根据写给您的材料略加增删而成。
另一篇则全摘自给李锐的信。这些拙文或可回答来信所提的一些问题。
学人在沉默中反思，各人情况不尽相同，这是很难概括言之的。然大
体而言，可说是向深沉、去浮躁。目前有一倾向，即对未经仔细咀嚼
加以消化的西方现代思想，仅得其一知半解之皮毛，即率尔引用之风
（即夸夸其谈之风），已逐渐收敛（希望不要再起）。对传统则以更科学
态度予以辨认。总之有些人在这两方面进行了再认识、再估价。我的
变化并无回归儒学的意思，只是就自己过去一些简单化见解加以反省
而已。这一点在拙文《胡适的治学方法与国学研究》最后一段略有说
明，兄可参照。*Daedalus* 上的大作，愿先睹为快。邵东方代寄的论胡

文等，倘未收到，请函询。附他通讯处（略）。匆匆

祝好

王元化

一九九三年四月二十六日

三

同奇先生

十月十五日写的信，我收到已是十一月二十日了。两地通信这样缓慢，甚为不便。美国来信，一般总要半个月。约一个多月前，由海运寄奉近出拙作二种：《思辨发微》与《文心雕龙讲疏》。不知收到否？念念。

此信设法请人于月底前带至北京贵亲王女士处，请她带美奉呈。这样时间较快，带上拙作《思辨发微》、《文心雕龙讲疏》各一册，乞转吴文津先生。这是赠送给哈佛燕京图书馆的。另二种《文学沉思录》、《传统与反传统》是赠你作为写作参考并请指正。后一种书末附有我的较详传记。另：奉上你所要资料（简历、学术思想概况、胡风案件始末）。这三份材料是在极短时间内，由我口授，我的研究生傅杰笔录，由于时间匆促，酝酿不足，只是提供大概轮廓而已。这三份材料望勿发表，亦勿摘引，你可作为自己的意见写进书中。我将来要写回忆录，资料所提及诸事将详尽写入回忆录中。

另外所嘱代购上海人民出版社所出《争鸣大系》，现购得《历史卷》一本，奉上。书款不必给我，算我送你的小小礼物。《哲学卷》早

已售罄，书已脱销，俟再版或在外地觅得，再寄奉。

你拟写的大作已酝酿五年之久，搜集材料甚夥。来信所示，对十年大陆学术评价甚是。我基本上同意尊见。大纲也极详赡，写成定是洋洋大观，希望早日完稿问世。届时倘能惠赐一二本，当感甚！

康桥之会时曾与香港劳思光教授谈马克思学说问题，达四小时。海外学者研究这一课题，多新说创见，但亦有未尽底蕴之处，使人有隔靴搔痒之感，可惜在康桥未得便与先生一谈，只有俟诸他日。匆匆不尽——。

撰安

王元化

一九九三年十一月二十日

见到史华慈教授请代致意并谢谢他的关照！

《大系》已从友人处觅得。书是友人赠送的，故转赠给你，不必寄钱来了。《大系》共七册，史、哲、政治、社经、世经与国经、社会、教。这套书编得不好，是"六四"后编的，许多"问题"及许多"问题人物"都删去未编入。你要，故仍寄来，寄费也不必还了。你处有存书（不太贵）可酌价（与寄费差不多者）寄我就算抵消了。如何？——又及

四

同奇兄

二十九日请人将我写的三份材料和两篇报刊资料带至北京，当天

下午送至王迪女士处，但不巧得很，她中午已离京飞美。（所带各件装在一大信袋内。）王家说还有人去美，但需等候时机。所以东西就留在王家了。

现赵如兰教授伉俪来沪，今天到我家，我请她将〔原稿〕资料三件带上。由于时间匆忙，来不及校改了，倘王家资料送到，请以后者为准。

约五六天前已将所索之书《争鸣大系》七本，和拙著四本（内二本请转燕京图书馆），邮寄（海运）奉上。乞查收。

匆匆

祝好

王元化

一九九三年十一月三十一日

五

同奇兄

久疏音问，念念。

今冬是我写作最不景气的冬天。我未去广东避寒，已不适应上海又湿又冷的气候，在整个冬天里，我几乎一直在感冒，连书都读得很少，和朋友的通信也停下来了。春天转暖后，身体或可好一些。已答应书店编一套丛书和一份丛刊，内容都以国学为主。出来后当寄奉一阅。张隆溪为丛刊写了一篇文章，我把写给他的回信稍改一下发在《文汇读书周报》上。剪下寄奉一阅。

近况如何？念念。上次来信把我的名字写成王元仁，大概是我的签名太草了，化字使人误为仁字。

匆匆祝好

王元化

一九九四年五月十二日

六

同奇兄

二十日手书并大作复制件，昨天收到。当时匆匆翻阅一通，尚待细读（我的英文程度不好）。现再奉上拙文两篇，请指正。其中一篇后记，是为新著《清园夜读》写的，此书将于第四季度出版，届时当寄呈。

你信中说的西方对大陆学术界评论（只有造反之声，而无学术思想），是极大偏见，殊不知大陆学人（这两字是在严格意义上说的），反不如海外学者那样嗜爱议政，而在治学上则是带有客观主义色彩的（纵使某些人在文章中也时而点缀一些与当前政治结合的术语，但这是环境使然，用此法者只是虚应故事，其致力所在，并不在此。但海外论者率难见此义，或以简单化态度视之）。兄在美不趋赴时流（大陆上一些人尚难免），力驳诸种谬见，澄清是非，还原大陆十年来学术成果之真面目，虽处于孤军奋战，亦所不辞，此等精神，此等胸襟，就弟所知，实属罕见，令人可敬可服。兄之工作是极有意义的。

来信所示，尤其是指出当代中国知识分子心灵中的三种文化力量的激荡，即：马克思主义——西方自由主义——中国传统文化的所谓"三角张力"，诚为一针见血之论。不知此说别人是否言及？至少我，尚是第一次听到。兄在海外多年，竟能把握大陆学人隐秘心声，这不能不令我折服。你对刘晓波的批评，其实也是对以他为代表，某些内心骚动不安的狂热青年的批评，这一工作也很有意义。我认为王朔也可归入这一范围，尽管他们之间看法有差距，甚至很大。刘晓波我认识，为人不错，他的博士论文答辩是我主持的，为此我被报刊批评过，我以沉默应之。令我惶惑的是一位友人那时也写文章，将我与刘晓波同列，指为具有"破坏情绪"（见一九八九年六月七日《文艺报》）。对此我也同样以沉默应之。匆匆

握手

弟化上

一九九四年六月四日

七

同奇兄

　　九月九日来信收到。前得来函，未能即复，十分抱歉。

　　今年夏天，上海奇热，为百年所罕见。但我因《学术集林》事，仍挥汗工作，忙极倦极，故友人来信，不遑及时作复了。我已逾古稀，精力渐衰，每日工作量亦有限。兄所说的《新启蒙》杂志，只出了四期，弟处现仅存两种。未出的两期，只有一份大样。这刊物并不在严格意义上代表一种思潮，所取的名字，带有偶然性。后来被视为有意

识搞一种运动，是某些过敏的无知官员和无耻文人所恩赐的。弟之思想俱见近数年来所著之书中，记得曾将它们奉赠。年内尚有《思辨随笔》（旧著增订本）及《论集》二种出版，当寄奉乞正。

匆匆不一一。

祝好

王元化

一九九四年九月二十日

八

同奇兄

久疏音问，念念。弟自编《学术集林》以来，事必躬亲，身心俱疲，因此信就很少写了。奉上近作几篇，乞正。

记得你曾要我谈点近年反思情况，不知这篇拙文可为兄提供一点参考否？其中提及《顾准文集》，我拟去购，购得即寄上一本，供兄阅读。我认为这是近年最好一本著作。兄倘能撰文介绍最好，可以显示中国知识分子的悲惨命运和在逆境下所表现的勇敢、智慧和才华。

拙文中提及一位友人说他没有反思，乃某某也。去岁在斯德哥尔摩相会，他所答如此。兄在忙什么？匆匆

问好

王元化

一九九四年十二月十二日

九

同奇兄

　　来件来函均已先后收到。

　　兄正埋头写大著作，不知进度如何？望早日完稿问世。

　　去冬以来，弟未做事。此间生活过得去者，大多奢华成风，如南朝竞富，装饰房屋，向宾馆看齐，以几星级为标准。舍寓楼下邻居，并不富有，但亦不甘落后，大讲排场，装饰居室，不惜工本，施工时间，前后三个月，敲打之声不绝，弟尤畏冲击钻耆耆之声，如钻心脏。如此仅数天，已得心动过速之症，而夜服两粒安眠药，有时尚难入睡。这就是入冬以来的生活，任何工作均无从谈起，读写俱废，至今尚未恢复正常。前日赴院检查发现肝肿大、血脂高诸症，尚需进一步去院检查。

　　附上拙文一篇，另他人文章一篇（载去年《东方》杂志）。其中要求集权之说，可见此人目前之高见。《告别革命》作者亦赠我一本，书中论调，实令人诧异。

元化

一九九六年一月一日

一〇

同奇兄

　　二月七日手教拜悉。

《文化中国》中与梁燕城的对话，未经我核对。我不擅即席发言，纵使执笔为文，也需改之又改，始可写出一点有意思的内容，故我多不愿作访谈。凡我书中所收答问，多经过我核对和修改，故较可靠。去年出的拙著《清园近思录》不知奉赠兄否？其中是近两年所思考的问题的汇编。如尚无此书，盼告。

我的几个研究生（现均已毕业在大学任教），要为我编一八十寿辰纪念集，他们大概已向你征稿。此事我未过问，如蒙俯允赐稿：一，不必是直接谈我或评论我的文章。二，可用一篇你认为与中国文化有关的文章。三，倘用的是英文，也可以，不必再译中文。

匆匆祝好

元化

一九九九年一月八日

——

同奇兄

四月十六日手教奉悉。读了写满三页的长信，甚感欣慰。你每次来信，都提出一些实质性问题。要回答，就不得不好好想一想。这对我很有帮助，因为有些事，一向未仔细考虑过。

在回答你提的问题前，有些事得先说一说，即祝寿论文集事。这是我的几个学生发起的，事前未和我说过。等我知道后，他们已着手进行多时了。我请他们不要做这事，他们中间有人还是要干下去。我也只得听其自然了。

兄要以我作为一种现象，谈谈我的写作道路，我是欢迎的。这也可以助我从别人的镜子中来认识自己，尤其是从你这样认真，又具有深刻见解的研究者那里汲取教益（比如信中所述说的那些观点就很有帮助）。我只是对你说的"向传统回归"不以为然。这些年我只是纠正了过去对文化传统的偏颇看法（特别是对五四反传统的看法），而并不是主张回到传统上去。相反我几次都提出我不赞成返本，以及国内一些人对东方主义的理解的。我在文革后发的文章，首先是《文心雕龙》研究，那时我还是五四反传统的赞成者呢！可是自己研究什么并不意味着就是回到什么上去。

我是在临去北京前写这信的，一周后可望返沪。回来后再细谈吧。送上拙文三件，一是学生写的（谈《新启蒙》），两篇是我自己的，不知对兄了解有用否？

握手

元化

一九九九年四月三十日

致林毓生（十三通）

一

毓生先生

　　兹有一事奉恳。顷得 The Woodrow Wilson Center 来函并附表格，考虑我去做一个时期的研究工作。表上有一项，是需要约请三位推荐人。由于时间匆促来不及征求同意，就将你和 Frederic Wakeman（Institute of East Asian Studies, Univ. of Califorlia Berkeley）、杜维明教授写在推荐人表中了。十分唐突，尚请见宥。我只有你的 Fax，还要进一步麻烦你，请代向 Wakeman 教授和杜先生转达，希望他们俯允，并即将推荐函交 Wilson Center 为祷。如此鲁莽，事非得已。盖中心要求于十月一日为限期。谨向尊夫人和你致意。

王元化

一九九一年九月二十四日

二

毓生先生

　　在斯城开会时就听说你手边有工作，所以未写论文。我冒昧写这封长信向你请教，如你眼下仍忙碌，请暇时再复。

　　你在斯城会上的发言，我注意听了。希望你（如有便）将补充张灏先生的意见写成小文交我在上海发表。张先生已将文章修订寄来了。你们的讨论将对大陆读者十分有益。

　　你对我在会上发言的意见，我很感谢。但我要陈述一下我的想法。我觉得其中有误会。（我对胡适是取批评态度的，会上不可能岔开去讲。会议期间所奉呈的拙文，你看后当可了解。）有不同的评价。（我认为胡并未受到传统多大影响。对他具有较大影响的也不是当时在历史领域传入的 Ranke 的实证论，而是赫胥黎与杜威的实验主义，即当时在美风行的科学实验室精神。你对他的怀疑精神的批判，我完全同意。前两年我发表了一篇短文，评古史辨派的史学观，对于经胡倡导由顾颉刚祖述崔述、提出古史研究乃在造伪与辨伪之争的理论作了批评。所以在这方面并无歧义，不同是存在于对胡与传统关系的评估上。）也有较大的分歧：这就是你把考据训诂仅仅看做是解决材料问题的低层次工作，无法提出重大原创的思想性问题。而且认为许多人看不起考据，只是没有加以批驳而已。我对这看法不能苟同。自然考据和提出重大原创的思想性问题不是一个层次（学术价值）。正如人的器官一样，有重要不重要之分，并不是所有器官都像头脑和心脏那么重要。但是不是因此就把一些不重要的器官都说成是骈拇枝指，可以加以摒弃呢？其次，你把考据训诂斥之为支离破碎，玩物丧志，这只是这项工作中的某种变例（正如提出原创性的重大问题的理论工作中，有时也会存在没有价值的变例一样），倘因此一律相绳，这是不公允的。第三，作为几千年留下来的文献这份文化遗产，倘无前人，尤其清代特别是清代考据训诂工作，我们就无法读懂读通。就这一点来说考据训诂是一项重要工作。解放后强调"抓观点"，以论带史，甚至沦为以论代史。对于古籍，为我所用，各取所需，以致臆说妄断，据己意歪曲篡改原本成风。在这种情况下，通过考据训诂，还原古人本来面目，以便认清历史真相，就成为一项重要的工作了。这正如人们的身体，一般说来脑子和心脏是最重要的，但没有其他一些次要器官，也不行，其他次要器官坏了，有时也会送命。社会中杰出的领袖人物贡献最大，但他也离不开各司其职的普通人民（莎士比亚的人物哀格利巴〈Menenices Agrippa〉曾有过与此相反的荒谬说法）。第四，考据训诂与提出原创性重大问题并非是不相干的。乾嘉诸老不都是玩物丧志的人，他们在思想史上作出的重大贡献（如《孟子字义疏证》等），纵使本身不是考据训诂之学，也是以考据训诂之学为基础的（可考虑是否具有某种意义的诠释疑义）。我们对传统几千年来的考据训诂学迄今未作梳理和总结，这应该说是一种缺陷。

以上是我对你会上的发言，提一点供你参考的意见，并希指教。

这封信的目的，主要是谈谈我拜读了大作《中国传统的创造性转化》的感受。前年檀岛之会后，你将此书惠赐，曾表示希望我将读后感奉陈。这话至今未敢忘怀。一直迟延到现在，一方面固然由于精力日衰，始终不能从缠绕身边诸事中腾出手来。另方面也因为我觉得像大作这样的著作，倘不能静下心沉潜往复从容含玩，是无法得其真谛的。这些天我觉得有了这样机会，全力贯注，一口气读了大作中的第一部分（第一页至第一百四十六页）。我本想读完全书再写此信，但最近又有事来打扰（要看一批材料为人写一篇文章，限时限刻），只得先把大著搁下（从我心情来说是多么不愿意）。我怕现在心中的新鲜印象将来会褪色，甚至忘掉，所以匆匆把我的读后感写给你。

读了大著，我对你有了进一步的理解。

你在治学为人上是一位多么令人钦佩的人。你的一丝不苟的严谨态度，你的好学深思的钻研精神，你的开阔的仁慈的胸襟，使我感到那么亲切。记得我曾对你说过，你是我的一位尊敬的"畏友"。这就使我更想把自己的想法向你陈述，得到你的教益。

大著一百四十多页的文字中，容纳了极为丰富的思想。这本来需作促膝长谈才能把话说清楚。现我在信中所述，你只能把它当做简单表意的符号。我不想用太多篇幅，来谈我对你的思想渊源、你的师承、你的思想架构以及本书中还有一些重大问题的理解。这样，信将写得漫无边际，太长了。我也来不及将想法进行整理，综合概括，理出层次与条理。我只能将想到的一点一滴写出供参考。

你对笛卡尔的理性及建构主义的批判，对实证论的批判，都是经过深思熟虑提出来的，其中有着令人折服的中肯见解。

第三十六页中的一段话："在科学家心目中，借以了解自然现象的思想架构远比孤立的、反证的'事实'更为重要。"这段话中还提到"权威的架构"。我不知你说的"孤立的、反证的'事实'"是指什么？可能这和你在斯城会上听到我说"证据"之类而提出异议有关。我希望你倘有暇，于便中进一步说明一下，或指明你在哪篇文章中有详尽的阐发，以便我找来参阅。

我觉得你对时下有关主观与客观之类的庸俗的，或机械的论调的批评很对（包括你对存在主义批判等等）。你提到的"批判式的理性"、"批判的反省"等等都很必要，你援引博兰霓的"集中意识"与"支援意识"，说明人在认识思考时，头脑不是一张白纸（洛克似有这说法，大文未涉及），我完全同意。过去我在拙文中也曾涉及。你提到"他受了他的学派，以及他跟老师接触过程中所得各种潜移默化的影响……"（第五十一页）。请考虑是否可以更拓广一些，包括教养、经验、气质、心理特征等等，都会发生作用，形成他的风格特征？你在同页上说"科学家的思想工作会相当主观的"，即指上述及其他种种原因而言。这固然有一定道理，但人们在研究文本，或在生活中考察事实时，毕竟要受文本和事实的一定制约。文本和事实往往是更顽强的，否则人们对同一事怎会达到共识呢？一百个观众有一百个哈姆雷特，或赵翼所说："同阅一卷书，各自领其奥。"但一百个哈姆雷特和对同一卷书的不同领悟，归根到底，仍旧得从同一个哈姆雷特和同一原本引发出来，而不能从另一原本和莎剧其他人物引发出来。在这方面也许我仍是一个唯物论者（虽然我也反对《唯批》中的反映论，或文艺理论中的再现说。拙著《文心雕龙讲疏》有专章谈到心物交融说）。你在第五十七页中也说："任何高深理论，必须依据对于事实真相的了解。"这一观点我完全赞成。但是不是和上述说法有些凿枘难入？

你对自由和自由主义的阐释，真是精美纷纶，超迈五四时代的前哲，这是谁都会首肯的。但我仍本着把你作为畏友的态度，凡同意的，令我折服、给我教益的那些都省略不说了。只是提出不大相同的想法，来向你"献疑"。

你对自由所下的界定，说自由不是放纵，必须尊重而不能妨碍他人的自由，这道理虽平实，但针对今天大陆的情况实属必要。大陆一些青年，自命是"解放派新人物"，傲睨一切，气焰不可一世。（实际上却无形中承袭了文革遗风，骨子里却有着那么股"造反派的脾气"。）一知半解，却又谁都看不起。这是令人忧虑的。（这种人在知识分子，尤其是文艺界最多。今早我参加了一个小会，中青年的会，把你的意见介绍给他们，希望起点作用。）你在论述自由与权威时，提到与自由发生内在关系的"奇里斯玛的权威"，和外在关系的"演化的权威"，我的想法是"演化的权威"这一名词似乎过于生涩。（我知道你并不喜欢搞名词的花架子，而是从理论需要并经过认真考虑提出的。我的意见只是供参考。）我觉得"演化的权威"是不是可扩大一些，用"前人的研究成果"，以此作为思想资料。（这也是必不可少的思想根据。虽是不可少的，但不一定具有权威性。附带说一下，我觉得人的经验也影响他的思考。）我对权威性的说法是不能同意的。就内在的奇里斯玛来说，权威往往造成个人崇拜。根据我的经验，权威只有引导盲从，成为思想障碍。你似乎也看到有问题，故提出真假权威问题。但要求每个以权威作为思想根据的人，都得分辨谁是真权威谁是假权威，这是十分困难的。我认为对于前人的思想资源不取权威性的认定，似乎更有利于你所主张的创造性转化。在艺术问题上，你举出陀思妥耶夫斯基的例子。我年轻时曾是陀的崇拜者，读了所能看到的他的书。但这种热情在抗战后期渐渐消失了。这种消失并非是政治上的原因（我开头喜欢陀时已是党员了），而是兴趣的转移。我转而喜欢契诃夫（你对他似无兴趣）、莎士比亚等。每个写小说的人，开头都有模拟他心仪的作家的阶段，这是不能否认的。但这也不是"规律"，成熟的优秀作家是必定有其自己的创作个性的。我可坦率告诉你，我不赞成前两年国内有人在宣扬的"新权威主义"（自然不应把上述观点和权威主义联在一起）。

你对工具理性不能促使价值理性的完成，有时反而成为发展它的障碍的观点的论述是十分精辟的，对大陆有针砭时弊之效。长期以来我一直坚持这个观点（这与五四人物如陈独秀、胡适等相悖），但大陆上占主流地位的是应用（或效用）说。林彪对毛思想的概括（如"立竿见影"、"急用先学"之类）最为分明。八十年代初，我在工作岗位上，就制定上海社科工作计划作了报告（这是带官方性的），批评了这种急功近利的应用观点（我援引恩格斯的话，小亚细亚〈前八世纪〉为扩大耕地面积砍伐了森林〈当时农作物丰收了〉，可是一二个世纪后，这一地区变成一片不毛之地）。我认为不能把科研完全放在应用目的上（也引了黑格尔对这一观点的嘲笑）。我的讲话印成文字后，遭到上海社科院的某位领导的强烈反对。如今这两年，连我这样微弱的不同声音也听不到了，情况成为一面倒。

你援引韦伯关于"责任伦理"与"意图伦理"的论述和引申，给我很大启发。我在读你著作前对这样一个重要问题，只有犹豫不定的朦胧观念，你的话不多，但把问题说深说透，令人折服！（由于传统和五四以来潜藏在论者思想内不知不觉起作用的观点，几乎支配了绝大多数论者。我也包括在内。）你把韦伯的话加以阐释，如果联系到大陆许多青年的"革命意识"，是太有意义了。（正如你对自由的界说可用来匡正那些自以为最进步、最解放、最新潮，但实质是一知半解的狂妄分子一样。附带说一句，这些人是文革中长大成人的，受影响极深。你书中有时也接触了这类人。）这引起我（还有别人）的深深共鸣。

你对胡适与殷海光关于自由容忍的讨论的剖析与批判，我有同意的地方，也有不同意的地方。我觉得要当政者容忍自然是幻想，但在一定领域内（如学术讨论范围要求学者容忍）则实有必要。在今天也仍有意义。同时，你把殷海光的反驳"多多说法"（这是论战中常用的反讽）看成正面意见，似乎在理解上太直接，太拘泥一些了。不知以为然否？

这两天我集中精力给你写这封信，但时间匆匆，许多地方恐仍言不尽意。这只有俟诸他日见面畅谈，或可把意见说得清楚一些。

我将你视为在学术问题上，可无话不谈的朋友。我从你书中领受到你的治学严谨，为人热诚，这是我要好好学习的。你的书"容量"很大，不像有些人洋洋洒洒写了一厚本，而内容却空洞无物。你的精美纷纶的见解，我很佩服。如果要我说一些我不以为然的意见，那就是从你身上看到德国深邃哲学家的某些拘谨的性格。如你对思想架构的论述，你认定了一种概括出来的模式就谨守不渝，以此去衡量品评一切，这我觉得太拘谨了。你批评只谈思想道德以至你自己完全不谈思想道德，这也似乎有些畸轻畸重。不知以为然否？匆匆已尽十一纸，话是说不完的，暂且打住。

化上

一九九三年

问候尊夫人好！拙著《文心雕龙讲疏》、《思辨发微》已请陈谦君带上，可能要三个多月寄到。新的一本《清园夜读》十月出版。你惠赐的大作我将继续慢慢消化。另，这几天同时又一遍拜读了你论市民社会一文，精辟，折服！——又及

三

毓生先生

一月三日贺卡并附言已奉悉。所示各条，容我慢慢消化，再向你请教。

现在先向你说几件事：（一）令堂八十大寿，贤伉俪准备回乡一行。我很希望两位顺便到上海小住数日。顷已和上海社会科学联合会负责人商定，由他们出面接待，请你作一次演讲或座谈（由你裁定），初步打算安排你住离舍下不远的衡山宾馆。你和嫂夫人祖锦女士的食宿及市内交通费用，由上海社联承担。望届时一定莅临，以求把晤。我可陪两位在上海看看，并将我们一些青年朋友介绍给你和祖锦女士。（二）我和几位年青朋友拟办一丛刊《学术集林》，每季一本，内容以中国文化为主。打算请几位海外友人参加编委并撰写稿件，你是读者景仰的学者，希望你能俯允上述两项要求，并尽速惠赐大作为盼。你最近忙，手中如有适合在大陆发的旧作（仅在海外及港台发过），亦欢迎寄来。不胜翘盼之至！（三）我先后托人或寄或带上的拙作：A. 我的一本新书《清园夜读》（直接寄上的）。B. 一篇新写的论文《杜亚泉和东西文化问题论战》（抽印本——小册子）。C. 我的一篇答问的剪报《关于瑞典斯城之会答客问》（文中谈及你书中对盲目追求西化的批评）。不知收到否？以上如有缺漏，盼示，以便补寄。（四）我们打算在大陆开的会，现改为十一月中旬（感恩节假期），这仍是初步打算。虽然大家盼你参加，但你十月来大陆，十一月不可能再来了。我这估计不知对否？

我今冬未携妻子去南方度冬，最近去医院检查身体，验血不少指标过高，如胆固醇之类，做 B 超发现有脂肪肝，但不严重。年纪大了，身体总是差些。忙得如何？念念。

匆匆不一一。

祝好

王元化

一九九四年一月十八日

四

毓生先生

　　二月二十二日自美发出的信、论文和书稿均已收到，勿念。当即将尊函告上海社联林炳秋先生。大家对你能于十月二十六日左右莅临上海，都感到十分高兴，并表示感谢。我想为你安排一次讲话（随便谈谈，如忙，不必准备，可就感兴趣，并对大陆知识界觉得应讲的话，漫谈式谈谈即可），再安排一次与青年座谈。前者范围限定在三十人左右。后者则在十人左右。我想尽量挑选一些可以对话的人和大体可以听得懂的人参加（自然前者正式一些，后者则可随便一些），不增加你准备的负担，使你此行可保持松弛一些的心情。你是很认真的，故事先告诉你我们的安排，不知以为如何？安排你下榻衡山宾馆，是由于离我家近在咫尺，步行五分钟可到。此处也算上海较好饭店，基本上还整洁安静。在上海二三天中，也想安排你和祖锦夫人看看市容（其实上海这地方没什么可看）。可惜贤伉俪不能久留，倘多几天，我可陪两位去杭州一趟。（我最喜欢的地方。我每去那里，辄觉尘嚣尽去，心情恬静下来。）自然我也要将妻子张可介绍给你们。（她是研究莎学的，于七九年六月中风，影响思维，有失语的毛病。）

不久即可把晤，十分高兴。寄来的大作，已拜读，甚佩。发表时可否将第一页开头一句做些字面上的改动？引文第一句亦同此。《书信录》收到后，当即以两个晚上（近来睡眠不好，半夜睡不着）将书稿拜读一遍。我很感兴趣，读时放不下，以至我的妻子醒来问我在看什么。

我有一想法，但先得征求同意，即将尊序并选殷先生几封信在丛刊上发表，不知能否俯允？盼示。信中有些无关宏旨的话拟删去一些，是否妥当？亦盼示知为感。读后有不少感想，信中谈不清，十月间面告。书中 P.145 三个注均缺德文是否可补上？（这几个注是很重要的。）还有些误植，俟我再读时标出函告。关于书在大陆印行，我当努力进行。大陆出书问题很多，质量很差。《清园夜读》花了极大力气，仍不理想。我有一种癖好，即书要印得好，你的书也同样不可印得不好。匆匆已尽三纸，但要谈的还未谈。希望知道你对拙著的意见。书中几篇序望你看看，其余可不读。

祝俪安　请转告祖锦大人欢迎她来沪

化

一九九四年三月九日

五

毓生先生

得来信已多日，未及时作复，因为想等通信书稿有眉目后再写。

前天已与上海一家出版社谈好，拟编一套丛书，先出五本。你和殷先生的通信集作为其中之一。出版社答应在印刷装帧方面尽量做好，争取年内一定出书。除大作外，尚有熊十力先生的遗著《存斋随笔》（大陆未印行过）、梵澄先生一本。（他现已高龄，住在北京。大概你还记得，他是鲁迅之友，翻译过尼采自传等著作。）也准备将余英时先生的两本近作选出若干篇合为一集。我尚未与余先生联系，这是他同意给一位友人在大陆如此印行的。一俟有眉目，我即将去函征求余先生意见。另一本则尚在物色中。这样几本，编为一套，谅大概可以首肯。现在的问题就是希望你另写一大陆版的序文，更希望早日将序文寄来。我准备请出版社（远东出版社）与你定一约稿合同。稿费只能照国内稿酬计算。目前学术书很难销，一般多由作者自己筹款补助。这套书虽不会如此，但稿费恐不多（《清园夜读》仅按千字叁拾伍元人民币计算）。我想你自然不会计较这些，但我作为编者，有责任把情况汇报清楚。我想目前为国内文化事业做点有益的事，你和其他作者都是愿意的。寄来的大纲和题目，我完全赞成，你觉得怎样好就怎样做罢。请问候祖锦夫人。张可嘱笔问候。

祝好

元化

一九九四年四月十七日

又，经丛刊同人研究，需向作者说明，最后给《学术集林》的稿不要在香港刊物上发，因为港刊大陆容易看到，重发就失去了意义。但在美国、台湾等地发过，如大陆不易看到，则不在此限。丛刊第一期将发你的记殷文先生和他本人的两封信。我的记忆越来越坏，看书写字稍不留心，就会出差错，上次函中有注释号，而无注释文，是我在忙乱中弄错。因为来信把都当做注释号了（这是这里的习惯用法）。原谅我写得潦草。

六

毓生先生

　　一月二十三日手教奉悉。你和殷先生的通信录已出，我已嘱书店，书出来后，即以航空寄奉一册，使你可以先睹为快。我自己出书，也是同样希望尽早看到。昨天去询问，书店说已按我所嘱航寄了。现在大概见到了吧？封面不理想，太琐碎，但这套书，与我合作的封面设计者，已是数易其稿了，怕耽误出书时期，只得勉强采用，但我是不满意的，如果有再版可能，我还想再换封面。编排还可以，但错字就不敢担保了。我尚未通读，不知你读后觉得怎样？希直言相告，以后可改进工作。

　　我的书蒙你称许（英时先生来信亦然）。但印刷（指用纸、天地空白、行距等）虽尚可，而封面极差，我很不满意，衬页用的颜色，简直使我不可忍耐。更令人恼火的是错字之多，难以计数，几乎隔不了几页，就有一两个错字。我的另一本书《思辨随笔》（寄给你否？望告）亦同样满纸错字。这在大陆出版界已成不可救药的顽症，我曾数次下决心，力纠此弊，但每次弄得舌敝唇焦，精疲力竭，还是败下阵来。如今几乎处于束手无策的境地了。因此你和余先生的书，我简直连自己都怕再看一遍了。我虽已尽极大努力，而结果如斯，徒唤奈何而已。请你原谅。去年你在沪时，我向你谈到编书的甘苦，我希望你可以谅解。书虽出得不好，但却是经过了不断的"拼搏"（用大陆流行语）。你的那篇论自由与民主的大作，我很喜欢，觉得这是大陆最需要的。我不是功利主义者，从学术发展看，打好基础，是必要的。我曾将此看法向方正、观涛等说过，但可能他们觉得这做法太迂阔，难以立见功效。但我相信你会体察我的衷曲的。我希望得到你和余先生的支持。张灏先生若碰到，也请他支持。我今年已七十有五，其所以一息尚存，此心不死者，不忘中国知识分子的一点责任心而已。你书中、文中提出的韦伯的"意图伦理"与"责任伦理"，乃十分精辟之论，前几年读到你在这方面的论述，深为折服。此次你在文中加以发挥，更是深得我心。你几次不惮删改，使我对你治学之严谨，十分感动。你所改的重点之一是儒家与意图伦理，三改后，说得较完整而全面了。这是一个哲学性质的问题，我觉得还值得更深入地去钻一下。在什么情况下，正心诚意化作"意图伦理"，而在什么情况下正心诚意又是必要的。这问题似乎是你在修改文中所接触到的。我觉得这方面似乎还可以挖得深一些。不知以为然否？

我在这里颇感到孤独（不是指寂寞，因为来来往往的人很多，而是很少有可以谈的人）。我们又是隔离这样遥远。大陆上也有一些值得尊敬的人，但大家分散各地，互不知道。我在上周和再上一周，两次被出版社邀去签名（去销售我和我编的著作，包括你的）。我没料到会有这么多人一大早就已排队等候（在南京路新华书店据说有一千多人），其中有各行各业男女老少人等，有外地来打工的，也有在读书的、医生、警察、科学家、教员。这么多人还会要读我写的枯燥著作，这说明追求知识、追求真理的人是有的。他们有些是看过我的其他著作的，甚至还带书来要我签名，有的写几句话送给我，有的对我说：

"你是正直的，不畏强暴的！"……使我十分感动。第二次到一个偏僻地点的小书店（友人办的），天又在下雨，我想不会有多少人了，哪知去到那时，已聚集不少读者，又和上次一样。本来书店决定签两个小时，谁知签到中午一点半才停止。你的书也有人让我在上面签上了自己的名字。这真给人一点希望，中国人并不都是只想发财的，他们需要文化。但现在有什么可以满足他们的要求呢？我们又拿得出什么可以对得起他们的需要和追求呢？每一念及，不禁心情沉重起来！我唠叨这些，不过想使你可以了解大陆也有这样一个侧面，我相信，这会使你愿为大陆读者多分些时间，多写些东西的。匆匆已尽四纸。祝你和祖锦过一个愉快的春节。

　　张可附笔问好

元化

一九九五年一月二十五日灯下

七

毓生先生

　　久疏音问，念念。入夏之后，身体情况好些，七月间曾去京参加一次《文心》研讨会，月底又将再次去京，参加电视台邀请为辩论会评奖。今夏上海大热，往往在 38 ℃以上，至今炎热未减，我每天赤膊着一短裤。家中虽有空调，但不敢常用。（恐与外面气温差距太大，一冷一热，易感冒，故仍以电扇解暑。）所以近来，时间多半浪费了。（因腰痛病不能伏案过久。）连书也看得不多，只望夏天早早过去。去年夏天我尚写了一些文字，今夏却成了一片空白。这也可说明年龄不饶人。你们的情况怎样？三巨册的大著进度如何？一切均在念中。

昨天和今早才将尊文匆匆拜读一遍。此文将发表在《集林》第六卷。估计明年初可望出刊。此时此地办一件事极为困难，可谓触手皆荆棘。卷三有一篇评《顾准文集》稿被压下不发，我在卷四中公开此事，以示抗议。现卷四全本压至现在已半载，又不付梓，说是印刷厂问题。目前要做成一件事，倘无极大耐心，是会使人气出病来的。这些话是说不完的，还是谈谈读了大作后的初步感想吧。

每读尊文，辄觉神爽。你是一位好学深思的人。我总觉得有一种亲切感。（自然不是没有不满足处，如我觉得你十分认真，这是我认为很好很难得的性格，但行文时有时也令人有点拘谨之感，拘谨似乎是严谨过了头的一种表现。）也许我过去读了些黑格尔等著作的缘故，故对你受过德国古典哲学锻炼的思维方式和行文方式，总觉有一种心灵相契的共鸣。你的文章从不空泛，而总是力图深入地发掘。这是使我十分敬佩的。读了大作，我觉得我们的看法似乎渐渐接近起来了。比如关于五四，你有更深入的思考，作了必要的补充，而我也进行了较深的反思，认真考虑了海外友人的某些意见，也订正了过去的一些看法（你读了这几年我的文字即可知道）。我认为五四反孔反儒确是粗暴的。（但五四对道、墨、法三家并不反对。这是事实，不容否认。）你用"整体主义"代替"全盘性"是更好一些。最近（大约是去年下半年）史华慈先生来北京，当时我未获悉，事后见《东方》载雷颐写的访谈，其中史也谈到近乎整体性的问题，我读后颇震动，启发很大，但亦存疑问，本拟写信请教，但因当时多病，蹉跎未果。这次拜读尊文，你说一种思想"并非铁板一块"（这用语——只是用语——似不太

好），而是有矛盾、有冲突，对我则有进一步启发。过去我虽然也认
为，并写进文章中，认为"原则与原则运用"之间、"体系与方法"之
间也有不一致，甚至矛盾的情况。但我的思想中还有另一种观念，即
认为思想是有机的，互相联系、互相作用的，故应从其体系上去认识。
从新旧传统来说，如刘勰即认为，文艺作品是一有机体（对我有较大
影响）。西方如亚里士多德亦有"手从人体割下来不再是手了"的说
法。黑格尔常举此例说明有机体的部分与部分之间以及部分与整体之
间的关联，更对我有极大影响。我觉得倘把这一切均归之于中国传统
思维模式，整体主义，似乎笼统一些。你或史华慈先生倘能在这方面
多费力作些论证，我觉得将大有裨益的。（《集林》已请史华慈先生参
加编委，已得他俯允。）不过，你把五四目标和五四精神和它在主流内
容中的僵化的、封闭的意识形态方面分离出来的说法，我是完全赞同
的。这一点，在我赠给你的《论学集》及近作《关于近年反思答问》
中，和你的看法几乎完全契合一致。此外，尊文中关于家庭的"创造
性的转化"问题，十分精辟，这一段文字堪称你的又一力作。我在谈
杜亚泉一文中和你的看法大体一致，但没有像你提出西方天赋人权的
观点的问题，没有提出不同层面不得相混问题（家庭层面和政治层
面），你这些观点都是十分精辟的，令人折服。再有你对实现公民社会
所提的设想，我也认为是可行的切实主张，也是十分好的；但你何必
去管"也有整体主义理论设计的倾向"之类的指责呢？也许出于你一
贯认真的精神，觉得有（质）"问"不可不有"答"。我觉得这种指责
近乎无理取闹，可置之不理。否则把精力用在这方面，也太不值得了。

　　最后，我对你文章末的"后记"却是大不以为然的。事实上，这里
还根本谈不到什么"为学问而学问"，大陆近半个世纪来已在根本上铲

除了这样一种观点，哪里有什么"学术"，只有您说的"意识形态性"的东西。倘真正大家都倾向于"为学问而学问"，这个民族还算有点希望。无奈目前只有《废都》和痞子文学之类完全笼罩了文化领域。（我也不能同意你说的二十世纪在文学艺术方面的成绩。至少得扣除大陆这几十年，特别是近七八年。老实说我对这里的文学感到厌恶，也耻于列身于所谓文学界之中。）你引用五四使人变成"智慧的暴君"的说法，就我的范围，从未听说过。海外流亡者的情况我不熟悉，倘用之于此间，就不大对头了。我觉得你是被误导了。你对青年的热情、诚挚，令我敬佩（这不是客套），但我觉得不宜过于轻信，要多观察些时候。（我也是轻信的，在这方面有太多的痛苦经验，提供你参考。薛涌我不了解，以上并非针对他，而是一般而论。）我是将你视为可以无话不谈的挚友，所以无顾虑也未加修饰地写了这些话，谅不致责我无礼。请问候祖锦好。

祝健康愉快

化手上

一九九五年八月十八日

八

毓生先生

三月二十五日手教拜悉。一直不知你因疝气动了手术，现是否完全复元，殊念。望珍摄。千万千万！

大札中提到未复我的原因，叙述极详，足证先生向来作风，对一切都十分认真。其实我那封信不过谈谈自己的一些并不成熟的感想。

我一直把你视为可以毫无拘束谈心的友人。对于不太熟悉的人，我是不会写这样的信的。我知道你对我很了解，说错了，也不会怪我的。同时我也很希望从你那里得到回应，以验证我的看法。事隔较久，现已找不到我的信，也就算了，请别为此不安。

《集林》已出到卷六，卷七不日可望问世。你那篇大作将披载。不知收到《集林》第几卷，是否每次都收到，有无遗漏？便中盼示。这本小小读物，现逐渐被重视，印数也增加了。如有新作，盼惠赐。张灏先生曾寄我一文，也发在卷七上。拖延已久，见到张灏先生乞代致歉。（我觉得这一篇和张先生其他大作比，似显得弱一些。）

我近来常常有些小病，加之事情比较忙乱，读书写作均受到一些影响。去年下半年写了一篇谈京剧的文章，将托友人带到美国转奉。请指正。（不知你对京剧还有点兴趣否？拙作不是出于个人爱好，而是为了探讨文化传统中的某些问题。）请向祖锦嫂夫人问安。

匆匆

祝好

王元化

一九九六年四月五日

九

毓生先生

学勤回来将尊函及大作稿件交我先看。今年暑假二三个月来，什么都没有做。在冷热变化的气候中，我的自我调节能力愈来愈差了。

用空调容易感冒（今夏此间老人患所谓空调病者很多，发烧至四十余度，经久不退），不用空调又酷热难当。我在暑期中，谢绝了一切活动，也未写一个字。所以回信迟至今天，请原谅。

尊著我在炎夏中断断续续拜读了。不是说客气话，确实给我启迪良多。你是一位严肃认真、好学深思的学者，文章中多独得之见。我尤为赞赏你关于韦伯观点的阐发，使我深受教益。我想你可以从拙文中看出，你在这方面给我的影响。许多话当时我已托学勤转告。你的稿子很多都是我躺在床上阅读的。大概年纪渐老（我已实足七十六岁），很容易疲劳，记忆也在衰退，写东西往往要改几次才能定稿。不仅和青年时不能比，和四五年前也不能比了。关于尊著，由于你对我的信任，我也请学勤转告，有些字句，须做一些修改，以便争取印出来。但删改时不会伤筋动骨，只是在字面上略去一些罢了。目前对文字抓得更紧了，相传有五六十个"不准"。其实很多话何尝有什么叛逆的意思，却被视为洪水猛兽。如某些人（其实这些人观点也大不相同）对激进主义的批评，就被称之是反对一切革命（确也有人这样主张），所以这不是学术问题，而是政治问题云云（我也被点了名，还附有学界败类方……的批评）。鲁迅曾云，生丁此际，如处荆棘中，这是亲身感受甘苦之言。关于上海文艺那套丛书，我觉得还需向你表明一下。这套书的筹划出版，不是我建议，而是由于书店见拙作《思辨随笔》的体例格式较新——更重要是从商业目的出发。其实，我并不主张这样做，因为我觉得这多少有点强人从己，但是由于想多介绍一些海外学人观点，当书店执意要这样做时，并要我出面代为约稿时，我也就答应了。但同时也向书店提出：一，我坚不担任丛书主编之名，二，务将拙著《思辨随笔》不要编入在内。（现所出几种书末目录中用黑墨涂去的一条就是拙作。）但我答应以后如有新稿，可编入这部丛书。我有些过去读书人的狷介性格，常被熟朋友指摘为怪脾气，可能有点固执，可是已经改不了了。嘱为序，从心里说我十分高兴你对我的信任，但由于上述同样原因，我要向你辞谢。我知道你有一颗善于体察朋友隐衷的善良的心，所以我才辞谢的，换了别人，也许我反而怕人怪罪，而硬着头皮答应下来。关于一些青年人，我也想说说心里话。老实说，我对现在许多青年人有点失望，对于过去年龄差不多，或比我小一些的，我很理解，也完全信赖，而对现在青年一代，我比较悲观，就我所接触的而言，他们往往用自己行动使我失望。你是十分热情的人，你也许比我思想健康，也不如我思想黑暗。记得我曾说过，你文章中表扬的青年学人，未必那么好，关于这一点，你未复我，大概也不大同意我的悲观论（或怀疑论）。但我还是要向你说，我虽有种种缺点，但我不会无端冤屈人，尤其对青年。因为我在青年时受过这种令人难以忍受的冤屈。我不想将己之痛苦施之下一代。这些话一时是说不清的。关于……他比……想得深些，文章也写得好些，性格也深沉些。但他也是在解放后成长起来的，精神上受到历次运动不知不觉留下的某种坏东西熏染，同时他还没有建立对人生、对思想学术、对自己道路的适当观念、信念，他身上同样有着某些庸俗的东西（比如此次一心想获得哈佛燕京学社资助去美等等），急于想要成名成家等等。他不知道这只会伤害他自己。我曾向他坦诚说过，但似乎影响不大。在这里，我家常有人来玩，并不寂寞，但我在思想上感到孤独。祝您和祖锦好。

化上

一九九六年八月二十八日

一○

毓生先生

　　十一月二日手书并附大作代序，已收到。当晚即将代序拜读，写得有深度，有感情，读后深获教益。这种写法极好，使人不仅多了解一些你的思想，也多了解一些你的性格和为人，读者会感到十分亲切的。次日即打电话给学勤请他再看看，为了刊出，尽量避免某些措词上引起的问题（自然不要伤筋动骨）。其中有一两个字笔误，亦请他代为改正。我希望你和其他一些我所尊敬的友人的学术思想、文字，能在大陆被人们知道、读到。这是有益于中国文化建设的。最近余先生在大陆引起一些人的批评，在这场嘈杂的大合唱中，竟也包括李……朱……和姜……在内，他们或在文章中带到，或有专文。真使人感叹。由此亦可见大陆知识分子的学识水平和人格修养。余先生有时涉及政治太多，且与学术混在一起，固然不无可议之处。但上述一些人，对余先生批评激进主义，批评五四甚为不满，这才是主要的缘由。我曾向……十分严肃地提过意见。我这些年接触不少中青年，深望他们在此萎靡的学术界起些好的作用，但结果往往失望了。我并不是认为大陆青年全都如此，好的自然是有的，而且人数也不少。但这些人大都默默不为人知，他们也不喜欢出头露面。我偶然接触了一些（如在签名售书时），他们使我对青年不致丧失信心。但我的惨痛经验实在太多了，不是三言两语可以说得清的。只有俟诸将来，能与你细谈。我最近写了一些书话，下月《文汇读书周报》刊出后寄奉乞正。

祝好

问候祖锦

王元化

一九九六年十一月二十一日

十一

毓生先生

　　四月一日的传真及付邮的同函，均已先后收到。我写的传真号是宾馆的，宾馆收到再分发至我的房间。我的房间无传真。以后可用此法。北京之会，属半官方性质，由于北大坚邀（由汤一介出面），我决定去参加，届时可与你把晤，这是我去参加的一个原因。见面后有许多话要谈，一切等到那时再说罢，你愿在大会发言，我得你上次来信后，当即向北大方面提出，他们自然十分欢迎，不知和你谈过否？我有篇谈五四的文章（应林载爵之邀，题目是《对五四的再认识答客问》，约万三千余言）。据林说他已邀你撰文，一同编入此集，望于月内可出版。拙文如你有暇翻阅，希指正。问候祖锦。

祝好

尊处传真号请示之。

化手上

一九九九年四月十四日

十二

毓生教授

　　久疏音问，时在念中。听说令堂大人身体违和，你在旁侍奉，想来身心俱悴。只有默祷令堂早日康复，你也可以得到适当休息，以便把精力投入三大卷巨著的写作中去。

　　自去年五月北京一别，又是一年多时间过去了。这一年多来，世事沧桑，大陆学界也有不小变化。切切实实想做点事的人越来越少了。抢旗帜，喊口号，立山头，拉帮结派，酷评成风。九十年代初尚有痛定思痛的反思，而今虚浮躁进者变本加厉。很少有人愿意笨干、苦干、傻干，浮在面上的聪明人太多了……我有多少话想跟你说，你是我可以把思想和感情交托的朋友。记得你过去来信说过，希望我们可以在西湖边找一住处，一边观览风光，一边畅叙衷曲。——但愿这一想法得以实现。

　　你寄晓明的两篇大作，今天下午他拿来了。纪念集是他和另外几位学生一起倡议一起编的。我很少过问，稿也未看过。你那两篇却是例外，我先睹为快了。（两篇中选一篇的考虑谅晓明已奉告。）其实我是非常喜爱那篇未选刊的近作的，甚至觉得比选刊的那篇更好。我曾向晓明说，你的文章迄今似尚未被人真正理解，但我相信将来的读者会知道你是当前最具卓识的思想家。问候祖锦
并祝全家安康

王元化

二〇〇〇年十月十六深夜

又及：湖北教育出版社要出我书信集，不知我们的通信你觉得可收入否？倘认为可以，请将我寄你的信（如保存的话），复制寄我。

十三

毓生教授

　　杭州分别，又有半个多月了。在那里，我们度过一段难忘的美好时光，它将成为我的珍贵回忆。回来后，我的身体尚可，但因颈椎而引起的头晕仍和以前一样，常常使我感到困扰。无法伏案书写，也给我带来极大不便，但也只好听之任之而已。

　　你寄来的《导读》已拜读，更使我想读到史华慈的原文。我想此文和你的《导读》在较广泛的范围内介绍给中国大陆读者（自然不会违反你以前对刘梦溪杂志的承诺，即七月在上海发表），这种心情谅你会理解，也会予以大力支持。盼早日将你所翻译的史华慈先生原文用传真发给晓光转我（因为电子邮件容易错），望即简单复知。此函是由我口授请晓光用电子邮件发出。

　　问候祖锦，我很想念你们。希望明年你们回美国前再能在大陆一聚。

祝好！

元化
二〇〇二年五月十四日

我将于二十日迁出衡山，新址容后告知，暂时联系请经晓光转。

最近第五期《明报》载有……一文，大声呼吁今日应大力倡导大众文化；又说大陆上人的任何欲望都不应受到压抑。真是糊涂之极的言论。望有空去翻翻。

元化又及。

［附］

《史华慈临终遗文导读》打印件中的几处疑问

第二页："……他正的撰写一篇他拟称作《新科技？经济千禧年主义》……"疑问：其中的"？"是否有误？

第二页："……对于他所察觉到？从美国开端，但势必蔓延至于世界各地的？一个全新的……"疑问：两个"？"处，恐有误。

第三页："……完全专注于从科技？经济那边看待人生每一方面……"疑问："？"处恐有误。

第三页："……一套全新的方式，来消？长久以来一切人生苦难的成因……"疑问："消？"是否当是"消除"？

第四页："……享乐而毫不顾及科技？经济的进步所带来的各种伦理后果而言……"疑问："？"处恐有误。

第五页页注中："……马克斯？韦伯注……"疑问："？"是否改为"·"？

第六页："……因为？在这个'铁笼'之内文化发展的最后阶段……"疑问：两个"？"处恐有误。

第七页："……在于？真看待前人在世上传递下来的人文传统中的资源……"疑问："？"处是否当为"认真"。

致林载爵

林载爵先生

　　传真敬悉。承嘱为五四八十周年撰文，一俟体力稍有恢复，即当写好奉呈审定。

　　联经要出拙文选集，甚感。现正在准备中。弟拟将已发及未发各文，再略作修订，汇编成集，一并寄上。书名及各文篇名容后奉告。
即颂
大安

王元化

一九九九年二月二十六日

致林焕平（三通）

一

焕平同志

手书奉悉，蒙惠赠大作，感甚。

近来忙于打杂，加以琐事丛集，日不得暇，读写两废，但一时又无法改善处境，想再勉强工作一年，即请求退休，或尚可做点微薄贡献。

承召我今夏往贵校讲学，本当应命，但估计下半年整党，文联、作协改组，弟均无法告假，故只得向兄请假，万望见宥是幸。明年退休后，倘有差遣，再来效劳。区区苦衷，尚乞鉴察。

匆匆，不尽一一。

祝好

王元化

一九八二年二月一日

二

焕平同志

　　七月二十二日手书奉悉。

　　两年多未见，时在念中。自今年二月由港转深圳转广州返沪后，不久即患病，至今始愈。

　　您的党龄工龄问题，拖延未解决，令人感喟。此间也有不少老同志为此事不得合理解决而苦恼。我曾为几位友人的事找人谈、写材料，向中央反映，仍未见效。大概主要关键有二：一是凡属地下团体，需列在中组部所颁发名单内，许多明明是这样团体，仅由于名单未列，而不算（左联是列入的）。另一是党龄工龄连续性问题。我不知广西对您的问题合理解决阻碍何在。前两年我曾向您说过，可代向李锐同志反映，那时他是中组部顾问。如今他已入顾委，大概顾问不当了，但我仍将尊函寄去（附件就不附去了）。

祝好

　　　　　　　　　　　　　　　　　王元化

　　　　　　　　　　　　　　　一九八七年七月二十七日

三

焕平同志

　　七月二十一手书拜悉。惠我四纸长函，捧读再三，至感欣慰。惟信中未提贵体如何，殊以为念也。

述卓同志作风踏实，为人厚道，在今天中青年中颇为罕见。三年中，朝夕与共，彼此有较深理解。我希望他今后仍以治学为重。临别前，他向我索取赠言，并送来宣纸。拟候天气稍凉，为他书一条幅。内容集熊十力语：

沈潜往复，从容含玩。

谨存阙疑，触处求解。

勉其无忘治学也。

您被载入澳、英二种名人录，谨此祝贺。大概是由于您的推荐，我也收到同样两份来件，嘱填表格。因忙于琐务，未及填写，后又一再得函催索，英传记中心甚至三次来函，不知是否又有别人推荐？顷已填好寄去。

信中所说当前理论界情况，颇有同感。您长我许多。如此努力写作，是对我之鞭策也。我近来也写数文。第三季度拟将近年论文，汇编一集交出版社，这将是我的第五本论文集。又，湖南拟出一套社会主义初级阶段丛书，向我索稿，我拟将数年来在工作岗位上所写的实质性文章交去，题名拟取：《文化发展十论》。*

半月前上海大热，为数十年罕见。大伏后，由晴转阴，气温反而下降不少，使我在酷暑中舒了一口气。桂林如何？万望珍摄。

匆匆不尽——。即致

敬礼

王元化

一九八八年八月七日

* 出书时改为《文化发展八议》。

致金性尧（四通）

一

性尧先生

七月二十八手教奉悉。弟近几年虽已下岗，但仍忙乱，老朋友处均少访谈。甚为怅怅。拙作两种，第四季度可望出书，届时当奉呈乞正。文男同志头次见到，以前不知即在古籍搞校对工作，经人介绍后，不禁想起柱芳先生，时间真是过得快。您如有短文，何不投寄晚报？《夜光杯》主笔政者一为严建平，独鹤先生文孙，一为邓传理，也是新民创办人之后，您如不熟可将大作交弟转投，如何？《学术集林》出版后（可望在八月底九月初），自当奉赠。此文丛拟刊载一些文献整理文字，倘有这方面文章，欢迎交弟披载。

天气转凉后找机会晤谈。倘光临舍下，请先赐一电话。

匆匆，即颂

暑安

王元化

一九九四年七月二十九日

二

性尧先生

　　十月二十七日手教奉悉。《学术集林》只送来几本样书，已无存，已向出版社再索三十本。到手后即奉呈。弟之《思辨随笔》已出，也只有几本样书，不日将可收到预订所购百本。两书到后，一并奉上乞正。

　　您的大作倘能结集问世，自然是件好事。希望早日刊行，先睹为快。

　　收到《集林》后倘有适当稿件望惠赐并介绍，感甚。颂吉安

王元化

一九九四年十一月一日

三

性尧先生

　　二十七日手教奉悉。

　　介绍《集林》大文已拜读，很感谢您的关心和奖饰。拙著尚有《文心讲疏》及《清园论学集》（此书弟处所存不多）当捡出奉呈乞正。

　　高本汉著作读得很少，您倘能撰写一篇评高氏左传考文章，字数在四千左右，交《集林》，则甚感。

　　我所知者（也是认识的瑞典学者）马悦然（诺贝尔文学奖评委）

是研究董仲舒的（现亦停止了），罗多弼是研究戴震的，我有他以英文撰写的论戴震《孟子字义疏证》文。

王元化

一九九四（？）年

四

性尧先生

三月四日手教收到已久。得大札时正值《集林》卷三校样已到，《编后》又需赶出，诸事蝟集，拖延至今始给您写信，请谅。港报刊错字之多亦如大陆，九一年，弟在港天天读报（晚报），也是错字满纸，无日无之。我曾与中大几位友人提及，他们也认为这是难治的顽症。不过诚如您所说，此间出版物正在大踏步倒退，错字越来越多。弟又撰一文，将披载在本周六所出《文汇读书周报》上。

大札提到岑仲勉、瞿兑之、徐一士。倘您有兴趣撰写有关以上三先生文章，望能悉赐《集林》。《集林》并不只刊登高头讲章式的论文，也愿刊登一些回忆前辈学者生活、为人、治学的小品文。不知先生愿不愿写一些？盼示。

弟十七日去北京参加顾准讨论会，一二日即返。

匆匆不一一。

祝好

王元化

一九九五年三月十五日

致张万馥、温流（六通）

一

中妹、流弟*

　　你的来信都收到了。我们出去两个多月，回来后诸事蝟集。一到家我就陪姐姐去医院看病。保姆走了，我得烧饭洗衣做家务。来信积压的很多，除万不得已，非马上回信以外，我都未回信。只有请你们原谅。姐姐在汕头时，有轻微的脑血栓，现已痊愈，勿念。但以后得小心，不可出远门，大意。我在去年初将两部稿子交出版社，一本已印出，奉上请正（另邮），另一本下月可望出版，届时当寄奉。

祝好

化上

一九九〇年三月十九日

* 中妹（张万馥）是张可妹妹，流弟（温流）是万馥的丈夫。

二

中妹、流弟

　　昨天得上月卅一日信后，知道了你们新的电话号，当即打去。适流弟去烟台，与中妹通话。中妹仍在上班，义务劳动，这是我头一次听到。一般都有补贴，何以国际研究所，仍实行过去的一平二调办法？你们的二室新居，141室是否在一楼？一楼不好。前几天上海暴雨成患，水浸市内低地房屋，甚至有触电事故发生。不知京中如何？念念。你们一再嘱咐姐姐和我注意身体，十分感谢。三月初我们回沪后，我的胃肠一直胀气，闹了三个多月，检查不知做了多少，药也不知吃了多少，仍无大效。检查结果无大碍，医生说是功能毛病。年纪大了，器官老化，小毛小病也就多了。姐姐尚好，但头脑更迟钝一些，最近由碧清姐建议，让她搓麻将（说手指运动可影响头脑），似有效。保姆现较稳定，不知长久下去如何。现请人做家务成一大问题。日后恐更为艰难。京中大概也一样。这几年来，我情绪一直不大好。我没料到老年境遇如此。这不光是个人问题。从今年起，我更少参加外间活动，谢绝了许多邀请（包括涉外），深居简出，闭门读书。最近倒是读了不少书（儒家经典之类，并非尊孔，亦非批孔）。也写了一点小文，不想发表。流弟询及檀岛观感。我仅逗留一周，天天开会，游览甚少。檀岛为美国旅游胜地。我去东京成田换机（由日航换西北航空公司航班），乘客全是黑发黄种的日本人，都是去度假的（我的票由邀请单位提供，在上层，大概是商务舱）。檀岛气候极热。去时在严冬，而气温高达30℃以上，甚为气闷。街上店招几乎皆以日文为主。州长亦是日人。有人玩笑说，日本炸珍珠港未得逞，如今却用钱把珍港买下了。八三年我去日本时，曾去广岛凭吊原子弹下死难者。该地有宏大展览馆，日人前去凭吊者，络绎于途，人人面显愁容，态度严峻（可是日人却认为中国人不忘记日本军阀的侵华行为是中国人始终保持抗日情绪云云）。在檀岛我因疲劳，未游览。我只要求去珍珠港参观。该处见到的美国人，嘻嘻哈哈，似乎谁也不再想到这里发生过的历史惨剧。我在死难军人纪念碑前凭吊，发现并无别人在一起。这情况与我去凭吊广岛原子弹死难者纪念碑恰恰形成鲜明对照，显示了两个民族的特点。由于主人热情招待，要我去 Polynesia 玩，门票及用餐一人花了近二百元，晚上节目我不想看，要求先回，雇 taxi 又花一百多元。我住在 East-west，一个单元，很好。但校园有一处模仿日本式建造的花园，这种风格我不喜欢。我觉得檀岛日本化太厉害了。檀岛房地产较洛杉矶高出一倍，是日本人炒上去的。日本成田机场服务（对大陆人）极坏（是不是因为近年来去日本打工者素质太差），有一种民族优越感，很讨厌。我在四月间得到一位日本教授友人逝世的讣告，曾撰写一文表示纪念。文中说出了我对日本政客、浪人的反感。匆匆不一一。珍重

化、可

一九九一年八月十二日

三

中妹、流弟

二十日来信，刚刚收到，现在距晚餐开饭时间还有二十分钟光景，

赶快写信复你们，否则我怕一拖又不知要拖到什么时候。本月初，姐姐突发高烧，开头咳嗽了两天，我看她还好，给她吃了感冒药，未就医。可是第三天早上，她起床后又睡下来。我一摸她额头，很烫，但她不肯试体温表，勉强她试，一看是超过 39 ℃，忙去医院（去年已把她就诊处换到瑞金干部病房，也是我就医的公费医院，这家医院级别较华东低，但治疗方面却好些）。幸而有病床，马上住院，请了护工（白天六元，晚上与人合用，四元）。第二天就退热了。拍了胸片，不是肺炎，抽血化验亦好。这才放心。住了十天，她不耐烦多住医院，坚持要回家，只得接她回来。

你们对我们的关心，很感激。提出的注意事项，我认为很对，都记住了。我们二人已逾古稀，进入老年。生理上心理上，老年的感觉，年轻时是不能体会的，如今身受，只觉老年是痛苦而寂寞的。（姐姐七九年中风后，失语，思维能力日益衰退，人格上也起了变化，这只有我领会最深。）

目前大局如斯，青年时的豪情已烟消云散，但毕竟不能忘怀家国，每念及此，辄觉苦恼。到了我现在这年纪，渐渐懂得鲁迅说他思想太黑暗是什么缘故了。自前年下半年起我已谢绝外间一切活动，每日只有读写。但生活上常常受到困扰，我不是一个会生活、懂得如何料理家务的人，所以常为此类琐事弄得很狼狈。我虽不想接见客人，但还是有人来，还是有人要我当差打杂，以为我可为他们解决问题（如房子、工作、待遇），其实我连自己的问题都解决不了。别人不这样看，实在使人可恼可笑。当了两年官，如今还有后遗症。

我在《新民晚报》辟一《夜读抄》专栏，用心斋（庄子典故）笔名，写晚清掌故，已发了五篇，不知你们订有《新民晚报》否？最近也读了一些清人笔记（严格说是掌故，与宋代以来的野史笔记不同）。流弟喜读书，不妨闲时找些这类书（四川出了一套《近代稗海》）浏览一下，既可遣兴，又可长见识。不知以为然否？

中妹仍在上班也好，不知在经济上有无小补？咱们都已列入贫下中农了，广东有些地方农民经商，腰缠万贯，家当在千万以上。前些时，从承义处获悉建侯、阿尊在港都很困难。承义怕我们担心，没多说。他要我千万不要让裕和坊知道。承义自己做生意也不行。做生意，发财，要有另种性格，我们王家人天生不能做生意。建侯把阿尊弄到香港，实在大为失策。如今怎么办？真是令人发愁，匆匆不多写，已催过我几次去吃饭。和你们谈心，一谈就止不住。

化、可同上
一九九一年九月二十五夜

四

中妹、温流

十二月六日来信，由沪转来，昨天才收到。复信也延迟了，乞谅。

我们于十二月十日来到珠海斗门县的白藤湖农民度假村华侨新邨一巷四号。这是一位朋友把房子借给我住的，他本人在国外。我们带了阿姨来，附近可买菜，日子过得还可以。主要是气候暖和，环境幽静。这是新开发的地区，搞得比上海好。你们有空来，可住这里，和我们团聚。小勤得硕士学位，是她数年苦斗的成绩，很不容易。请代我们向她致贺并问候。我们三月上旬回沪。此地住处无直拨电话，只

得写信了。谢谢送的西洋参，可以用。但尚未有人带来。

　　匆匆。

祝好

可、化

一九九一年圣诞夜

五

中妹、流弟

　　一月十五函今天收到，路上走了八天，这要算快的了。前时北京有封信来，历时半月有余，较寄往国外的信件还要慢。此间是乡下，交通不便。斗门县城在井岸，只有私人经营小巴，收费贵，费时多（因要载满客人才开车，往往等候一或半小时），此外，代步的是单人驾驶的摩托车，太危险，老年尤为不宜。从珠海到这里确是不便，但我不愿通过关系去要车，所以迄今只去过珠海特区一次，小车往返，也要四个多小时。现当地政府正在由井岸建高速公路通往珠海，中间需经一大桥（此桥尚未修好，修好后据说比南浦大桥还大，耗资二亿多，可望明年底通车）。桥修成了，去珠海只需半小时就可到达。所以现在我们在此，等于隐居僻壤，远离市嚣。这生活我却喜欢，似在国内尚无其他同样的地方。白藤湖原是个小渔村，现正在开发为游览区，按照城建计划，马路甚为宽阔。新建的房屋均系两层，无摩天大厦（我最不喜欢住在鸽笼似的大厦中），房与房之间，铺设草地，种花木，近似我去过的比利时、荷兰的乡间。清洁工作也较好，地上常有清洁工人洒扫，人烟稀少。我们过着极有规律的生活，早晚散步二次（可有时只一次）。平时，就把精力用在读写上了。我这一生，总想在研究写作上多做一些，不是出于实际的目的，而是一种乐趣。过去太多时间虚掷了，生活乱哄哄也是造成这种情况的一个原因。来此后感到能够偿我宿愿，所以是十分愉快的。但这种情况只能享受二三个月而已。回去又要变得身不由己了。我很希望有一安身之所。在此我们可与承义每年在一起共度冬天。但没有经济条件，此一想法恐成难以实现的奢望。承义的性格不是做生意的，他继承了我们王家人的脾气和性格（我和他爷爷都不是经商的材料）。他的好处是未沾上港派恶习，没有做过那些胡来的事。我总记得中妹为我们父子感情的事啜泣。现在总算不像从前那样僵了。至于小哥、阿尊的事，说来话长。我一直没有说，但你们这样担心，只好说了。小哥是个好人，但他有一缺点：爱赌。大哥生前说过这一点，我还觉大哥夸张。事实的确如此。他把时间都用在跑马上了。他刚到香港还不错，有点钱，但他无兴趣去做别的。据说，前些时有人聘他去港任职（工资不错），但他不干。阿尊也跟着一起跑马，说可赚钱。我去年去港向阿尊劝告，但不能老向建侯提（他不喜欢这样，且说也无用）。我和姐姐也常常为此担忧。

祝好

问候小勤。这孩子是下一代中最争气的！

可、化同上

一九九二年一月二十二日

六

流弟、中妹

　　七月十四日手书奉悉。我从四月起，就一直小毛小病不断，先是腰疾卧床达月余，至今尚须一周推拿三次。后又气胀。前些天还发过一次胸闷气急。经常去院检查，日与医生为伴。上周全部检查始完毕，结果没有什么问题，大概前一阵因心情不佳以致影响身体。张可近一阵很好，人们都说她较以前有进步。

　　希望你们到上海来玩一阵，休息一下，去年我在北京就邀请过你们。我们可为你们出路费。欢迎你们来。望得信后即将来沪时间告之，以便将路费汇上。盼即复。八月正是上海最热时期。我已定于十月中旬出访瑞典。原想不去（因前一阵身体不好），但推不掉。

祝好

　　请向建钢致谢

可、化

一九九六年七月十八日

致张少康（四通）

一

少康先生

大札奉悉。居异乡而得故友来信，是十分高兴的事。您和晓光常常碰头，一起谈心，希望能给他以指导。他为人确是不错，学习也很努力。我希望他学好日文（最好再自修英语），这对他将来治学或工作都有用处，不懂外语是很吃亏的。他得我信后，曾来长途，但未写信。您见到他请转告，如不太忙，盼他来信，打电话虽亲切，但限于时间，总觉谈得不畅。

去岁汕头《文心》之会，我未去，但写了一封致大会的信，一则表示辞去副会长之职，二则建议换届改选中青年会员主持会务，但后得马白兄信，说是理事未过半，只补选了他（代故世的牟世金同志）任秘书长。我原拟去港前在广州转车时多逗留几天，与他洽谈此事，但后来因行色匆匆，未及晤面，遂将此事搁置下来。愚意改选中青年主持会务为妥。老人不是完全脱钩，而是作为以备咨询的顾问而已。

如我，倘必要，我仍可为学会筹集点钱，或在开国际性会议时，代邀海外学者。但绝不再挂副会长之类名义了。此事光年已首肯，只是不知杨老的意思如何。我希望您回国后，能为学会多做些事。无论从为人、治学、作风多方面看，您都是得众望的。学会需要像世金一样不计个人得失的默默工作者。

王瑶先生逝世，谅已获悉，纪念文集不知见到否？其中拙文吞吞吐吐写了一点哀思和感慨，我觉得他死去是一大损失。晓光处不再写信了，倘能转他一阅最好。三富先生、更生先生请代致意。我已年过七十，逢去岁之难，心情甚坏，当自求解脱。匆匆

握手

王元化

一九九〇年一月四日

兹有一事相托，上海作协李子云同志函告，张承志（经日本“亚洲文库”约请）现在日本，拟找一工作，希您和晓光转托日本友人鼎力相助为感。我已函告李直接写信给您和晓光。——又及

二

少康同志

大札奉悉。此次文心年会，我不能到会，感到十分遗憾。我可能于五月底或六月初来京，逗留数日，再转程去瑞典，一则休息几天，以免连续奔波，二则可见见老朋友。到京后，当与您电话联系。

　　学会既挂在北大，当以北京为中心。学会人事，我仍认为您出任会长为宜。过去世金兄亦曾来函，推荐您。此事我已托中玉教授带来一公开信，在信中阐明我的建议，请学会同仁酌裁。王运熙先生身体不大好，且年龄较大，张先生远在云南，年龄也较大。所以还是以您为最适当。我曾和光年同志议过，他也是这意思。所以您不必推辞，还是挑起学会担子吧。光年同志为名誉会长，我认为也是非常合适的，他可能要推辞，但大会议决，也就无法推了。杨先生和我可列为顾问（顾问不必分总顾问），名字排在前面即可。詹先生等最好尊重他们本人意向。我意也任顾问为宜。即颂

教安

王元化

一九九三年四月三日晚

［附］

王元化致文心雕龙学会同仁函

敬烦运熙先生转文心雕龙学会同仁

　　此次年会正当换届，是一次重要会议，我因故不克前来，甚觉遗憾。谨向同仁致歉，希予谅解是盼！

　　学会成立已有十多年了。在全体同仁和历任秘书长（特别是牟世金、李庆甲两同志）的努力下，做了不少工作。长期以来，大家以学术为重，砥砺切磋，形成良好会风。我正如其他同志一样，希望这种会风和学会一起长期保持下去。

换届前，我曾和有关同志多次交换了意见，并得到了理解。现我要郑重向同仁和理事会要求，今后免去我再担任学会副会长职务和作为理事会成员。同时我也要向同仁和理事会建议，考虑以下三点：一，年纪大的不参加学会负责工作或参加理事会。考虑设若干名额顾问，而名誉会长则由原会长继任。二，学会负责工作（包括理事会），由年富力强的中青年担任。鉴于学会今后挂靠在北大，建议由北京或北京附近物色人选。三，一九八八年牟世金同志曾来函推荐过张少康同志，建议学会考虑由少康同志任会长。

以上除有关我个人要求豁免任职之外，仅是我向大会提供参考的意见。一切自当按程序由会议表决。

谨向大会致贺。

敬礼

王元化

一九九三年四月二十九日

三

少康先生

其锁同志今天将尊函转至。文存选文一事，由您负责《文心》部分，所谓得人。至于核选拙作问题，我当然同意，不过建议换成：一，《刘勰身世与士庶区别》（此篇虽较早，后来居上者虽更有新义，但在当时较有影响，是否可从历史角度入选）。二，您选释物色及释拟容取心，确是的当。建议是否只选一文，倘取物色（同时将附《物字解》

一文亦选入），倘取释拟容取心（同时将《再释拟容取心》亦选入），
不知贤者以为如何？尊著当在《学术集林》发表，但因弟正忙于他事，
而丛刊将转另一出版社出版（已完全敲定，由复旦出版社出），只是时
间还要拖延，不知您认为如何？（我估计下半年可望出版。）望示知。

　　匆匆

祝好

　　　　　　　　　　　　　　　　　　　　　王元化

　　　　　　　　　　　　　　　　　　　二〇〇一年三月五日

四

少康教授

　　下午刚刚收到三月十一日手书。可是昨天其锬同志打来电话，已
将信中所谈的事经过后来商谈结果作了更改的决定，都告诉我了。因
此，此事就照他所说，不必再谈了。至于江苏省炎黄之会，蒙他们邀
请，甚感（尚未收到通知）。但我因十月间另有安排，不准备赴会。不
过我准备得他们通知后，一方面向会议请假，另方面推荐我们学会的
现任会长和一两位副会长出席，不知您以为如何？盼告。

祝好

　　　　　　　　　　　　　　　　　　　　　王元化

　　　　　　　　　　　　　　　　二〇〇一年（?月）十五日晚

致张光年（二十六通）

一

光年同志

在津匆匆一别，去京后忙于定稿，未能趋前拜访，甚憾。临行前拟电话辞行，未接通。

在津所嘱之事，回沪后即询《上海文学》编辑部，是否有人组织或自写稿件批《文艺报》，去投《安徽文学》（或其他刊物）。我并将意见代达，我还表示我同意你顾全大局不可意气用事的忠告。据编辑部同志反映并无此事，他们感到诧异，不懂何以有此传闻。我说也许你们几位不了解，比如，是否有人会这样做。他们说对别人情况不了解。我请他们去了解一下看。

关于在津所传我的工作问题，我回来后向中央工作组与市委表态，觉得还是多搞点研究工作为好，希望组织上考虑不要用我之短。（虽然我并无所长，但搞点研究，比较说来，还不是最短的短处。）故此事大约不致落在我头上。自然我也向组织提出建议、办法，并推荐人选。

宣传部班子迟迟难产，至今未敲定。但无论如何不会拖延过久。

你的《文心今译》五篇，徐中玉同志本拟编入一本今译集内。后我向古籍一位同志提起，他们向徐取来拟先发表在《中华文史论丛》上，不知尊意如何？你原嘱我于稿末赘数言，说明此稿写作时期等情况，不知仍需要否？亦盼示知。

周扬同志报告昨日全文发表，不知读后有什么意见？北京反应如何（文艺界）？（乔木同志意见已悉。）希望这篇文章能活跃一些理论界空气。但我又有些担心，这次未将工作搞得好些，我不希望对周扬同志发生消极作用。

龙学会学刊拟请你题词，谅已得信。

匆匆不尽——。

敬礼

元化手上

一九八三年三月十八日

二

光年同志

三月三十日惠我数纸长信已拜读。信中一些语重心长的话，使我既感且愧。不管怎么说，你要算是前辈。我从青少年时起就唱过你的歌子，后来又读过你的作品，最近我深感老一代值得后代学习的地方很多。（自然其中也有僵化的，这要除外。）例如在讲原则和一丝不苟的态度上，往往是某些太实际的青年所缺乏的。最近我们在作协开了一个悼念孙冶方同志（抗战初上海地下党文委书记）的座谈会。大家认为他的理论家的勇气是极为优秀的品质，应当一代一代传下去。我国历史上被称为中国脊梁的知识分子，虽在封建时代，也不乏同样的品质。过去我很喜欢读龚自珍的诗文，他在青年时，位居下品，给当时军机大臣王鼎（相传他后来因抗议遣戍林则徐曾尸谏）的诗中，称颂王鼎"阅世虽深有血性，不使人世一物磨锋芒"。这是中国知识分子的好传统，他们往往置个人休咎于度外，而以国家前途为重。如果作为一个社会主义的知识分子，竟连封建士人追求真理的精神都没有，这是说不过去的。

周扬文章发表前后的一些风风雨雨，此间亦有所反映，此文我始终觉得是没有错误的，即以第四段来说根本扯不上拥护或违反马克思主义的原则问题，而是如何理解马克思早期著作问题。题目"探讨"二字，我原建议去掉，而周扬坚持不去。现在看来加上很必要。如果在学术上连探讨都步履维艰，哪还谈什么双百方针呢。此间许多人对这篇文章引起那样的反响颇感诧异，都说实在看不出什么问题。至于你说文章中有些地方说得不够清楚容易引起误会，这是我未做好。若水起草的那段，我事先曾向他提醒，勿把个人某些观点带入（非故意，很容易发生这情况）。在报告会头一天下午，我在报馆曾将第四段删去近千字。总之，至今我觉得文章总体毫无问题，倘文字上有缺陷毛病，一是我们未做好，二是时间太匆促。我认为文章倘引起争鸣这是正常的。可惜不这样简单，正如目前的其他情况一样，一篇有些新意的文章，如果没有人反对、阻挠、干扰，风言风语，那才是怪事。对这一情况我是有准备的。既然我一无所求，也就一无所惧。惟一希望的是，思想战线早入正轨，不要再重复过去的弯路或错误，这代价太大了。

你拟五月来沪，我已告文联（老吴等人），大家十分高兴，希望你一定来。你在评奖会上发表的意见，我们在报上拜读了。你问我五月在不在沪，估计是在的。上次在京时，罗荪来，告诉我六月份作协拟派十人（搞文艺理论的）去西德，他说要我去，不知最近此事有无确定。

灵扬同志曾有一长信来，我希望他们心情好，并在适当时候加强一些体力锻炼，以增强体质。

匆匆不尽——。

祝好

元化手上

一九八三年四月五日

三

光年同志

三日手书奉悉。今天我已去函中国电影艺术中心，改在十一月上旬（大约在六、七日）去京。这样你从湖北回来，就可以见面作促膝之谈了。我的家乡在湖北，也很想回去看看。我生在武昌，父母生在荆州（江陵），那里我还没有去过。长城抗战时，我在武昌住了一个暑天。我和家乡只有这么一点因缘。现在听说沙市很不错，真想去一趟。我不知长江有笔会，知道你与会的消息也迟了，否则当争取前去。

关于为敦煌残卷影印本作序事，我建议你不必另写，即以《文艺报》上发表的讲话整理成文稿作为代序即可，我可约林、陈二位谈谈，请他们在后记中说明，是他们（征得你同意）这样做的。我觉得这样最好。否则就需要对敦煌残卷发表一些意见。自然这也无不可，但需要花去不少时间，估计你不一定可抽出这么多的时间来。不知这是否合适？盼示。后来和林、陈二位商量，他们一定要这样做，以表示你是支持他们的。其实，上海书店影印残卷是我去谈的。我们已经给他们不少支持，每次都是尽力而为，但凡事都要我们插手，似不必。我看这次写序的事，你就答应他们吧。倘认为代序不妥，是否推掉？如觉得还是另写好，用我们共同署名的办法亦可（我执笔）。总之，一切请裁夺。

吴调公，我与他无通信关系，所嘱办的事，当请中玉转达如何？

在湖北跑跑很好，但希望不要太累，注意劳逸结合，善自珍摄。黄大姐不另，张可嘱笔致意。匆匆

祝好

元化手上

一九八三年十月七日晚

四

光年同志

同时寄来的二信都收到了。

朱子奇的信也来了，我已复他。他谈到邀请相浦杲教授来访的事，嘱我去信给相浦要他写申请信，并说今年可邀他来。

王蒙回京谅已转达我的问候。今后他为刊物组稿将常来沪。

谢谢你关心我的身体。我想尽早去福建或去广东。自然和张可同去，以免彼此两地悬挂。顷已提出，大约不久可得回音。

今秋拟在沪举行一次"文心雕龙"小型国际讨论会，我们已请复旦大学去办，现已派人去教育部外事局呈报。倘可批准，望你莅临，不知有此可能否？盼告。

拙作《文心创作论》增订版已看校样（改为繁体直排），第一季度可出书，当寄奉乞正。

因书写仍不便，不多谈，匆匆

祝好

元化手上

一九八六年三月三日晚

五

光年同志

好久未见面了，很想念。从北京的朋友处听到一些你的近况，知身体健康，甚欣慰。我于去年五月退下后，还不能静下来潜心读书，宣传部还有些尾巴工作，一时尚未摆脱。同时大学方面时常有事找上门来。去夏起，迫不得已在华师大带两名博士生，其他大学找去参加研究生答辩，或为教师评定职称写意见书，占去不少时间，但望春节前后搬了家可以摆脱干扰。

牟、祖二位都有信来，要我参加春天文心之会，并说已专函请你届时驾临屯溪。他们也说到你问我的行止。我已函复，告知我参加这次会议，并答应写信给你敦请你到会。我想春天倘能南来，照来函所说先来上海，再到屯溪，然后去武汉，我觉得你这样计划很好，我和上海朋友们，及文心学会同仁们都盼望和你见面，希望计划实现。

上海换了班子，芮、江二位对文艺界较关心，态度也较公正。我原不过问上海作协事，连会也很少去参加，但最近他们要我做点事，我觉得作协与文联分开后，或可用些时间去管一管。俟大问题解决后，我再歇手。中国作协情况亦是有所闻，知情况尚好（不像电影界碰到困难）。朱厚泽前时来沪，与他单独谈了两个多小时，印象颇佳。光远曾和我多次谈到他，认为他是可谈的。

又祖保泉来信说，他们已经把在京访问你，和你所谈文心研究方向问题整理出来，请你过目，再发表在学刊上。谅能俯允。

周扬同志病情据说略有好转，但难康复。见到苏大姐请代致意。

黄大姐前请问候。

匆匆不一一。

祝好

弟元化手上
一九八六年（?月）六日

连日在开中国文化传统再估价的中外学者会（复旦主办），回来已是晚上。特写此信，十分潦草，乞谅。——又及

六

光年同志

　　自从屯溪一别，一直未写信，时在念中。不知暑天将去何处？姑寄这信试试看。听说你自江西回京后，即生了病，但很快就痊愈了。这才使我放心，但仍乞珍摄为盼。

　　我回上海后，不久又去杭州，开文化研究工作协调会议。这会议去年在深圳大学开过一次，这回是第二次。由我们东西方文化比较研究中心在办，与会者仅二十余人。

　　在上海一直是忙乱着，都是些琐事，但我又无法摆脱干扰。看样子，我只有在附近一带（苏、锡、杭），找一二处地方，作为避开干扰从事读写的据点，才能摆脱现在的处境。但出去后，就要交费，这不是短期，也不是一二次，我觉得去报销不妥，故拟以换工方式（如在苏州大学、杭州大学等讲学）解决。我不要报酬，而接待处也不收住宿费。这想法不知行得通否？俟秋凉后去接头。

　　这次随你去南京、屯溪，朝夕相处，随时聚谈，极感欢快。你惠赐墨宝，曾嘱一熟人去裱，因指定一种新样式，对方拖延了许久，又送回，说未裱过这种样式（日本的裱法）。现正拟请别处去裱裱看（因我仍想先裱那两首七律）。

　　你最近在看什么书？有写作计划吗？原定的文心通讯何时可开始？

　　日前其锬夫妇来，他们找到《刘子》敦煌五种写本，要影印出版。此书想请你作序。

　　匆匆不尽——，张可问候你和黄大姐。

祝好

元化手上

一九八六年七月一日

前时和你说过，你返京后将送上一本《因明学研究》，现另邮奉呈。——又及

七

光年同志

二十四日手书奉悉。连日忙于搬家，现已迁至新址，今天才算有了一个眉目。你从大连返京，感到不适，不知现在恢复了没有？甚念。我总觉得你太劳累，虽然已退居二线，但仍在操劳。写了那么多的文章，你又是那么认真、细心，不肯丝毫马虎塞责。这都是值得向你学习的，但又禁不住要劝你减少些工作量，多有些休息时间，注意保养。你在沈与当地作家座谈的纪要（载于八月三日《作家生活报》）已拜读。意见不仅中肯，且中时弊，建议整理发表，自然要等体力恢复和时间空暇时来进行。《文汇报》上的拙文承奖饰，是对我的勉励。这篇文章是根据屯溪的即兴发言整理而成，本身就有局限，加以是别人记录整理，交到我手中时，限时限刻修订，因此一切都在匆忙中草草完成，其中甚至有不通辞句（如一句中用了两个"以致"）。由此得了个教训，即以后不能用此办法，而是要多花些功夫以讲话为参考，再从头写起。

屯溪会上你谈《刘子集校》的讲稿，发出来很好，你的讲话是经过反复推敲，细心定稿的，不像我那篇那么匆忙草率。其中可能引起争议的问题，仅在刘子是否刘勰。这一点目前尚未定谳。目前赞成此说的有顾廷龙及日本学者户田浩晓诸人。反对者则为杨明照。我原来的意思是建议你再撰一文，将杨的反驳考虑在内，并予以辨明。自然这是以后的事。你的文章照目前样子发出我也赞成，这对推进问题的研究是有裨益的。在龙学界互相辩驳不会产生副作用的。这点请你放心。我和杨老在《灭惑论》撰写时代以及文论研究方法问题上都有过争议（在书面上），但并不影响团结和彼此间的感情。来信谈到顾骧文，我和你一样认为颇抒愤懑。同时也遵嘱向顾提了一点意见，即将周扬在拟稿过程中向我们说的话略去。（此稿由我们三人撰稿，今只提顾和我，而不提若水，似易生误会，尤其鉴于今天若水处境困难。）其次将周扬本人的想法略去。（这几句就我记忆似不太准确。）其余凡顾推想周的想法处均一仍其旧。这两点意见，不知你以为对否？顾写周传，我赞成。他写的两篇追忆文都不错。最近若水来信鼓励我写天津拟稿的回忆文，我早想把亲身经历的清污过程记下实录，为后人留一个信史。不知以为如何？很想听你的意见。此信拟请庞朴同志带京发出，希能早日达览。他即将去机场，就此停笔，余不一一。问候黄大姐，张可致意。

祝好

元化手上

一九八六年（?月）三十日

八 *

光年同志

　　二月六日大札，昨日才由上海转来，今天我即将启程赴穗，临行匆匆，写几个字给你，以免悬望。

　　去年十二月廿日我偕张可，由沪来港，签证时期有效一个月，但只住了二十日，就由港来深圳创作之家，那已是一月九日了。我原以为我们在深圳可以碰到，后未见，多方打听，亦不得要领。当时中国作协在创作之家的是李信一同志，我们不熟，他不了解我，始终未将到深圳后如何办理的情况示知，甚至连创作之家的地址也未见示。幸而我事先与深圳宣传部联系，到入境处接我的是宣传部请文联的一个年轻干部来的。此地气候宜人，环境幽静，使我们可以好好休息。中国作协来的是韶华，相处一月，现已熟悉，昨天他先走了。他一走就得你的来信。我只请他带了口信，这封信准备下午抵广州后寄奉。

　　今年秋拟开一文心国际会，现正在筹划和洽谈中，拟请美、苏、意、日、法、德等二十位专家与会，国内参加者二十余人。如需要恐怕需动用李老资助款。我准备到广州与中大、暨大等谈此事。倘今秋或冬天开成，届时务望驾临主持，切盼。（又，你对此会如何想法，望示知。）

　　深圳宣传部一位副部长已将二、三、四号文件交阅。这次发生了大变动，虽非完全出于意料之外，但一时仍不理解，故也不免为之忧心。近数十年，折腾够了，不能再折腾，但望能真正达到安定团结，前途才有望。

　　你准备埋头于古文学研究，使我得一可常常切磋聆教的友人，不胜心喜。拜读来函，可领会到你是如此用功钻研，真令人敬佩。相比下我太自由散漫了，最近读书未抓紧，自然这和心情也有关系。

其馀事，你题签，极好。你既题了签已表支持，序文我就不一定写了，实在无什么好写。见到李老请代问候。出门已久，京中友人时在念中。

匆匆不一一。张可问黄大姐好。'

祝好

元化

一九八七年二月十五日

我大约在二十至二十五日间返沪。

＊　此函由深圳发出。

九

光年同志

二月二十五日大札（附世金函及学会报表），昨日始交来，当即将报表签名后寄去，世金函亦已复。

（写至此中断，现续写，但已时过三日。近日来访者仍多，颇以为苦。）

现赶忙把信中提出各事，奉答如下：

一，文心国际会暂定年底在广州暨大召开（汕头因兴趣不大，故改址）。我意由暨大出面，而由文心学会拨款一万元左右。原以为存中华那笔钱可用，倘不能用，最好请中国作协补助。此事需磋商，但各处一地，晤谈不便。我一时也想不出好办法。我想我们只要解决了钱的问题，再提交一份邀请到会名单，就交暨大饶芃子（戴平万之外甥女，中文系主任）等去办。

二，杨明照处已去函，并得复。他同意开此会，请你我决定一切。牟处亦去函，谅他不会有意见。

三，中华存款用途需酌，仅考虑贴齐鲁* 出两期学刊，似不妥。我建议仍出一期学刊，但扩大、提高质量，改为文心年鉴。不知尊意如何？中华存款倘只限整理古籍（《文心》一书）之用，似太死板，不知运用范围如何？需细酌。

想法和估计：

a. 去社科院申请会费大概无用，不会拨钱的。虽然我已签名寄去。（过去单据都寄去了。）

b. 存中华款中，"间接"用于整理古籍的条款，可否将意义扩大些、明确些？（如请专家一起探讨一些问题似亦可在内。）这样，开会用中华存的钱就没有问题了。

c. 为开会事，我们几个人有必要碰面谈谈。不知你如何想法？

为了赶时间，写得潦草，乞谅。匆匆

祝好

可问候大姐

化

一九八七年三月六日

* 齐鲁指山东齐鲁书社。

一〇

光年同志

　　十四日手书敬悉。文心国际会议事除多次去信给你外，也给杨老、世金、马白等去了信，主要是想将地方敲定下来。二月间我在暨大和饶芃子（中文系主任）已谈得差不多了，当时她十分积极，一口应承。前些时我给她去信，作最后敲定，迄未见复，拟再函催。一有眉目，即遵嘱正式给鲍昌去信。照你意见办。（自然也要请鲍昌等届时去穗参加会议。）

　　最近我在医院作了一系列检查，有些小毛病，大体是好的，请释念。昨晚主持市宣工作的副部长孙刚来谈了许多近况，我觉得上海基本上是较注重政策的。我也提了些想法。作协事大致略有所闻，但不甚详细。我看可能在人事上有变动。听小李说你身体健康，闻之欣慰。匆匆祝好

化

一九八七年三月二十二日

挂号件寄市宣交较便。

一一

光年同志

　　来信早收到了，未及时作复，乞谅。原因是从上月十六日起就病

倒了。先是感冒，尚未愈，又发腰疾，甚剧，只得卧床，请医生到家推拿，再吃药、敷药。这两天渐好转，可以起床活动一下，趁这机会，先写这封短简，以免悬挂。过几天我将到医院拍片，估计不会有什么问题，请释念。

前几天林其锬来过，我将信中所谈尊见告他，他很高兴。现他正在整理文心唐写本残卷（作校勘），拟交书店出版。（残卷中无《隐秀篇》。）

病中无聊，以书解闷。冯著《三松堂集》与《三松堂学术论文集》以及美籍华裔学者张光直的两本考古学著作，均有新意。前者颇见作者性格。我读后有赞赏者，亦有难以首肯者。后者涉及我国文化传统（文明起源于萨满文化），可备一说，值得一读。匆匆不一一，请珍摄，问候黄大姐。

祝好

元化

一九八七年五月七日

一二

光年同志

七月六日信奉悉。最近因为身体不好，一直未去信，但时在念中。前安东已将你近况详告，始较放心。月初，艾明之同志自京中返沪，说所谓帮助会，已于上月廿八结束。今得信，始知一直拖至来信的前一天。我倒并不认为这会有什么可怕，文革都过来了，坚信你会心安理得地应对的。马克思主义是靠真理吃饭，而不是依仗势力或压力。我担心的是你身体。今得信，知已检查，一切均吉，这是大可告慰的事。

最近一阵，我一直不大好，拖了两个多月，医院去检查多次。上周因气候不佳，感到胸闷、气急、头晕，请医生来看，又去做心电图，幸无大碍。腰椎已痊，但仍隔日推拿，以防再犯。现不能伏案过久（弯腰易发病），这也是没给老友去信的原因。澍兄、锐兄处早就该复信，因为他们担心我情绪。我也同样怕伏案久了影响腰疾，而未去信。

你和黄大姐即将去烟台，故一得来信，马上赶写复信，希望离京前收到。今年初以来，我一直情绪不好，为时事忧。我自己虽未遭遇什么，但见到一些人受到不公正待遇，而感到难过。心情不好，脾气也就变得很坏，有时谈起这些不愉快事，常常发怒，不能自抑。（身体不大好，想是由于这缘故。）我也自知这种脾气不好，当改正。几月来什么都没干，书也没好好读。从前天起，我在扭转。

今年不拟开文心会。明年如开成，你一定得参加，否则大家会失望的。你在用功读写，我一定要向你学习。望文心今译本早日动手。可问候贤伉俪。

祝好

周、苏二位如何？念念。

化上

一九八七年七月九日晚

一三

光年同志

　　十五日离深圳前夕寄奉一信，谅已先此达览。我在中山大学已住了一周，讲学已毕，明天即飞回上海。

　　我急于写此信，是因为有一事需即刻向你汇报，并要听取你的意见。八四年我曾与复旦大学校长谢希德商定，由复旦主办，在上海龙柏饭店举行了一次中日学者《文心雕龙》研讨会。到会的日本学者十余人，我国学者卅人。开了几天会议，成绩不错。当时就已倡议几年后再举行一次龙学国际研讨会。这次我到深圳后，汕头大学副教授马白（龙学会理事）等人，主张今年在汕头大学召开此会，并已和香港饶宗颐商谈。饶表示支持。后马白到深圳找我，并同来广州。我和广州的王起（季思）及中大、暨大、华南师大的中文系主任及一些教授商谈结果，初步认为今冬或明年初在广州暨大举行为妥。暨大中文系主任饶芃子（戴平万的外甥女）愿承担筹办事宜。但经费方面需龙学会出一万或一万五。上次你来信说，我们已有二万元。我想开此会的意义不单是文化交流，以文会友，且可扩大中国文化在国外影响，由此增进中国文化在国外的学术地位。我们投入一笔钱是值得的。但我未作决定性的说明（更未说经费的来源，这是遵你的嘱咐）。我想请你决定一下（不必再去函询杨老、世金了。将来我可负责向他们交代清楚），及早函复，以便告知暨大去筹备，因为邀请国外学者参加，至晚得半年前去函正式邀请，同时还得报外事主管部门批复。（这些我们不必管，因用暨大名义，学会不出面，可由他们去办。）其次，这次邀请国外学者拟广一些，包括美、苏、欧、澳、日、新加坡等。自然都是研究中国文论、龙学及翻译文心的学者。再其次，我想开会方式需改变一下过去那种繁文缛礼铺张浪费作风，一切以推进学术为主。我初步提了点意见，成立一领导小组（只是对内的，管大政方针问题，不必在会上公布），一工作班子（管接待、会务等，是对与会者公开的）。此外，不设主席团，不请顾问，不麻烦当地党政领导到会讲话来提高所谓会议规格，也不作大事宣传。这一切请你裁夺，并望即复我，能否批一笔一万多元的款项作为此会的费用，以便好去联系。

会议程序也初步谈了一下，谈会议要求目的，我们一致要求你务必莅临，来作开幕词，如你不答应，我们会极感失望。其次由邀请单位负责人作一欢迎词。再，大会发言，由杨老、我和其他几位。还有，与会者不必都交论文，亦可交一提纲，或不交，只作即兴发言。交论文者只需复制三四份，不需每人发一套。谁要某人的发言，可由会议办事机构代为复制，以省经费和麻烦。以上都是这几天我们谈的，一切要你敲定。

我回沪后，请来信，或来长途。我有一想法，最好我们为此事面谈一次，如不可能，只有靠通讯联系了。

张可问黄大姐好。为了早点寄出此信，写得潦草乞谅。

匆匆不一一。

祝好

弟化手上

一九八七年七月二十三日

一四

光年同志

你和黄大姐离京去烟台前，曾寄奉一信，谅已达览。

前天收到九七来信（八大约是九之误），拜读了你在烟台写的美丽诗篇。

数月前，入暑以来，时患小恙。先是腰疼，接着胃肠胀气，后来在盛暑中感冒。每次都拖延一段较长时间，所以忙着去医院治疗，又是验血，又是拍片，又是心电图，又是胃镜，此外不少时间都在卧床静养中度过，什么事也没做。对于时事，心怀忧虑，情绪也不好。日子就是这样度过的。

上海情况倒是稳定的。宣传部常有同志去京开会，带来近讯，对时局倒不隔膜。惟一悬念的只是京中老友，但愿身体健康。我深为他们的遭遇，感到扼腕。

三四天前曾将我去瑞典斯德哥尔摩大学讲演的稿子（已印成小册）寄奉请正，不知你认为有什么不妥之处否？尚乞赐教。

上周鲍昌来沪，见了面。他要我早点去京。但未说具体日期，我正等待北京正式通知，估计当在十月十日前，因动身日期在十月十五日（先去芬兰）。我无游兴，也怕宴会，因胃不好，故对饮食尤觉不适应（外国喜荤食）。只想努力完成任务，做好演讲，早日回来，就算大功告成。到京后当然要来拜访，作促膝之谈。

鲍和我谈，作协人事不动。文心国际会可出资万元。但时间紧迫，恐将在明年举行。

匆匆不一一。

祝好

问候黄大姐、安东小弟。

化

一九八七年九月十四日

一五

光年同志

九月十六日惠我三纸长函，捧读再三，甚感欣慰。

承关注我的身体，甚感。今年以来，气候反常，时寒时暖，体内调节功能不好，故容易感到不适。我的体质本来不强，最近又因情绪恶劣，更加影响健康。这大概是我常患小病的缘故。信中授我摄生诸法，倘一一照办，自会有效。但我性急，不耐烦做气功、打太极拳之类。每天只有散步是惟一的锻炼。我也不习惯进补品，什么补药等都不用，每日三餐，而胃口很差，不喜肉类，故营养大概也不好。

来信指出我的笑话，在日期上大大冒进，这类笔误还很多。现记忆很坏，错别字很多，想东写西的事也时有发生。故写稿得反复看，不断改。

你的《文心今译》在进行，十分高兴。牟译很用力，但在紧要处，似时有失误，且他的《今译》行文较平庸，失原文韵味。你的《今译》

在遣词用语上，很花功力，文字亦美。我觉得今译除传真外，也需要传美传神。

来信中承指教"思表纤旨"四句，甚有见地。愚意这涉及《文心》中一个根本问题，即刘勰当时在玄理言意之辩中站在什么立场上。你的解释和大多数学者一样，认为他是言不尽意的主张者。但我仍认为他是主张言尽意的。思表纤旨，文外曲致，固然是说笔墨难以形容，但作者可不可以通过文字把这些微妙之处传达出来呢？直写不行，但用暗示、联想等方法是仍可表达的。这是我的领会，不知兄以为如何？望赐教。关于伊挚不能言鼎，轮扁不可语斤，我认为这恰恰是说明中国传统在思维方式上的一个特点。去岁屯溪之会，我曾举此二例说明中西思维方式的不同。中国的思维方式是体知（即重意会，不重言传），西方的思维方式是认知（即现在一般哲学中所谓知性认识）。盖体知（可意会不可言传），非不可知，而是不可以一般所谓的理性知识或知性认识去理解，倘用意会的方式仍是可以认识的。（否则就叫不可知论而不能称之为体知了。）因此《神思篇》中二处说法，其旨一致，可以互训。这一问题详说太繁，将来容面晤时再谈。

孟子思想，我最赞成的是他的养吾浩然之气，不赞成的则是他的以意逆志（由此而发出的拒杨墨之类）。前者，记得儿时先父授我《正气歌》，至今仍能背诵。《养气篇》与孟子养气有关，我在初稿中是这样写的，后来（由于当时极左思潮），怕加上唯心帽子，不顾科学分析，把这一篇与当时作为唯物思想家的王充联系起来了。这虽是当时的陋习，也是理论工作者应引以为耻的一个污点。至今思及，犹觉汗颜。此事过去一直未向人说过，今以实情相告。

拉杂写来过长。问黄大姐好。张可嘱笔致意。

祝好

化

一九八七年九月二十七日晚

兄函收到时，适于伶兄在旁，已转他一阅。近传又有另一批新处理名单，不知确否，盼示。我于月中来京转去北欧。

鲍昌来见到，他说中国作协可助文心国际会万元。此会待中宣部批（由暨大代办）。估计今年开不成，要等明年。见面时再详谈。——又及

一六

光年同志

回到上海家里快一个月了。办理积压下来的一些琐事，总算略有眉目。我不知你和叶绿大姐是否已去海南岛？试寄此信，报告几件事：

一，国际文心会议已由中宣部批准召开，暨大初步定于五六月间举行。

二，写此信同时已函鲍昌，问他作协是否可拨二万元作为会议费用。其余由暨大、文心学会筹措。

三，届时请你一定要参加。

四，会议议题暂定"文心雕龙与中国文论的特色"，不知以为如何？盼示。

这次见到你身体好，精神好，十分高兴。入冬来，气候很冷，盼珍摄。

匆匆不一一。

祝好

化上

一九八七年十二月四日

最近《文汇报》上将刊拙文（约七千言），倘见到希指正。

一七

光年同志

前几天暨大饶芃子来长途，告我在暨大于年底开国际讨论会事，校方已基本敲定。（因要通过各种关节，故较繁复。）我已写了给鲍昌并请他转作协书记处的信，现奉上请审订，如认为可用，就请便中交（或寄）鲍。此事现主要是经费问题，但望作协可赞助一万元，则其余可由另几个单位凑足。过去筹备会议工作多由中青年担任，我不会办这类事，现落在我头上，而大家又分居各地，以我为磨心，把线路接通，颇以为苦。但事已至此，只得硬着头皮办完，一旦诸事定妥，我就可卸肩，交暨大具体去办。

最近仍忙乱，但较前略清静，拟潜心读点书，兴趣在中国哲学史。打杂事仍多，要写序的，写职称鉴定的，很多。

匆匆

祝好

问候黄大姐，张可向你们致意。

化
一九八八年三月三十日

一八

光年同志

手书敬悉。长久未通信了。春节之后，一直忙乱。《新启蒙》丛刊事，为了推广发行，在京举行了一次发行会，惹出这么多的麻烦，真是始料所不及。我这里倒没什么，湖南（出版社）来长途和急信，我得为之呼吁，向上层联系，和胡搅蛮缠者打"打不清"的官司，以致弄得身心俱疲。光看书、写作、编刊，还没有什么，最怕的是把生命消磨在无聊纠葛中。我们大半生中有多少时间是这样消磨掉的？前年你不是也浪费（还加上生气）了近大半年时间么？这种情况如果再不改善，中国知识分子命运将是可悲的。

丛刊托人带上了一本（寄你处）。《刘子校注》原多出一本，但我书房已满，堆积在书架外各处，我精力不够，书越堆越多，越积越乱，以致书多反而无法找书了。最近要找材料，竟找不到。《刘子校注》也是遍寻无着，既然你不急需，容慢慢找出来吧。请谅。

大作《江汉日记》完稿，向你祝贺。我真佩服你老当益壮精神，自叹大不如：一不像你既有兴致，又有决心，到处参观访问（司马迁所谓行万里路功夫）。二不像你回来后即埋头挥翰撰述，下笔洋洋洒洒数万言。三更不像你那样沉稳宁静，而深感自己总是骚动不安，静不下心来。

我最近被逼写一小文，是为顾准遗著写的序（此书我深深敬佩），刊载在三月五日《解放日报》上，颇抒胸怀。

衷心祝好

弟化手上

一九八八年四月十二晚

一九

光年同志

不知已回京否？前有一信给你，未见复，大概信到时，你已离京。

五月五日将在芜湖举行中国文艺理论学会年会。许多熟人都去参加。我们（中玉、谷融）很希望你莅临指导，命我写信邀请。会议未印请柬，只有会议通知一份，故再写此信，以表诚意坚邀。

文心之会在积极筹备中，定于十一月中旬，在广州小岛举行。届时望你和黄大姐驾临。房间已预定了。

此信算作投石问路，希望你已返京可以收到，盼即复。

问候黄大姐和全家。

匆匆不一一。

祝好

化手上

一九八八年五月十四日

二〇

光年同志

　　来信前两天收到，大作昨天收到。因为是寄到作协的，而作协又改投市委宣传部，故辗转多日，始到手。以后来信，请直寄宣传部，那里收信可快些。收到来信前（七月初），孙长江同志返京，托他带上信一封，《因明学研究》一本，谅已先此达览。闻灵扬大姐患病住院，心颇不安。周扬同志一直卧床，需人照料，现灵扬大姐又病，不知两位老人，何人照顾，殊为念念。我打算来京一行，是为文联出版社出周扬同志选集作序事，需和灵扬大姐谈谈，再看望一些老同志：你、夏公、黎澍同志等。现大姐患病，可能不能谈了，而各位不知是否离京去避暑。如此，则我来京恐无什么意义了。你是否可就此事告我，究竟来好，还是不来？

　　大作已拜读，深获教益。我很佩服你的认真和勤奋。你的观点我大多都赞成，尤其是对《刘子》一书的评论，烛隐探微，有很深的阐发。倘一定要我提点意见，那就是我建议你对刘子是否刘勰的问题，不必过早地表态（因这问题还需要深入研究）。我觉得，刘勰和刘子在思想上还有些差距，前者不及后者那样兼容并蓄。法家是反对"尚贤"的（韩非子有大量反对尚贤的言论），而刘子在改革问题上却觉得儒不如法，虽然他是竭力主张尚贤的（尚贤是他的人才观点的基础），刘勰似无如此"豁达"，他是谨守反法尊儒的立场的。（虽然有时也对法家某些人、某些事，作了一点肯定。）就这一点说，我觉得二人就有差距。刘子在学术思想上可能更开明一些，更符合唯务折衷的原则。而

刘勰则更表现了儒家的正统观点。说来惭愧，我至今未重读《刘子》
（过去也未细读），俟读后再贡献一些意见参考。我觉得林、陈二位确
作了细致认真的工作，提出了耐人深思的观点，作出了谨严的考证和
论证。关于后一点，他们提出了前人著录中的大量线索，有些是有力
的，但也有些还待进一步论证（这是我建议暂不肯定刘子是刘勰的理
由）。因为他们从前人著录中只提供了间接证据，而无直接证据。此
外，我觉得杨明照老人提出的语汇（习惯用法），也值得考虑（这项工
作似可用计算机进行）。你的大作，文字清新、流畅，建议全文在学刊
上刊载。倘交《人民日报》，建议从第二页倒九行开始。以上意见，
盼酌。

　　你暑假作何打算，离京去别处么？盼告。请问候黄大姐。张可嘱
笔致意。匆匆不一一。

祝好

元化手上

一九八八年七月九日

二一

光年同志

　　久未通讯，十分挂念。

　　于伶同志由京返沪，说在京与你通了电话。他说，你准备十月来
沪，然后一同赴穗，这很好，你在沪小住，有不少事需向你汇报，并
听取你的意见。开幕词亦可在这期间商量。（如你已拟好，自然就不必

谈了。)

　　我最近在忙于搞丛刊工作。这是一个以社科为主的理论丛刊。不知你愿为它写点什么不？来沪后，我再向你谈谈这丛刊筹办经过。

　　你在《新观察》上发的大作，三万字左右，我于夜间一气读完。当时我是向于伶借来这刊物的，我们都感到你写得清新流畅，歌词使我回想到抗战时代《黄河大合唱》，甚至那以前《五月鲜花》，唤起我对青少年时代的怀念。如果谱出来，大家都会一起来唱的。

　　广州之会，不知你报销有问题否（因你今年出门较多）？我已由学会准备了一点钱作为你报销用。（黄大姐旅费——你的大概可报——以及你们的住宿费。）我也得报张可旅费。这会来的人不少，看样子得努力开好。

　　其锬建议办一年鉴（学刊改年鉴），现在拟方案。你来后也要谈谈这个问题。

　　于伶说你有信给我，还未收到，这几天才收到一本《新观察》。

　　盼来信。

　　问候黄大姐。

　　来沪住哪里，要我安排否？盼示。

　　匆匆不一一。

祝好

化上

一九八八年九月二十三晚

二二

光年同志

　　你和黄大姐的来信并附兴膳宏等给你的信（译文）都收到了。照片拍得很好，绿色葱郁的广州真是使人怀念。照片选景，池边成行的大树，绿色成阴，实在是美极了。我们在广州这段为时不多的日子，除了因会务太忙之外，我和你一样，感到十分满意。下次倘能不开会，没有任务，只是去广州玩玩，那就更好了。

　　回沪后，为了解除疲劳（在广州每天大约只睡四小时），埋头大睡了两天。你一气呵成，长达五十多天，说明你的精神和身体都很好，这是令人欣慰的。

　　澍兄噩耗，早已获悉，我为之悲痛良久。他案上尚放着未完成的文稿（谈五四的），是为《新启蒙》写的。这尤使我难受。我们正想在沪为他举行一次哀思性质的学术座谈会。我给京中一些老友（李锐等）打电话时，嘱他们保重，年纪大了，要自己当心。希望你也注意健康，不要在外跑得太多，时间也不要太长。我现在很怕出门。这次三中十周年要我参加，因腰疾未能赴会。

　　刘的事，我觉得冯牧兄看得太重了一些。他确是玩世不恭，但并不如外间所传那样自高自大，相反对能理解他的人，他是很诚恳的。（我看这一点比现在许多年轻人还好些。）他的观点有很多偏激片面之处，为此我多次直言指出（我是他博士论文答辩的主持人），在答辩会上也如此。他对马克思主义态度和现在绝大多数青年人一样，但有两点不同：一，他不虚伪，二，他比一般青年理论工作者（尤其上海一批青年文艺评论者），书读得多得多，也肯思考。我觉得我们应对他争取、疏导，而不是排拒。但对那些不学无术的青年文艺评论者，则应给那些为他们炒作的宣传文字泼泼冷水。这工作至今无人做。我写了一篇短文（给别人写的序中涉及），投《人民日报》，不知能刊出否？倘能读到，可知我是很反对为了媚时而瞎捧青年作者的作风的。

　　我赞成你主张将"龙学"，改称"文心学"的意见。此次会议×老的表现令人诧异，他的学生……一上来就锋芒毕露地乱说一气。这都是由于胸襟狭小，不能容人容物所引起。自林文发表后，此老一直耿耿于怀，此次看到对林表示支持，有些耐不住了。我万没料到，也是如此量小。我常说文心学会学风一直很好，今后恐怕难以逆料了。世金也十分含蓄地略有吐露。这学会是他创办，我参加的。如今他身患重病，一旦有问题，恐怕学会也会出事。好在我们是被动的，我不愿把精力花在勾心斗角争名逐利的事情上。将来如果发生周折，即急流勇退。（所以我在闭幕词中说自己是学会活动中的一名逃兵，缘由在此。而这话也是实在的。）

　　兴膳宏等也给我来了大致差不多的谢函，估计也会给杨老、世金。

　　附奉照片两张。一是李小林送我的八张中夹有你和巴老的一张。另一是学会开会时摄。

　　黄大姐给张可的信，她很高兴，也很感谢你们对她的关心。但她多年来一直不能写字，她叫我代笔向你们再三致意问好，希望明年再来上海。

　　上海有意叫我接于伶班，书记也来谈过，我婉言辞谢，态度坚决。我实在怕文艺界的人事纠纷。想争取多读点书。匆匆

祝新年愉快，身体健康

化上

一九八八年十二月二十一日

二三

光年同志

　　十八日函前日奉悉。知你和黄大姐安好，十分欣慰。

　　周扬同志逝世，组织上作了这样评定，在他是当之无愧的。我得信息的当天即给安儿胡同去电话，是周密接的。次日又给文联办公室拍去电报。前天冰夷女儿若华回京，已托她带去手书挽联。不知及时收到否？我很觉遗憾，这两年，几次去京未去看望灵扬大姐，只有请你见到她时，代我致以衷心问候。

　　曹顺庆也给我寄来一油印信征文，我写不出，无可奉命，所以也未回复。世金去世后，学会如何？我有倦勤意。近日尚未定下心来读写。俟稍凉，拟写《杨朱考辨》及《扶桑考兼谈玛雅文化》之类东西。你弦歌不辍，不虚掷光阴，甚佩。可嘱笔问候黄大姐和全家。

　　祝好

化上

一九八九年八月二十二日

　　锐、远二兄事悉，愿他们身体安好。

二四

光年同志

　　读到来信十分高兴。我从夏威夷回来后，一直在家休息。前一阵自上海去香港，再由香港回上海，忙着办出国手续。紧接着又由上海去东京转机到夏威夷，约一周，再由夏威夷去东京转机回沪。来去匆匆，甚感疲倦。这次出国一切由我自理，无人同行，更觉吃力。由此想到你比我年长，精神体力均可自如，而且兴致勃勃，说明你的生命力强。

　　我到夏威夷后，次日即参加会议，上下午连着开，晚上又有国外一些教授来聊天，得不到休息。我过惯了松松垮垮的生活，到了夏威夷，每天日程排得这样紧，我不能适应。加之时差、气温的变化和我自己长期的失眠，使我只有硬撑才能勉强支持下去。我每次出国都差不多，很少游兴，名胜古迹等均未走访，所以除了认识几个人外，在会上听了一些议论外，别无所获。比起你来，实觉惭愧。你每次出去都到处看看，回来后，又写成纪行。所以每一次都"不虚此行"。而我却回回交了白卷。

　　汕头文心之会，马白给我写来一些简要的情况。你去参加，尽了会长责任。在致辞中，你对世金和周扬的悼念，也表达了我的心意。回忆七年多以前在青岛的成立会上，济济一堂，大家兴高采烈。如今不少人已逝去，良可浩叹。我完全和你的想法一样，文心会还应支持下去。既然这次到会理事不足规定人数，那就照原样维持下去，下次再改选。经费事，你的方案切实可行，估计做来不会有什么大困难。深圳文联主席（市宣副部长）宣惠良我很熟悉，届时可请他支持。马白来信谈起经费事。我早和山大张可礼（钱存他处）联系，请他先拨一笔款给上海书店。（贴补年鉴及广州会议的论文集，这是早谈过的，不能爽约。）有结余，也全部汇马白，由他支配。过去这些事全由世金一手操办，他去世了，只得我替他做一了结。以后当由马白直接掌握，我们就可不管了。文心学会一直有好会风，×老本来也很好，但自从他身边多了一位助手后，事情就层出不穷了。依靠活动钻营，居然混得很"红"，成了挂×老名的……学会副会长，又钻出国，到香港等地讲学。由此反映了学术界的弊端，真正做学问、有成就的（中青年）遭埋没，而逐名利者，则通行无阻，名利双收，我辈对此种怪现象无力阻止。而在位的衮衮诸公则全力投入什么反修防修之类的大方向上，面对真正应加以涤荡的污泥浊水，反任其为所欲为（也许还十分欣赏），如此是非颠倒，真是令人浩叹！

你在广州做的诗及蔡、张二位唱和诗，为此行留下一些心的轨迹，供将来人可理解当时当地文心会同仁的情境及周围气氛，这是有意义的。蔡，我接触过，谈过，而无深交，对他知之甚少。他不在厦大即在福建教书。他和其镞较熟。

北京之会，当时即有人将详状见告。说你、夏公、王蒙、谌容等所谈，不仅为文艺界，且为广大知识分子讲了话，这是很有意义的。

信内附上来示的信封，是被拆过，后用钉书钉封口的。信上盖有邮局戳子。是否托谁去寄，被他撕破了？请问候黄大姐，张可向你们致意。

祝好

王元化

一九九一年三月十五日

二五 *

光年同志

顷得马白同志函，嘱写简历，匆匆赶写，匆匆寄出。下次再谈。马白处不再写信了，是他要我将材料寄至你处。

登记时是否可说明：王元化去年已拟辞去副会长，因理事未到齐，未果。他仍准备辞去的。这也许有利于教委审批，以去成见也。

化上

一九九一年七月三日

* 这封信是谈文心雕龙学会登记问题。

二六

光年同志

估计你已经或者将要由大连返京了。现在通信邮递缓慢，京沪两地之间有时需要十多天才能到达，所以先寄出此信，希望你一到家就可收到。

我听从你的意见署天暂缓来京，同时也是为了去京后能和你晤谈。现初步定于九月下旬。不知你以为如何？我已去信给沈宁同志（文联出版公司）。届时当请她代为安排。

你在《文心雕龙》二届年会上的讲话，何时可在《人民日报》上刊出？希望早日见报，我觉得这篇文章对古代或现代文论的研究均有神益。十一日《文汇报》上刊出我的拙作，随函奉上，请不吝指教。

　　一氓老来沪，住金山（郊区），他叫人带话要我去玩，我去看了他两次。他谈起《刘子集校》，说是有争议，故未在文中推荐。又说这本书是你和我推荐的。估计他可能在京与周振甫（也参加了二届年会）谈过，周对林、陈二位的见解是不大赞成的，他曾和我谈过。

　　五月间林、陈二位来看我，谈及几种敦煌写本，我已介绍他们在上海书店影印。他们又要我介绍给国外龙学研究者，我写了近十封介绍信，由他们随同书籍一同发出。现已得户田浩晓（"文心日本全译本"译者）、冈村繁（"文心索引"编撰者）二位来信。他们都是日本著名龙学家。前者很赞成刘子即刘勰之说，并提供了新材料。我觉得你的讲话肯定林、陈的劳绩是完全应该的，争议是正常的，不能因为有争议即退缩。我只是建议在刘子即刘勰问题上不要说得太肯定。并非我主张模棱两可，不负责任。而是鉴于你发言的分量，说得宽一些便于争鸣而已。我想你会体察我的意见的。

　　身体如何？望珍摄。问候黄大姐。张可向二位致意。

祝好

　　　　　　　　　　　　　　　　　元化手上
　　　　　　　　　　　　　　　　　一九九一年八月十九日

致张汝伦（三通）

一

汝伦教授

　　我从台湾回来不久，还在休息，以解除外出的疲劳。这两天睡眠好多了，但夜间仍习惯地醒转来。醒过来时，将你发表在《读书》上的《理解严复》读了两遍。这是一篇很好的文章，没有真知灼见是写不出的。《读书》上好文章不多，但只要有这样的文字一两篇，就足以为它增色了。你以至情与作者精神相冥会，是真正读通读懂了《天演论》这部著作的人。目前读书界日益变得感觉迟钝，神经麻木，只有靠强烈刺激才能震撼昏迷的时候，你这篇文章是最不合时宜的（似乎你偏偏采用了逆潮流的写法，我赞赏你的勇气）。这也是最令我心折的。你的文章对那些强作解人的俗说，作了中肯揭示与批评，这也都是靠真积力久之功，非一蹴可就。尤其引我共鸣的是你对所谓进步一历史主义的深刻揭示，以及将它与经验主义作简明扼要的对比，这都是切中时弊的。略略感到不足的是，你批中国不识严复衷曲的那些浅见妄说，固然是发人未发的极好议论，可是对认识严复某些长处的中国论者，似不免有些理想化。（我不知道这是否由于你感到孤独，需要几个同调？抑或避免被人指为"目空一切"，总得肯定几个？）如果你在这个问题上像评价史华慈一样去评价鲁迅，那我觉得就更妥切一些。鲁迅自称曾相信进化论，他的价值观（后来似亦未变），仍是"新的比旧的好"。（无产者之所以有"未来"，由于他们是"新兴"阶级缘故。）质之贤者不知以为何如？

握手

王元化

一九九八年十二月二日

我想在《学术集林》上转载这篇大作（需加点说明之类），不知尊意如何？

二

汝伦教授

前读到大作谈严复一文，十分赞赏，曾有一函寄至尊府，不知是否达览？（当时听说你已出国。）近读《思考与批判》，有几篇也深感共鸣。傅杰不大来，我向他打听你的行踪，他说在国外。近问熊明心（十力先生曾孙女），方知你早回国内。现请他带上拙著一部和胡晓明撰写画传一部。熊明心在复旦读研究生，尚望多多赐教为感。

祝好

王元化

（？）年十二月二十日

三

汝伦同志

上次你来畅谈，甚觉高兴。

临别时你说拟将我们的谈话写篇文章，这两天我想起此事，觉得这办法很好。你的文章中对我关于黑格尔的具体（总会）普遍性和关于卢梭《社约论》的评论的批评，我应作一回答，这是很好的学术讨论，对目前学风或不无裨益。（这两个问题，我是经过深思才写出的，而不是轻易地否定。）但上次谈的不知说充分了没有？我最近在治疗，一时无法集中写出来，倘你能将我们的谈话写出就最好了。（如需要，可麻烦你再来谈，我还可再说说。）不知以为如何？

祝好

王元化

二〇〇二年一月三十一日

致张金鸿①

金鸿世兄

现将修改稿另行寄上，幸而我存有复制件，否则不知挂号件何时寄到也。收到后，请兄校读一遍，有不清楚处，可电话询问。另有三事请注意：

一、全书每一种均于书前（如第一种样子）加顾老所题《清园存稿》。

二、全书每一种铅字排印的《清园文稿类编》（……种……篇及下方两行……以及……撰……编）均删去不用。

三、第一种凡例第三条所云全书所收文字截至一九九七年止，与书内所收之文最后日期不符。这一页为了省去你们太多麻烦，请于第十种后（在编后记后面另行起）加印几句话：

附记：编者凡例称本书收文截至一九九七年止。编者写好编后记后因患病工作中辍，此后作者又增数文，本书所收最后一篇文字为一九九九年。

王元化

一九九九年七月十四日

① 本函是为富阳华宝斋印制《清园文稿类编》（线装十本一函）而写给华宝斋负责排印的张金
　　鸿的。

致张隆溪

隆溪先生

十月二日手书并大作均已收到。当晚即将大作拜读一过。《学术集林》十卷已发排，大作当在十一月发表，出版时期总要在明年上半年了。《集林》交稿时间不能拖延，但出书时间却从不准时，最少也要比原定时间晚一两个月。每期如此，真是到了所谓虱多不痒的地步，我已懒得去争了。大作写得清新流畅，批评传统的艺术无独立价值的功利观点也很中肯，令人折服。五四时期从西方吸取过来的也是功利主义（胡、陈），直至今日这里仍是变相的为……服务的观点支配了文艺界。比如柯灵先生前几年在为杨尚昆之子的摄影集作序中说，艺术应为人道主义服务，只不过将为阶级斗争服务换了一个内容罢了，思想模式依然如旧。今天我们还可以从一些批毛的文章中看到。虽然批毛是真诚的，但思维模式及方式方法却仍是毛式的。尊文对传统道德未及深论（自然是为题目所限）。但我认为中国的伦理道德是个十分值得探讨的重要问题，光用五四时代简单批判办法，似不能解决问题。最近在我寄您的那篇谈京剧文章（自印线装本），不知收到否？《集林》卷七曾转载。对传统伦理问题曾略有涉及，您如见到，很愿听听您的意见（请直言）。此外，还有一篇谈《无梦楼随笔》的小文，寄奉乞正。

不一一。

祝好

　　　　　　　　　　　　　　　　　王元化

　　　　　　　　　　　　　　　一九九七年十月十七日

《学术集林》是否每卷收到？盼告。

致张灏 *

张灏先生

　　四月四日手书并惠赐尊著均已拜领，感激无量。第一篇《幽暗意识与民主传统》已拜读一过，深获教益。

　　我生在一个基督教的家庭，从小受到熏染，成年后虽不再有宗教信仰，但影响可能依旧潜在。我一直服膺莎士比亚所说的："上帝造人，先要让他有缺点。"我不认为人可臻于至善。我和林先生谈话时尚不知您的幽暗意识之说。您对"文革"的反思，对儒家的检讨，都是深刻的。这种沉思出于未亲历浩劫的海外学者，尤令人钦佩。

　　我对清教徒问题，素无研究，未敢置喙。以前所读的英国文学作品，从莎士比亚到萧伯纳，往往揭示了清教徒的伪善，正如中国文学作品常常嘲笑假道学一样。我不知道这是不是末流背叛了原始，就如佛说的狮子自身生蛆虫食狮子肉一样？清教徒的禁欲主义和理学家的天理人欲说，似有相通之处。但两者在"人是否可以臻于至善"的问题上，却存在着较大的分歧。从逻辑推理上，固然也可以推演出要求至善就包含了人是有缺陷的内涵，但儒家并不认为至善是未完成的，是未来的事；而是认为至善是已经完成的，是过去的事。孔子是至圣的，也是至善的。因此两者很难说在人性观点上是相同的。不知您以为然否？

我长期处于闭关锁国，开放后，精力日衰，未能多多吸收海外学界成果。近年来，有些不成熟的想法，在夏威夷时曾与杜维明、林毓生两先生谈过。粗粗说来，大陆治学似与海外异（自然有些人也在力求与海外治学吻合一致）。海外多尊宋学，再融以西方现代哲学思潮。在兼综中外方面，是以后者为体，前者为用。而大陆仍沿续五四整理国故传统，受到海外已被新起的诠释学所扬弃的兰克（Ranke）较大的影响，重论据、论证，偏向客观主义。同时，也掺杂甚至充盈着庸俗社会学的滥调（此一情况乃一十分复杂的问题，可惜海外学人无暇耐心探索，故多不谙其原委，不究其本末，以感情的厌恶代替理性的判断）。解放后虽以批胡适为名，一再对客观主义大张挞伐，但终难除其根株，去其影响，即此亦可见其生命的顽强。改革开放以来，海外现代思潮冲击大陆，所谓绝对客观标准受到挑战，我以为这对推进大陆学人的思考，十分有益。不过就我个人来说，对海外那种以六经注我或强人从己的诠释理论与实践，却不大能够接受。

十力先生曾称他恪守"根柢无易其固，裁断必出于己"的治学原则，此语精审，使人敬服。但他诠解古书，往往强古人从己意，以致其文虽颖脱迥拔，却因难寻文证，而终遭非议。檀岛之会时，我曾与杜先生谈过，不应把古人拔高或理想化。我认为孟子思想与杜先生所主张的多元化相违，这在阐述孟子民本思想时亦不可为之讳，要扬善但也不可为前人讳。在思想一元还是多元化问题上，依愚见，孟子不及庄子。庄书总是使仲尼较老子或隐者略逊一筹，这虽然是可笑的褒贬方式，但他并未将对手涂黑或骂倒，而且承认对手的一家之言的地位。孔子在容忍异见上似乎更要好一些，并不像孟子拒杨墨那样偏激。胡适晚年曾引用他老师白尔的话并加以引申说："容忍比自由更重要。"这句话虽平凡，却是真理。没有容忍，没有多元化，就没有自由。我国早在两汉以前，就已存在着定于一尊的思想；先秦法家的专横独断的政治论固不待言，像孟子这样具有伟大民本思想的哲人，也有不息不行之论。此说开启了后世不塞不流、不破不立的先河。我们应正视这一点。

　　近读海外一篇演讲文稿。其中将大陆学人对传统持批判态度者，均归为搞影射史学。其实，大陆学人在已往历次思想批判的政治运动中，均因被诬为影射而遭祸，如文革批吴晗《海瑞罢官》，指他在为彭德怀翻案。大跃进时，凡写过有关杜甫《北征》的，均被指为在影射三年灾害。诸如此类的例子，俯拾皆是。有了这样的经验教训，他们怎会作茧自缚，授人以柄？且影射非比兴之正途，为有识者所轻。

　　海外有些学者好作高屋建瓴、把握全局、统观整体之论，因此常常采用概括方法。黑格尔曾把由概括所得之普遍性，分别为抽象的普遍性与具体的普遍性两类，认为前者外延愈广，则内涵愈空。后者不同，可涵盖并统摄特殊性与个体性于其自身之内。此类划分虽然理想，但实际上恐难付诸实现。我们只能说，在概括上可能有比抽象的普遍性较为蕴含具体一些的另一类普遍性，但要求普遍性能将特殊性与个体性涵盖于自身之内，恐怕只是黑格尔同一哲学的幻想。不过，大陆所谓抽象继承法，却是从这种抽象的普遍性引申出来的。有人曾为此说辩护，但多偏重于感情上或道义上，认为冯友兰先生在当时提出此说，具有存亡续绝的良苦用心。冯先生在压力下经历了曲折过程，首先提出，再进行自我批判，终于复归于肯定，这一现象大陆学人倒能理解。但理论之域，更重要是明辨是非，说出道理。抽象继承法是从形式上借用前人的说法，舍其原有的本义，使之成为一种比喻。在生活中用这种方法却是常见的，但一旦作为继承遗产的原则，势必会模糊原来对象的本来面目，以至篡改了它的本义。这无异把遗产当做一种与其思想内容无关的容器，从而只是在形式上继承了前人的思想资料。用这种方法从文化遗产中能得到的东西，将是极贫乏、极稀薄的抽象。

我生活在政治气氛极浓的环境中，也许由于反拨作用，倒不大喜欢那种以天下为己任、开药方的文章。但这一点说来话长，信中难详……

王元化

一九九二年五月三日

*　本函曾以《与友人谈海内外学人书》为题发表，后收入《清园夜读》。

致祖保泉（二通）

一

保泉教授

　　大札及惠赐大作均已收到，谢谢。梅运生同志二十三早来电话，我正拟搭车去苏州应钱仲联先生邀参加他的研究生答辩，故未晤面，甚为遗憾。见到梅先生时请代致歉。

　　世金同志已有信来，说您要我参加龙年会*（四月中），估计大概是可以来的。光年同志能来更好。

　　您为筹备年会事，诸多操劳，甚感。

　　匆匆，不尽一一。

祝好

王元化手上

一九八五年（?月）二十七晚

* 指当时在安徽召开的文心雕龙学会年会。

二

保泉先生钧鉴

大札敬悉，迟复为歉。

关于文心学会第二次年会如何开法，先生想得极为周到，所提意见也极为允当，我完全赞成。在筹备中先生付出很多精力，深表敬佩。我作为学会同仁之一深表感激。

全国作协组一代表团经美国访墨西哥，由我领队，原定十月二十五启程，现墨发生剧烈地震，是否改期，尚在联系中。一旦确定，当再函告。不知文心二次年会时间定于何日？

您最近有机会来沪否？上海友人均极惦念。

匆匆不一一。

祝好

王元化上

一九八六年九月二十七日

致胡风（七通）

一

胡先生

奉上时代出版的新编书八册。其中一册俄译鲁迅选集（是）送给胡太太的。您送给我的两册诗集，已拜读了。我很喜欢第二乐篇：《光荣赞》。这是使人鼓舞的一部作品，它把我最近积压在心上的一些苦恼全扫清了。希望以下的几部乐篇能早早问世。

解放后读了一些文艺杂志和副刊上的文章，看看还是老调子，抗战以前搬弄什么上层建筑、下层建筑的人，现在还是只会搬弄这些东西；抗战初期提倡"意识＋技巧"的人，现在还是号召大家向古典作品"学习技巧"……他们的思想好像钟摆一样摆动，摆来摆去仍在老地方。

这些人狂热地赞美"新"越剧、"新"京戏……但是对于把全生命献给人类苦斗了一生的鲁迅、罗兰等，却用着轻薄的态度玩着——像您所说的"后来居上"的蚍蜉式的"批判"。更下者，是那些残渣重又泛起，发出一片空漠的叫嚣……读着这些东西，使你不得不感到苦闷。因此，对于有生命的作品，更觉得有迫切的需要。希望您写下去！

握手

元化手上

（约一九五〇年）

二

胡先生

　　星期六您说的那篇西蒙诺夫的文章，我已请水夫直接由原文译出第七节，译文是这样的："作家必须知道得多。他应当研究马列主义，他应当向科学共产主义的经典名著——马、恩、列、斯的经典名著学习革命思想。"金人译文与此似乎并无多大出入。奉上《翻译通报》，看好请寄还给我（这是社里的）。最近有些什么文章应该看看的？（不问是好的还是坏的。）希望您介绍一下。那篇西蒙诺夫的文章我已找到，正预备仔细读读。匆匆

祝好

王元化手上

一九五一年（？）

　　问候屠先生*。

* 即梅志。

三

胡先生

　　九月二日信收到，附来的信已转雪苇。《源头》十本已寄上好几天了，大概已收到了罢？雪苇得你信后，曾到社里来过（他早已出院，接着休假半月，昨天已开始办公了）。我也向他提到《新人物》，这次总算不错，他也和俞、冯提出来了，并且还提出《民族》、《密云》再版问题。但社里情况，真是一言难尽，发行之权全部抓在经理部手里，他们惟一的借口就是不便盲目造货，须看读者需要和中图添货情况决定。两个人都说《新人物》据中图反映尚存五百册未售罄，而《民族》与《密云》中图均不拟添货。后雪苇坚持了一下，认为《民族》与《密云》可即再版，二人似否似唯唯地答应下来。小×这人似乎天生有一种故意为难你一下的脾气。这类事我不知道碰上多少回了。现在他正在制造纠纷。文艺整风我回社后，首先就碰到校对组对杭行进行挑剔。他不出面，而是使用"群众力量"，说杭不称职。我未回社前，就已形成满天星斗之势。曾把梅林、杭行叫到经理部，开了一个检讨会，斗了杭一顿。回到社里，我提出开检讨会的办法不对，他又煽起校对组对我反感。此后杭大概是怕他，竭力向他靠拢，说什么编辑部新调来的美编怠工呀！什么罗洛决定一切呀！于是这些又成了他的资本。最近，打击目标又集中在罗洛身上了。"群众"中忽然出现了罗洛"自高自大"的说法，甚至老区调来的同志，也都随声附和，批评我对罗洛"盲目信任"、"重用"、"夸大优点"等等。这些事好像解疙瘩一样，刚刚解开，不知道明天他又在什么地方再打上一个。事情虽不足道的，可是麻烦得很，使精力全浪费在这些无聊的事上了。雪苇以为俞这样的人才难找，可以为社挣钱，但×正是抬出俞做幌子，把社里搞得一团糟，将来的麻烦恐怕还多呢！充实编审力量自然是对的，但基本恐怕更重要的是使经理部充实起来。但不知雪苇是否有决心加强、补充一副经理。

关于阿Q*一文的几个问题，正在研究，我以为给雪苇看是好的，我也看了，并向他提出几点意见，主要一点我感觉似乎被动了一点，如对方说阿Q是"劣根性"的表现。他就找出大批材料证明今天新中国人民身上精神奴役创伤是"累累的"，并引加里宁关于社会主义共青团的话等，这不仅显得笨重，不能解决问题，且容易使人同样引文摘句地来纠缠，一纠缠反而不容易搞清楚。再如，对方说阿Q是被作者枪毙了的。于是他就大量发挥阿Q的革命性，并说大团圆是预言廿年以后的中国革命胜利。这样说我也觉得被动而不妥，并且也没有说服力。倘再加强调，就更容易造成自己论点的不统一了（至少读者会这样认识）。实际上对方说的那一面也不能完全否定，因为那正是从作者要求的"自觉的企望"，是从"哀其不幸，怒其不争"的基本命题出发的。倘这基本命题不能很好的贯注进去，在分寸上，就片面了。我觉得那篇文章，基本点是击中了。引杜勃洛柳波夫那句话："最后的最弱者，提出的控诉是最强的。"（大意）说明了问题。总之，我希望他压缩一下，因为我觉得行文杂乱了一点。概念不是很清楚的，不是前后有序、层层深入下去。重点也不够突出。这大概不是一口气写下去的缘故罢。在文字上也的确有毛病。他的文字我总觉有些做作、不自然、喜堆砌，这的确不好。我的意见已全部向他提出了。现中晓和罗洛也正在看，看后也会提出意见来的。

关于时代被吃掉，似已成定局。将来发展一定会如此的。满涛自然不去，包也决定不去，打算请他到新文艺来。《别林斯基选集》原想送你两册，你既要一平装一精装，那么，先将平装的一本寄上。满涛现正在写一篇后记，打算附在二卷末，我已读过，不坏，提了些意见，现正在修改中。你不忙的话，将来打份样子寄你，再提意见。如果时代认真一点，我想第二卷月底可出版，但我对时代的工作是一点信心也没有的。最近雪苇也写了一篇关于《故事新编》的文章，基本上是为鲁迅辩护的。大意说这部作品既不可作为反历史主义的借口，也不可列入教授文学。意见是好的，但材料占全文的三分之二篇幅。他叫我提意见，提了，他说是对的，可是否有时间补充还不一定。现在他开始工作了，一工作又不知要做些什么。我劝他不要编刊物，他未做肯定表示。至于我自己，成天就这么过去了，会不开是不成的，事务不管也是不成的。但晚上还可看看书。下月初打算争取休假半月（大概没问题的）。你有什么好书好的文章介绍给我看么？……当成宝贝一样藏起来的事，也是滑稽的。但我们关心的是你留京呢还是回沪呢？有时间经常来信罢！

握手

化

一九五二年九月七日

今天到社办公，看到你和亦门给耿的信。亦门提出阿 Q 革命性与"精神胜利法"矛盾问题，指出这是"胜利的形式、屈服的内容"，是"既反抗又逃避的东西"，这一点非常之正确，正是我想说而未说的话。这个修改是必要的，否则说得笼统模糊，别人可以抓住这个漏洞。——又及。

* 这是指耿庸写的批评冯雪峰谈《阿 Q 正传》的文章。

四

谷先生*

　　九月十三日的信早已收到了。最近为一些琐事较忙，回家之后疲乏已极，连书都没有力气看。不过十月间总算争取到一个休息的机会。

　　日前黄源回来，碰见他曾问及你的情况，他说与你住在一起，但不知是他实在知道得不多，还是有其他原因，谈得很少。

　　最近文学上的那篇策论看到了，有人还特地打电话通知我，但懒得逐字逐句去看，随便翻了一下就发现了幸福的暖流，才明白原来流着血爬来的，也成了"歪曲的情绪感受"。大概是饱人不知饿人饥罢。我觉得即使要表明自己的"健康"和"正确"，也不应该这样挑剔的。请不要"这样"批评的"批评"真是多得很！

　　来信中所说很对，自己也常谴责自己，觉得还达不到那种头脑清明和宁静，容易冲动，也容易情绪不好。的确应该使自己的灵魂粗糙起来，多做一些有益的工作。

　　最近此间情况仍旧是老样子，雪苇又在唱十九世纪那一套了，且认为我对罗洛"沉醉"，中晓的信已告诉你一些情形了。不过比较过去还算讲理些。我现在对他的要求很低。

握手

化

一九五二年九月二十三日

* 即胡风。

五

谷先生

一直没有通信，但经常从屠先生处和其他朋友处听到关于你的近况。最近的工作，越来越多，越来越忙，社里因人事科老何生产休假去了，留下的事都压在我头上。其他打杂的事也很多，因为雪苇现兼三职，他把许多事都派在我头上了。十月下旬休假期间，也几乎每天被叫出去开会，但总算拼命挤出一点时间，写了篇《别林斯基选集》读后。现已被雪苇拿去，说是《文艺月报》（《华东文艺》现已改这个名字）缺稿，但我看用的可能是很小的。

上星期日在屠先生处听到文章写了二万多字，已交上去，内容她也告诉了我大概情况。有些文艺思想问题恐怕一时难弄清楚，只有保留到以后再说吧。但出于意料的是……居然又派了用处，实在想不通何以一定要这样做？天下事如果真能这样解决，那也太可笑了。一年多以来，深感文艺工作不好做。听说最近将决定你的工作问题了，我想还是争取各处跑跑，至少还可以静下来写些东西，这是对大家都很有益处的。不知你怎样决定？盼告。

时代出版社年初恐将并入人民文学，满涛兄仍本初衷，留在上海继续翻译。

握手

化

一九五二年十二月三日

六

谷先生

　　二月二日及十一日信都已先后收到了。黄源回来后，就听到一些你在京的近况，之后，又听说你不久即将返沪一行，很想当面谈谈，因而未即复信。今天才又听说你暂时不回来了，而且屠先生他们也将迁京。我最近忙得厉害，身体也不好，别的情况还没有什么。的确，工作——尤其行政，实际是事务事情，弄得筋疲力尽，这样一来，连看点书或好好想一下都不可能了，身体也随之坏下来。现正在打针，因每天下午人就疲乏不堪，据说是贫血。过去一向是怕事务的，现在卷进去了。关于那篇文字，这里谈得很少，黄源回来后谈了一下，谈得也很平淡，大家似并不如何关心。我觉得世界观与创作方法问题以及社会主义现实主义问题，说得最莫名其妙。这些都是老问题，而今天仍像从前那样混乱，实在令人痛心。但我是这样想的，今天新中国在前进，许多问题将来一定会清楚的，因为事实是事实，这是比什么都强的。一时弄不清楚怎么办呢？忍耐吧，好好的工作吧，文艺的确较别的复杂，苏联文学史是很好的例子，早期许多问题，今天不都明确了么。我是有信心的。你不回来，我很觉可惜，许多话想畅谈一次。我觉得你能跑一跑，再多接触一下新的人物，一定会愉快的。否则的话，我还是从前的愿望，希望你写，尤其是鲁迅传。自然这要看分配什么工作才能决定的。这信是在办公时挤出时间写的，很杂乱。

紧紧握手

化
一九五三年三月六日

七

谷先生

上次寄了一封信给你，是寄到小厂李嘉陵转的，谅已收到。自得你信后，一直盼你回来，见面时可畅谈一下，可是得到的消息常常改变，最近听说似乎已确定暂不返沪了。首先想要说的，就是希望你回答的文章一定要写，这一点，上星期碰到屠先生时，曾再三向她建议过，不知她转达给你了没有？我觉得这一点很重要。不写就会被认为是默认，而默认又不检讨，那就会使人觉得是对抗。自然关于所提出的那些文艺思想问题，一时是不可能谈清楚的，因而发表的可能也极少。但本着弄清是非，说明真相起见，还是应该诚恳地把自己的意见拿出来。我觉得这样做很有必要，希望你考虑一下。据屠先生说，你在京正忙于解决房子问题。但房子问题，一时看情形是解决不了的。而这篇文章比房子更重要。听说以后准备安排在京作家协会，我以为这也好，希望你尽量多写文章，比如马林科夫报告关于文学艺术部分（尤其是其中关于典型问题等），最好能写出来，先送给领导看，能发表则发表，不发表则保留着。最近看了一些苏联的文艺理论，他们澄清了许多混乱思想，将来对我们是不会不起作用的。例如就在最近发表学习马林科夫报告的文章中，像对批判现实主义的估价，以及它与社会主义现实主义承继关系等问题，理论界已得到共同的认识。拉普的机械论，则遭到普遍反对。而典型问题和无冲突理论等，也都有明确的提法。《小译丛》准备大量介绍这些文字。第二辑中满涛译的叶尔米洛夫的那篇，虽有些小毛病，但基本上是好的。这些问题很希望你能谈谈，写出文章来，这是很重要的。不知以为如何？关于这一点，上次也和屠先生提过，不知她告诉你没有？

上次彬美去京开创作会，写了一信给我，叫我介绍房子。解放前，我在京时是向二房东（姓孙并非姓杨）租的，现孙早于解放前离京来沪了。大房东根本不认得，料想那房子早租出了，我如何介绍？他们在上海也同样闹了一件租房子事，前些天有人几次找我，说我们隔壁（新文艺出版社旁边的一座房子）可出租，我根本不知此事，而来人说是他们介绍的。此事上次屠先生问起，我已把情况告诉她了。听说你在京忙于奔走这事，据我想，房子问题是极难解决的，主要的是先抽出身子，先把文章写出来。如果同意可个人买房，这是最好了，我建议屠先生去京处理这些事，使你可安心做你的事。

我的情况，仍如从前，忙乱得更厉害，看书写字的时间全没有了。每天陷在琐碎事务中间，忙得不可开交。光开会，一星期就有十余次之多，有时晚上、星期日都不空。行政事是不会搞的，但现在是黄牛当马骑，硬着头皮干下去。身体也不好，打了十针，并没有什么帮助，现已停止，听他算了。雪苇不久前去京，不知见到否？匆匆
握手

化

一九五三年四月八日

昨天雪苇转来你带来的东西，当即请中晓送至文安坊去了。

致胡晓明（二通）

一

晓明：

　　寄来的《南方周末》收到了。头一天也收到了报社寄来的这份报纸。近年来你的文章有了长足的进步，较过去深沉，文字也十分凝练。这一点连海外的林毓生教授也在打来的电话中向我提到，并大加赞赏。

　　前些时《上海文化》把很早前写的那篇访谈稿送交我看。我几乎记不得这样一次对话了。读后，我觉得很精彩。我只简单改了几处个别的字，就退回给他们去发表了。那篇访谈原来似乎比较简单，你加工后，使之充实了。从这些文章可以看出你平时的用功，尤其在思考问题上，比过去深刻得多了。读你的文章，我发现一个很好的特点，即你时时从精神世界、心理素质方面去理解一个人。过去我读国外一些名家写的传记，感到有的作者在这方面做得很好，常叹息我们这里没有人这么写，也许根本不懂或虽懂而不会这么写。因此读了你的一些近作，特别感到高兴，禁不住写信向你谈谈我的体会。做到这一步，非一日之功，要靠平时的深入思考。你在哲学问题上，思想问题上，一定经过不断钻研，方臻此境。至于心理素质的探索，在你过去的文章中不大见到，这是新的境界。不知是否受到你夫人张玲女士的启示？

最近我的身体不大好（虽在老人中还算是可以的）。头晕与皮肤病未愈，后者因瘙痒，颇使人不耐烦，甚至影响晚上睡眠。更使我不愉快的是，前一阵发生了一件难以意料的事，当时十分生气，但现在感到的只是伤痛。我不喜欢虚伪。一旦发现被长期的信赖所蔽的时候，就像一种美好的观念一下子碰到现实撞得粉碎了。我不愿多谈这件事，也不希望别人再向我谈起。让时间慢慢使伤口愈合。

祝好

王元化

二〇〇一年八月十九日

二

晓明

二十九来信收到。那件事我不想多谈了。这倒不是会使我气恼，而是我想少去想不愉快的事。你说的问题不是主要问题。我完全相信他对……等人的看法。也相信他对我并无有意伤害之意。发生的事摆在那儿，这不是沟通问题。也许别人认为这是"小疵"，但我认为我和自己一向亲近的人，只能是道义之交，即彼此坦诚相待。我是奉行"苏格拉底之家"的原则的，事发之后加以掩饰，那就失去交往之道了。我是长期被人诬陷、受屈蒙冤的人。因此我不愿将自己的痛楚，加之于别人（何况一直很亲近的人）身上。我不愿再谈，并不是因为我有什么怨恨。我觉得他是有才能、有前途的。但这学校的人事关系太复杂，要想在这样环境中，无往不利，那么这个人就会一步步陷入庸俗之中，谈不到什么真正的学术研究了。本来我期望他在这方面成为一个有成就的人，而不希望他变成一个无往不利的庸人。这种人中国太多了。……年轻时真诚有为，写了一些超越俗流的戏剧，可是解放后为了保持自己的威名于不坠，做违心事，说违心话，以致连他过去的门生都说：我们的老师成了一个"假人"。这是多么可怕的事，我的伤痛在此。在那件事上，我的期望被现实粉碎，我毫没有意思不愿你们来往。如果你能使他以全力在学术精进方面起点影响，那就做了一件大好事。那时我也会感到高兴的。我不知自己的意思表达明白否？祝好

王元化

二〇〇一年九月一日

致相浦杲、相浦绫子（六通）

一

相浦杲先生

绫子夫人

二十四日手书，并惠赐在京都所摄照片一帧，均已同时收到。

回国后未能及时作书致谢，仅由中国社会科学院代发一笺，而绫子夫人大札反先期而至，这是十分抱歉的。

回国后未休息一天，次日马上工作，由于离开了半个多月，诸事蝟集，老朋友的信早就应该写的，都拖延下来了。每念及此，极感不安。今天请了半天假来给老友写信，时间已迟，甚觉歉然。

此次访问贵国受到贤伉俪热情招待，十分感激。至今仍时时想到在府上做客的情景，夫人烹调的美食，并教导我学习贵国的茶道。先生招待我畅游了九百余年前的桂离宫，虽在雨中，却别有情趣。这些都将成为我难忘的纪念。在京大乐友会馆的罗曼·罗兰座谈会，我的演讲，由先生亲自翻译，实在惭愧。在贵国能拜识这么多喜爱罗兰的朋友，我觉得自己和你们能有共同敬爱的人物和艺术，这是很幸福的。我记得当我谈到我是最早读到贝多芬传序言开始喜爱罗兰的，夫人眼里发出喜悦的光芒，禁不住说："我也是这样。"在你府上度过的愉快时光，使我不禁感到贤伉俪正是我在《约翰·克利斯朵夫》一书中读到的那些善良人们。你们还让我认识了你们周围那些喜爱罗曼·罗兰的友人，这给我极大的愉快，请代我向他们一一问好，希望他们有机会来敝国一游。

谢谢送我的照片。拙作《文学沉思录》收到否？盼示。

恭祝

俪安

我的妻子张可问候贤伉俪

王元化

一九八三年

二

绫子夫人

前天收到大札（中日文各一件），与刊载相浦杲先生遗笔的アジア时报。我不懂日语，我只是在揣测其中含意。我知道相浦先生在遗笔中谈到我们因罗曼·罗兰的因缘所结下的友情，以及为我过去遭遇表示的同情与关怀。夫人的信和先生的文，我一直拿在手里。上海虽是初春，连日阴雨，气候湿冷。夜深了，我在灯下面对来函，不禁百感交集。四周是那样静，上海这个白天喧嚣的城市，现在变得万籁无声。我为自己失去这样一位挚友，感到悲伤。这两天我一直觉得心情沉重。昨天我请一位精通日语的小姐，把您的信和先生的文翻译给我听。相浦先生在文章中对我的拳拳之心，使我再一次感动不已。翻译小姐说中日结成朋友的不少，可是像你们这样真情深情的实在不多。我们都是热爱罗兰的。二十岁时读《约翰·克利斯朵夫》，我对书中描写奥里维与克利斯朵夫的友情，苏兹、安多纳德、葛莱齐亚、高特弗利特舅舅等对克利斯朵夫的爱护，我认为都是人生中最稀少也最宝贵的东西。失去一位朋友，对我的打击是很大的。我不知道我是否向相浦先生和您说过。本世纪初我的父亲（王芳荃）母亲（桂月华）一结婚就到日本。我最大的姐姐中樱生在日本（可是小时就夭亡了）。我的几个姐姐和我出世的时候，他们早已回到中国。在我小时，父母屡次向我谈到他们在日本时结识的好朋友，名字叫月石。至今我们仍不忘这位日本老人。

您信中说先生在癌病痛苦和高热中写下这篇遗笔，并在先生最后时候念着我的名字。这使我每一念及都难以自抑，忍不住自己的泪水。去岁十二月十日我偕妻子去香港与儿子媳妇团聚。（附照片两张，一张是和妻在儿子家中摄，一张是妻和儿子、媳妇在住宅前喷水池旁摄。）今年二月八日因得美夏威夷大学邀请，赶回上海办出国手续。二月十七日由东京转机去美，二十五日再由东京转机返沪。

祝健康

王元化
　　　　同上
张　可
一九九一年三月二日

三

绫子夫人

　　手书并照片二帧均收到。相浦先生灵堂及夫人与男女公子照片，已收入照相簿中，作为纪念。未及时给你写信，是因为我写了一篇悼念相浦先生的文章，要等发表，一并寄奉。今天文章已发表在《解放日报》上，现剪下，随函附奉。不知您和聪公子与玲子女公子是否能读中文。我希望三位中有一位能读中文。这样可直接阅读拙文。我担心译成日文，也许不能完全表达我对相浦先生的怀念之情。

　　您和男女公子近来忙否？身体如何？时在念中。希望你们有机会来上海。我妻子张可向你们致意问好，祝
健康

王元化

一九九一年四月九日晚

四

相浦绫子夫人

　　十一月二十三日大札敬悉。所附相浦先生墓碑及灵床摄像六帧，亦拜领。夫人所书墓碑令我睹景生情，追念既往，能不泫然？八三年初访日本，敬赠先生之迅翁手笔复制件现悬于堂中，更令我惆怅不已。但愿将来能有机会亲往黄檗山万福寺祭扫凭吊先生之灵。我衷心希望

夫人偕聪公子玲子女公子来沪一行。先生部分骨灰将来倘能撒在中国大地，也是先生生前友人之祝愿。夫人阖府来华时，希能事先告知。如有事嘱办，我愿效劳。我在等待夫人为先生整理之遗著出版。

先生绝笔已请人译出，将发表在上海出版的《海上文坛》明年第一期上。同期亦将发表王蒙写的悼念先生文章，及我为先生绝笔所作附识。出版后当寄奉给夫人偕公子女公子留念。

本月中我们将去珠海，明春返。阖府均吉。

新年快乐

王元化
张　可　同上

一九九一年十二月一日

五

相浦绫子夫人

三月二十四日大札拜悉。

去岁我偕妻子张可去我国南方过冬，本月中旬始返沪。在南方逗留三个多月，回来后家中诸事待理，至今始略有眉目。刊载相浦呆先生绝笔的刊物《海上文坛》出版后，即嘱沪上友人寄奉夫人。最近见到该刊编者，又请他再寄奉一本给您，谅不日可收到。去年王蒙先生来沪，谈及我们共同的朋友相浦先生，我们一起约定在《海上文坛》上撰文，以示纪念。这就是您看到的那本《海上文坛》。

我在南方时（珠海，这地方离上海很远，只能用电话和家中联系）

家中用长途电话告诉我，东京大学要将我写的《遥祭相浦杲教授》拙文，编入纪念集内，我即通知家中人回信给东大一位教授，表示同意。我很希望相浦杲先生的遗著能早日编好出版。

夫人曾来信告知，说拟偕公子及女公子来华。不知这个计划是否可于近期实现。希望来上海前早日示之，以便迎候。谨向您和公子及女公子致以衷心的问候。

匆匆不尽——。敬颂

大安

　　　　　　　　　　　　王元化
　　　　　　　　　　　　　　　同拜启
　　　　　　　　　　　　张　　可

　　　　　　　　一九九二年三月三十日灯下

六

绫子夫人

您寄来的贺年卡和相浦先生的纪念文集，均已拜领。读了文集的文章，使我好似回到十年前在日本和贤伉俪相会聚首的日子。真令人不胜感慨系之。相浦先生如今已谢世三年多了。但他的文学活动和对中国人民的友情将长期铭刻在我们心中。

来信对我的健康表示关怀，十分感谢。经医院检查，在验血方面有些项目超过标准，做 B 超发现有轻度脂肪肝。主要是在脂肪方面的代谢功能衰退，日前正在服药治疗。医生说这些病没有大妨碍，请释念。今年我们都已七十四岁了，已步入老年。

　　我们十分想念您和您全家，希望有机会再来上海相聚。

即请

大安

　　　　　　　　　　　　　　　　　王元化
　　　　　　　　　　　　　　　　　　　　同上
　　　　　　　　　　　　　　张　可

　　　　　　　　　　　　　一九九四年元月十一日

致姜椿芳（八通）

一

老姜同志

　　昨天正在给你写信，得来信，由于考虑你提出的问题，复信延迟了一天。现在把最近的情况向你汇报。得你信的前两天，文化局来通知我《文学评论》要发表我的文章，嘱我即打长途电话去。次日一早即与北京通话，他们通知我将发表释《比兴篇》那一组，拟刊载于第一期复刊号上。我告他们，笔名用我本名。次日我又发一航空信提出发表时的一些技术性问题。当时还未得来信，但我完全理解是谁在默默地作了大量工作。对于这种真挚的援手，我如果用感激的空话来回答，那将是亵渎要我能做点事的殷切期待，我只有黾勉工作，才不辜负你从我青少年时代起对我的关怀。

　　大约十多天前，上海政协文学组会上，罗荪、草婴分别提出了满涛和我的问题，与会者大多都发了言，最后由巴金负责向统战部提出转报市委。后老钟（他现在负责《上海文学》并筹备文联）向市宣领导正式提出我的问题，同时嘱我写申诉，再由作协同志写报告，由他呈递宣传部。目前，我写的申诉已由他们看过，抄好后，星期一交老钟，由他分转宣传部和文化局。（满涛情况大致一样，由他向你函告。）我的问题既已动起来，看样子只有先等一下，看看是否在上海即可解决，不再拖延下去。此次只能解决目前处境，关于五五年旧案，我只作了些说明，企图让领导了解当时情况。我打算以后再向党申诉。我今年将满五十八岁，我渴望在今后的岁月中回到党的队伍中来。自然这还有待我努力争取。关于调京文研所事，对我是极大鼓舞。如果党认为像我这样的人，在这方面还可以有机会来贡献我的微薄力量，我当竭尽所能，全力以赴。我将珍惜这个工作机会。昨天我已和张可、清姐初步研究过，她们也赞成我的愿望，并支持我只身到京工作的决心。（张可因现在学院正要她多做些工作故得留沪。）她们对我的决定，只是有一点不放心，就是我曾两次发过病。（五五年隔离时，七〇年在干校时。）但我觉得问题不大。京中也会有亲友（如万馥）照料。这是我的想法。你的意见如何？文研所的情况你熟悉吗？以上请代向周扬同志转达，并向他问候。拙作的安排悉遵照他的决定处理。不尽一一。问候你全家。

　　张可嘱笔问候。

敬礼

元化手上

一九七八年（?月）二十一日

二

老姜同志

前天寄奉一信，谅已先此达览。

关于调京文研所事，我现将我的想法奉告：我决定来京（只要文研所领导同意的话），随时可行，家庭方面也完全赞成。为了照顾我的身体，碧清拟偕我同来。（母亲在上海可由张可、元美等照料。）碧清已退休，北京有亲友，住处不成问题，她不报户口，用临时户口即可。她喜欢北京，久有来京之意。

至于我的问题，前日已遵老钟所嘱将申诉交他，由他转呈组织上，现尚无下文。听说张平化即将来沪，在上海召开宣传工作会议。不知上海方面会不会把满涛和我的问题向他请示？（据小包说有此可能。）关于来信所提调文研所事，除告家里人外，并未向人（包括老钟、罗荪等）传布。我也嘱告了满涛。

现在我的心情是：越早到京越好，至于我的问题在哪里解决都一样。十多年来未工作，渴望做点事，这种急切的心情，你定会理解。一切只有再麻烦你向周扬同志代达。

附上我写给组织上的申诉，供你参考（不必还我）。

问候你和全家

元化

一九七八年（？月）二十四日

三

老姜同志

得上月十九日信未再去信，因为估计你参加人大和政协一定忙极，同时也无新的情况奉报。前日李子云来说，文化局倘再拖拉，老钟拟先把我调去，问题到那里可以迅速解决。我估计四月内可见眉目。总之，问题一解决，即照原定计划来京，面洽种种。现有数事分陈如下：

一、来信说周扬同志拟将拙稿＊看完，希望他多提批评意见。倘有不妥处，请他在原稿上标明，这对我以后修改会有很大帮助。

二、据闻中国社会科学院拟出一文史哲季刊，倘传闻属实，我想将拙稿上篇投寄该刊，较投寄《历史研究》（从性质上说）似更为相宜。不知以为如何？

三、《上海文艺》四月份拟发表拙稿中《释〈镕裁篇〉三准说》。（此篇不必投寄他刊了，以免一稿两投。）

以上各事望便中转告周扬同志（在顺便时）。《文学评论》已收到（拙文排错处甚多）。此文发表，对解决问题促进极大。你们为我作了大量工作，尤其是你在百忙中为我多方设法和奔走使我既感且愧。今后我只有以此作为自己的鞭策，方不负所望。来信说眼压偏高，请务必减少读写。我的信请不必每次复我，这不是客套。问候你全家！

敬礼

可问好！

元化手上

一九七八年三月十一日

＊这是指我寄给姜椿芳的《文心雕龙创作论》手稿。原请他转赵朴初提意见，但姜交给周扬。
至于上封信中说的《释〈比兴篇〉》就是周扬拿去发表的。

四

老姜同志

我寄周扬同志的信稿是十月二十四日发出，挂号，直寄中国社会科学院，似不致遗失。请你便中再去问他一下。

李力＊现在医院很满意了，情绪也很好。老八爱人小崔当已面陈。以后你不要再为她操心，把她交托给我们就行了。

老林已来沪，决定住院开刀。详情请冰夷同志面告。

满涛前晚又中风，送进医院，诊断为脑溢血，病情相当严重。我为此跑医院，心身俱疲。

听到老唐的事，令人感叹，原想写信去慰问，但几次提笔，难于措辞，请代婉言致意。

希望你多多保重。

问全家及在京友人好！

敬礼

张可致意！

化手上

一九七八年十一月十四日

＊李力、小崔是姜椿芳的媳妇。

五

老姜同志

此信由丁一琛、何国芳同志面呈，并口头汇报种切。

（一）请你拨冗偕丁、何去看觉民一次，以示郑重。以后工作，需觉民主持，你作为社领导，去说一下，以利今后工作的开展。

（二）丁、何来京后，希总社请一位办公室同志（最好请严玉华大姐）专门负责协助解决一些行政事务事宜（如打印文件，必要时调动车辆，接送年老体弱的专家去开会等等）。

（三）顾明同志来信，已复。在过渡期间，请杨哲同志会同丁、何做一些交接工作。

（四）《中国文学》分卷，不包括文学理论，只附"文学批评"的重要作家、作品，及原有的（即各分支条目草案所列）风格流派及文体。（建议文学理论并入艺术总论，别成一卷。请裁夺。）

（五）《外国文学》分卷的条目框架请寄一份给我们。

问候大嫂和全家。

敬礼

元化手上

一九七九年十二月十二日

六

椿芳兄长

　　大札收到。最近忙于筹备国庆，加上个人对照检查不可再拖，故较忙乱。

　　常平同志谅已返京，已将分社情况奉闻。他临行前邀新老班子会餐，我亦被邀请，算回娘家。社成立大会举行，本拟前来北京祝贺，但实在走不开，只能书面向各位致贺了。

　　来信嘱办之事，已交部内分管此事的部长，看样子一时不易解决。励康同志给我写的材料亦早已交去。当尽量催办。

　　望阳同志逝世，治丧委员会名单上未征及意见即将兄名列上，我想你会愿意这样做的。附上我在会上所作悼词一件（见附录），留为亡友的纪念。

　　下月兄来沪，当可面叙。不一一。问候大嫂和全家。

祝好

弟　化上

一九八四年九月二十日

［附］

悼　词

我们怀着沉痛的心情向亲爱的战友钟望阳同志的遗体告别。

　　钟望阳同志是在一九八四年八月二十四日下午一时三十二分逝世的。终年七十五岁。

　　钟望阳同志在青年时就参加了革命活动，一九三二年在上海参加了左联，一九三七年十一月加入了中国共产党。入党后，党分派他从事地下文化工作，一方面在《每日译报》担任编辑，一方面从事文学活动。他是一位著名的儿童文学家，他的优秀长篇童话《小癞痢》、《新木偶奇遇记》是儿童们所喜爱的作品，曾在上海苏联电台作为连续广播的儿童节目。在这些童话中，钟望阳同志用自己的火热的心表达了对祖国的爱、对儿童的爱。这种真挚的情谊使他的作品在孩子们心中播下了抗日救国的火种。当时上海是座孤岛，政治环境险恶，经济条件艰苦。作为一名革命者不仅要不畏强暴，不怕牺牲，而且还要在日常的琐碎生活中经得起迎面袭来的种种折磨，受得住压在身上的重重苦难，才能向敌人进行坚忍不拔的韧性战斗。当时钟望阳同志工作繁重，生活清贫，他上有年老的父母，下有幼小的子女，三代人偏处一间斗室之内。他借教小学的微薄收入来养活一家人。为了谋求糊口之资，他几乎精疲力竭，但他不顾疲劳，始终坚持完成党交给他的工作。同志们都知道他生活困难，但从未听到他叫过一声苦。相反，他总是保持整洁的仪表，他的脸上总是露出他所特有的温良的微笑。

　　钟望阳同志在沦陷期被党派往解放区，直到解放战争结束，才重返上海，先后担任了上海市公安局党委副书记，上海市文化局副局长，上海音乐学院党委书记、副院长。"四人帮"粉碎后，担任了上海文联党组书记，以迄于今。

　　钟望阳同志无论在受到所谓"潘杨事件"株连时，或在十年浩劫中受到林彪、江青反革命集团迫害时，都表现了一个共产党人的优秀品质。他心地坦荡，正气凛然，始终怀着对党对人民的耿耿忠诚。他不是那种患得患失、见风转篷，左右摇摆的人。他的身体瘦弱，态度谦和，熟识他的人都知道，他从来没有和人争吵过，甚至从来没有粗声粗气说过一句话，总是那么心平气和，文质彬彬。但是，熟识他的人也全都知道，就在这个体态瘦弱的躯体内，却藏着一颗坚强不屈、是非分明、嫉恶如仇的心。在重大问题上，他决不苟且，他总是坚定不移地按照党性原则和良知的指引办事。

钟望阳同志作为一名党员走完了他的革命途程。他的一生是平凡的，但是在这种平凡中却显示了一个革命战士的优秀品质。这种优秀品质值得我们尊重，值得我们学习。让他永远活在我们记忆中，成为鞭策我们前进的力量。

一九八四年九月四日

七

姜老

四月二日手书敬悉。

去岁初冬，京中分手后，不久即应邀赴港，签证期未满；即匆匆离去，以避离是非之地。遂即在深圳疗养院疗养，度岁后，又去穗中山大学、暨南大学讲学。二月尾始返沪。离家期间，形势变化，而种种流言，随之蜂起，传至外地，使老友牵怀，未及时奉书报告近况，颇觉愧疚。

十一月从京返沪后，即与罗洛商谈，约请兄长及嫂夫人南来在沪小住，后又与虞老出面约请，由大百科沪社安排。上海诸友闻讯，翘盼春暖时能驾至。今得大札，云今后拟去医院诊治，暂时无法南下。顷得姚以恩电话，除写此信，请兄长嫂夫人于医院诊治后来沪外，再烦姚兄面陈种切。

昨天虞老将你给他的信转我一阅。他也是深盼你能于诊疗后来沪一行的。我暂时不会离开上海，但秋季九月间，将去瑞典一行。除此之外，均在上海。

在港时曾在承义处住了二周，朝夕相处，以叙天伦。

六十年代我的老师汪鸾翔先生九十余，曾作一诗寄来。我觉得很好，至今仍能背诵，书之如下：

同对西山看夕曛，阶前落叶已纷纭。

人间何限风兼雨，物外犹存我与君。

学不干时身更贵，书期供用老弥勤。

卅年旧梦谁堪续，重话琼宴酒半醺。

不知以为如何？下月兄来沪，当可面叙。匆匆不尽一一。

阖府安吉

化　可上

一九八七年四月八日

八

芳老

九日大札，今由宣传部送来，捧读再三，至慰，至感。

前包文棣来京，曾嘱他务必去看望你，并代我问好。不久前，我的研究生吴琦幸在京开会，我又嘱他趋府拜候。昨天他由京返沪，说和你通了电话，但未见面。他说你现仍保持半天参加社会活动，过些时将去医院再动手术，可恢复以前目力，闻之疋欣慰。我觉得你参加一些社会活动很好，但最好不宜过于频繁，过于劳累。

我从四月起，一直小毛小病不断。先是腰椎发病，不能动，只得卧床，天天请医生推拿（至今仍每周三次）。后又胃部不适。前些天又患感冒。因此这一阵经常往医院检查，验血、拍片、做胃镜、做心电图等。在此情况下，读写俱废，只是看点闲书，解闷而已。

来信说已不记得七六年在沪见面时，我背诵的《随园诗话》中的一些诗句。当时兄对如下一句很感兴趣，即"无言便是别时泪，小坐胜于去后书"。近日读绀弩《散宜生集》，很佩服。聂喜用拗句，以杂文入诗，别具一格。不知公意如何？

虞老亦久未见面，日前他打来电话，互相问好。

老唐小佩曾于上月来沪，见面数次，他们为回忆录事颇积极，但记忆不佳，似弄错不少。小佩要我提出，我曾提了一点，供他们参考。水夫磊然贤伉俪来舍，未见，后找到他们电话，他们已离沪。匆匆
祝好　阖府均吉

弟化、可同上
一九八七年八月十四日

致姜德明

德明先生

　　二月十四大札奉悉。在此之前惠赐大作二种已拜领，感激无量。近日因腰痛发作，已卧床多日，今天始可伏案写字，复信已迟，望原谅。

　　先生是藏书家，准备将珍藏张奚若《社会契约论考》及熊十力《与刘静窗论学书简》见赐，实在令我感激，但我不忍夺先生所爱，加之我也不是藏书家。家中存书，近年已无力清理，或赠人，或遗失，损失不少。所以只想请先生将《社约论考》复制一份惠寄，不知方便否？至于《熊十力与刘静窗论学书简》，因我与刘述先（静窗先生哲嗣）相识，得到不难，就请不必寄来了。诸多费神，甚感先生的盛情。

　　我拟将拙著二种另邮寄奉，一种是《读黑格尔》（二十多年前的笔记影印本），另一种是《清园论学集》。可能先生尚无收藏。略表一点心意。匆匆不尽——。

　　即颂

撰安

王元化手上

二〇〇〇年二月十六日

致赵自（二通）

一

赵自同志

二月一日来信奉悉。

许久不见，念念。我近来身体不大好，虽无严重病症，但小毛小病不断。且都是慢性病，一时是不容易好的。

顾准对传统文化持论较苛，你这看法是对的，过去左翼作者大多继承五四以来对传统的看法，我也一样，直到这些年，经过反思，才有所纠正。顾准那时的一些过头看法是普遍性的，也是难免的。你还在写作，这很好，不管能不能发表，先写出来再说。北京回来后有便，仍望时常来玩。

祝好

王元化

一九九七年二月五日

二

赵自兄

　　刚刚收到惠我的四纸长函，让我知道了不少美国的近况和你的感受与想法。我想趁我午睡前赶忙写几句给你。我的颈椎病未愈，整天头晕，如吃醉了酒。所以也不能多写，更无法像你一样，那么认真，写得那么精彩。这里生活与你去美前无异，乏善可陈。我正在忙于校稿。现请人去作一可将书竖立的书架（尚未送来）。有了它可以看校样了。这两个月内，我的三本书可望出版：一、九十年代日记。二、清园自述。三、清园文存。来信未讲何时回来，我想你们不致逗留太久。书就不寄上乞正了。但上周六你读黄宗羲的文章在周报刊出了。现剪下奉呈。张可问候以群同志。

祝好

王元化

二〇〇一年六月十四日

致施亚西

亚西先生

　　八月二十三日手教奉悉。亚泉先生文集可再版，闻之欣慰。先生等商定将内容再作增删，必定经过慎重考量，愚见最好有增而无减，盖亚泉先生著作，只有这本文集，多一篇总比少一篇好也。至于仍用旧序，我自然没有意见，此文虽在国内遭激进者或抱既定观念者攻击，但海外学者则多表赞同。去岁赴北大五四之会，美国加州大学教授胡志德（洋人，原不识）特为此来见我表示赞同，后他又将他自己所撰谈中国近现代史专文（英文）惠寄，其中亦谈到杜亚泉。另一美国教授（哈佛，华裔）见我亦云读介绍拙撰杜文序后，改变了原来看法，认为五四诸大师（陈独秀、钱玄同等）对传统的态度确实过偏。这位教授是李欧梵，还在一篇文章（英文）中表示赞同云云。但在国内则相反，如某某及林贤治诸人，或在口头，或在文中，大张挞伐。某某斥我为文化保守派，在态度上有一百八十度的大转变；而林则以骂王元化为快。我自五五年以来被骂至今，已近半个世纪。各种帽子都戴过，各种棍子都挨过，故有抗药性。谨以奉闻，聊博一笑。

不一一。即颂

大安

王元化手上

二〇〇一年八月二十七日

致姚以恩

以恩同志

　　前两天收到尼娜*寄来一篇回忆她爸爸的文章。当即与你打电话，一直未接通，后来接通了，却说错了。再打还是错了。对方不耐烦，骂了几句，挂断了。我打的号码是（略）。现在只好写这封信。我原想请你看看尼娜稿子，我觉得她写得太含蓄了，别人一点也看不出老姜所受的委屈。我不懂她有什么顾虑。因此想请你看后，与她联系一下。但电话不通，不能老把稿子压在我手中，现已转给《上海滩》了，但我说希望将来你能看看校样。这是我急于想和你联系的原因。希得信后即与《上海滩》编者通一电话。便中请将电话示知。

　　匆此
祝好

　　问老张好

元化

一九九四年三月十四日

*　尼娜为姜椿芳的长女。

致姚式川（二通）

一

式川先生

　　三月五日手教并托张焕年同志转交的大作均已收到，感激无量。《论语体认》俟稍暇，当细细拜读学习。这样的著作是不能随便翻阅即可得其旨要的。

　　先生一生历尽艰难困苦，目前虽目力减退，仍锲而不舍，奋力写作，这种精神是令人佩服的。中国历来就有一批知识分子，与浮在社会表面徒具虚名者相反，不求闻达，默默奉献。真正使中国文化一代代传下去，并得到发展的，正是由于有这样一批人。祝先生健康，并在学业上精进不已。

王元化

一九九六年三月十一日

二

姚式川先生

　　十二月八日大札并附件和石印一方，刚才由家里人送到。我因为要赶写一点东西，现在住在外面。家里人未问清楚送信来的同志。所以我不知送信人的姓氏名字，更没有详细询问您的情况。读信后，知道您四十年冤案得以平反，我深深为您感到高兴，希望您保重身体，还可以多做一些有益的事。

　　附件中有一件是华东船舶工业学院的证明，上面盖有红色印章，看来不是复制件，而是原件，为了赶紧寄还给您，所以收到大札后即连忙草一短简给您。

　　最近《文汇读书周报》在连载我的学术年表。不久，《新民晚报》亦将连载我的一九九三年（癸酉）日记。不知您能看到这两份报纸否？

　　今后您准备写些什么？

　　匆匆不——。

祝好

王元化
一九九八年十二月十二日夜

致梁家枢 *

家枢先生

　　三月十八手书并附《Penseo》三十五期已收到。我未学世界语，深引为憾。对于先生和您的朋友以私人力量支撑这样一个刊物，以期使重重隔阂的人类心灵在人道主义立场上得以沟通与交流，我是深深敬仰的。祝《三色堇》越办越好！

王元化

一九九四年四月三日

* 这封信是复成都私人创办的一个世界语刊物《三色堇》（全文为《Penseanoj》）编者梁家枢先生的。梁先生将该刊发表的我在《答剑桥国际传记中心问》中的一段话译成世界语在该刊三十五期发表了。我收到这期《三色堇》和梁先生来函后写了回信。这里所发表我写给梁先生的这封信，是从该刊上抄下来的，不是原信的全文。

致郭在贻（二通）

一

在贻同志

　　来信奉悉。大作《楚辞解诂》并《漫谈古书的注释》已拜读，深获教益。后者所论今人注释古书的五弊，切中肯綮，足见功力。我觉得这正是今天大多数古典文学研究者所存在的一大缺陷。你在这方面的努力，我想随着时间的进展，将越来越显出重大意义。深望多将自己的研究成果发表出来。倘有新作，是否可考虑投寄上海古籍出版的《中华文史论丛》？该刊主编及负责编务的同志多系我的老友，希望学术界多多加以支持。

　　奉上拙作一本（另邮），请批评指正。尤其是在文字训诂方面，盼能抽出一点时间，直率地揭示缺点和错误，使我于再版时得以修订，倘蒙俯允，感激无量。

　　匆匆不尽——。请代向姜老、王老*及湛侯、克夷、渭松诸位同志致意。敬颂

撰安

王元化手上

一九八○年十月七日

* 指姜亮夫，王驾吾。

二

在贻同志

　　来信早已收到，一直由于忙乱，未能及时作复，歉甚。这些天病倒在家卧床，趁此机会写几行给你，以免悬望。

　　你指出拙著的一些问题，立论精审，令人折服。我对训诂未下过功夫，文中有些属于常识性错误。读了来信，使我深觉今后作文不得不慎，匆忙急就，难免贻误读者。我愿你成为我的畏友，确出于衷曲之言。不知你是否得暇，将拙著一一过滤一遍，提出其中谬误，以待将来重版时订正？届时我当在再版后记中注明志谢。拙著亦有人为文或褒或贬，均未能如你之所论切中肯綮，深合吾心也。

　　匆此不尽——。

祝好

王元化

一九八○年十月二十九日

致郭齐勇（二通）

一

齐勇教授

八一手教敬悉。前些时听说萐父先生身体违和，不知近况如何，殊为念念。请向他致敬并问安。

武汉是我的家乡，我也很希望九月之间参加武大举办的盛会，何况熊先生全集是件大事，更应前来庆祝并向为此作出贡献的诸位先生致敬致贺。十分遗憾的是，两月多以前，我突觉头晕，经医院以 CT 及核磁共振检查，发现颈椎狭窄，虽经治疗及服药，至今未痊，仍在修养，甚至读书写字也都大大减少了。加之从去岁下半年起，突发皮肤病，前数月好了一个时期今又发作，整日瘙痒，令人难耐，这些虽都是无大碍之病，但患者为其所苦，而医生又无特效良药，只得忍耐而已。处此情况下，只得向萧先生和您请假了，这实在是不得已之事，原谅我罢。你们的盛情厚意，我衷心感谢。至于嘱我写的贺信，我当照办，当勉力另写一幅寄来。倘您觉得可将此信所述不能亲来赴会的情况在会上简单讲一两句，则更为感谢。（贺词写好即邮奉。）

　　车桂事经您和萧先生一再提携帮助，感激无量。不一一。敬请
教安

王元化手上

二〇〇一年八月七日

二

齐勇先生

　　九月十九日手教，收到已久，近因颈椎病，头昏目眩，未及时作
复，请原谅。十力先生会议前寄去的贺词，书写时匆忙，有两处脱漏，
请勿装裱，容另行书写寄奉。

　　先生现在主持系务，谅必忙碌。前得车桂来信，告知多蒙照顾，
不胜感激。蒙赐十力全集，多谢多谢。请向萐父先生问安。不尽一一。

　　即颂
教安

王元化手上

二〇〇一年九月二十七日

致徐迟 *

徐迟兄

　　年初见面后，一直未通音讯，前一阵传说你来上海，但久候未至。近况可好？念念。

　　最近找出《收获》二期刊有大作自传（一九三八——一九四二），一口气读完。近来我很少读到这样的自传。它的境界、情调、气质，叙述的口吻，乃至文笔、节奏，其中的小小的议论，都使我倾倒。文章不火气，不做作，如汩汩的小溪，淙淙的泉水，那样从容不迫地缓缓地流着。纯真如赤子，但又时时闪出饱经人事沧桑的智慧。这给读者是一种享受。我这几年一直不读创作了。我没想到你写得这样美！你谈到香港开鲁迅纪念会，请张一麐（文中误写为麟）参加，他是张可的伯祖父。还有一段谈到令舅去植物所工作，有一位刘廷蔚，他是我六姨夫的弟弟。六姨夫叫刘廷藩，他们当时有个较有名的哥哥叫刘廷芳（国外不少人知道他），与战前燕大校长陆志韦是亲戚。你看天地就这样大，在你的经历中，除认识文艺界那些人外，竟也有我认识的人。我不知道你的记忆力为什么这样好？记得那样清清楚楚。我回忆过去，不要说年、月、日记不清，就是一些大轮廓有时也模糊一片了。问曾卓好！问小音好（她在哪里工作?)！徐律没见过，也问她好！

王元化

（?年）六月二十一日

* 致徐迟信不止这一封，他去世后已无从寻找了。这封信是他生前发表在杂志上的。

致徐俊西

俊西同志

　　拙稿校样阅毕，奉还。

　　我有个小小建议供您及编辑部*同仁参考。现在国内报刊所用字体，越来越小，介乎小五号与六号之间。年老的看来伤目，甚至无法卒读；年小的容易弄成近视。其实用小字（还有密排），省不了多少篇幅。几百页的书，顶多只能节省四五页。可是带来的危害无穷。目前正在宣传保健，可是惟独对于此事，无人关心。贵刊是否可带头提倡一下，请酌。

祝好

王元化

二○○一年十月十二日

* 编辑部指徐俊西编的《上海文化》。

致徐滨

徐滨大姐

　　前两天收到黄春生同志来信，嘱我将黎澍兄的信和经他改过的简历交他或您。经考虑我想先听听您的意见。澍兄的信，我保留了六封（大概是全部，未遗失）。今检出重阅，如对故人，使我感念不已。他给了我多少支持和帮助，如今再也不能听到他对我的勉励和鞭策了。我的意见是这些信有的可发表，有的似在将来发表为宜。我想把它们复制出来，请您和锐兄考虑，以您的意见为决定。如您认为合适，现在全发，我也没意见。（这些信和简历复制件，我想等有便人来京时带去面呈。）

　　这些日子，经常思念在京时和澍兄聚谈的那些使人感奋、愉快的日子。附奉近作剪报，过去写了东西总望先听到澍兄意见，现在就寄给您吧。阅毕乞转锐兄。希指正。

祝好

化上

一九八九年三月八日

致莫天

莫天先生

　　十九日寄至华师大的信已收到。我很少到学校去，信件是请便人带来，所以收到迟了。

　　您所思考的问题不仅对于思想史来说，而且对当前现实来说，都是十分重要的。关于这方面，我在近几年文章中都曾涉及，这些文字收入近作《清园近思录》中。这本书是前几年出版的。在此以后还有一篇谈卢梭《社会契约论》的，刊载于广州的《开放时代》里。您如有机会看到，也希望听听您的意见。

　　我已年届八十，精力不如年轻人，每天只能做三四小时工作，有时还要因身体不适或冗事干扰而中辍。希望您在我国文化事业上多作贡献。

王元化

二〇〇〇年七月三日

致秦绍德

绍德校长

　　我与×接触不多，但他的著作中有不少是读过的，尤其是他所写的有关现代思想史方面的文章（如刊在《读书》上的谈严复的那一篇），我很赞赏，曾向有关方面推荐过。现在我的看法仍是如此。我并不想为他的失误辩护。（这事真相我查过，并不如外传之盛。）前人说"人禀五材，难以求备"。我认为他在上海学界是个难得的人才，不要因他犯有失误就予以全盘否定。针对社会上某些偏颇的说法，我特地将我的看法写给您，供您参考并请指正。

　　不一一。即颂

教安

王元化

二〇〇〇年

致高增德（九通）

一

增德先生

　　来信奉悉，惠赐大辞典也同时收到，十分感谢。上海今夏酷暑，气温多在38℃以上，入秋以后，炎热未退，无法工作，迟复乞谅。

　　来信所附剪报，载有先生等谈顾准的文章，确切中肯。七月一日《文汇读书周报》（弟文多发于此刊），载有我答问一篇。七月五日《新民晚报·夜光杯》载有我《编余杂谈》一篇，其中谈了一些近来的感想和编书之麻烦。不知先生见到否？

　　近年来我出的《思辨随笔》、《清园夜读》及《清园论学集》等不知先生有没有？倘手中尚无，我拟选其一二种寄来，请你们批评指正。

　　匆匆不一一。

祝好

王元化

一九九五年（？）八月十八日

二

增德先生

　　来信并惠赐《中国现代社会科学家传略》已收到，非常感谢。七月、八月两次去北京参加《文心》研讨会等活动，来去匆匆，加上沪上大热，"白露"后竟出现 38 ℃以上的气温，为百余年所未见。伏居室内，什么都干不成，所以复信也就拖延下来，请谅。

　　您等所写的有关顾准的文章，已拜读，这是较早对他著作加以推荐评介的文字。现在上海的顾准的弟弟和他的几位老朋友，都感到欣慰，这一现象不仅对顾准有了公正的评价，更说明了即使处于今日文化大幅度滑坡、人的文化素质急骤下降之际，还是有一些对人生对学术以诚挚态度去认真追求的人，不为时流所左右，而发出了真实的声音，这是令人感动的。我已年逾古稀，近年所见所闻多所不堪，但通过《顾准文集》所反映的一些情况，我感到黑暗并未吞噬一切，在漫漫长夜中还有光亮在闪烁。

　　匆匆不一一。

祝好

王元化

一九九五年九月十二日

附奉近作剪报乞正。

三

增德先生

一月三十日手教奉悉。谢谢您赠送的书。其中许多文章，尤其是王蒙的，我几乎都未读过，有了这本书，我可以慢慢读。

您没有《思辨随笔》，我不知道。这书我送出不少。您早点告我，就不必买了。页码错了（漏掉一页）的那本，您可寄上海文艺高国平同志（责编），请他调换一本。（我的几本也一样，当时即与他提出，他答应过不让读者吃亏的。）其他《清园论学集》、《文心雕龙讲疏》如未购，盼告，当寄奉。《清园夜读》海天未重印，手头仅留二本，倘没有，容日后重印时再寄。

《思辨随笔》得奖事，主要是评奖人无成见。除一位老先生外，其余我均不认识，据说如袁行霈、柳鸣九诸位均竭力推荐。而我未去领奖。事前我也不主张去评，是出于出版社的意思。我深知我在某些人眼中是一个所谓"有争议的人物"。

去年一年做的事很少，小病不断是个原因，另外则是舍下前后工地兴建大厦。以后又是邻居装修房屋，噪声骚扰，终年不绝，令人片刻得不到安宁也。

请问候您的几位朋友，敏之同志处已代致意。

匆匆

祝好

王元化

一九九六年二月六日

四

增德先生

　　五四大札并附文已奉悉。先生书中拟收入南北一文，并以仆函为附录，弟无意见，不过希望将此函复制一份赐我，因已不复记忆信中所谈诸事。当时只作私人通信，未遑斟酌用字是否安妥，如公开发表，尚须考量（可能要在文字上做一些改动也）。匆匆

祝好

王元化

一九九六年五月十日

五

增德先生

　　信及稿收到已久，迟复乞谅。近日身体不大好，诸事蝟集，加以老友去世，心情不佳，以致回信一拖再拖。您的信及稿如何处理，需想一想，一时拿不定主意，这是迟复的原因。

　　您的文章我读后甚感佩。我很感激您对我的善意同情态度。您嘱我代转《文汇读书周报》，本当照办。但因其中涉及……如何措辞，煞费斟酌。当时他刚自德回国，传说中了风，处此情况下，发此文是否合适？所以拖下来了。近闻他已愈。其次，信中涉及某某事，语焉不详，却点出不少问题，又未交代清楚，似乎不妥。（现将原信括号中的

话删去，改作您的按语——自然是概括我信中的意见。不知妥否，请酌。）再其次，我和《文汇读书周报》虽熟，但您的大作是以同情态度讲我，这使我感到最好不由我插手。因此，我建议您将此稿由您寄至《书屋》，这刊物我觉得不错，虽然我和他们不认识。不知尊意以为然否？

匆匆不尽——。

握手

王元化

一九九六年六月十三日

又及：您将我那封信复制赠我，十分感谢，将来准备收入集中。

六 *

来信所询问题，谨回答如下：

一、《思辨随笔》各篇未按时间顺序，大体上根据类别划分，但并不严格。编时想使读者读来常常可变换口味，并没有一定的或比较严格的安排，随意性很大，只是大致分分类而已。

二、何以四十年代缺一九四二、一九四四、一九四七、一九四八、一九四九年的？一九四二至一九四五年中期，我在上海，处敌伪统治下，无法写作，更无法发表。一九四三年的一篇是应柯灵之邀，为他编的《万象》杂志写的（即那篇《谈卓别林》，从文字中可看出留下了那时的时代和环境色彩）。抗战胜利后至解放，我有三年光景在国立北平铁道管理学院（即今北方交大）教书，其余时间或在编报纸副刊或编杂志，都是短期的，加起来恐还不到一年，写了百多篇的时事短评，已时过境迁，无收集的价值。所以只有两篇文字。

三、五十年代自一九五五年至一九五八年，没有写出什么文字，这是容易明白的。一九五七年隔离结束回家后，精神受到严重打击，在医院诊治达两年多。一九五九年写的《赵氏孤儿》是偶然的，一位老友主持《新民晚报》笔政，要我化名投稿。写好后寄去，被编辑删去中间一段，故此文至今仍有阙文。

四、一九六〇年，我因周扬的支持发表了两篇文章，一在《文艺报》（一九六一年，此文系据《文心雕龙》谈山水诗起源，未收入集中），一在《中华文史论丛》谈虚静说。一九五五年后仅正式发表过这两篇文章（用本名），后一篇在台北、美国均有学者撰文提及。

五、七十年代文革时期自然根本不能写，后来写的也仅是笔记，发表时从笔记中选出。收入《沉思录》谈韩非一文是在文革后期所撰，盖抒愤懑也。文革刚结束，又撰谈龚自珍一文。

六、八十年代平反后是工作烦乱的时期，先在《中国大百科全书》负责编《中国文学卷》（后交中国社科院文研所）。继之当了上海宣传部部长，在忙乱中是心粗气浮时代，撰文虽多，满意者少。至九十年代，我才可以说进入学术研究轨道。我的一些观点，主要写入谈杜亚泉、近年反思及谈京戏与传统文化诸文中，此外有关社会评论、文化评论，则俱见《学术集林》编后记。至于关于文学的评论，一位青年友人钱钢正在协助收集整理。

七、在每十年中写作中缺，也有政治原因。四十年代上海沦陷。五十年代反胡风，六十年代、七十年代"文革"，八十年代清除精神污染，六四时我在国外（比利时、荷兰）故未卷入。

八、关于"南王北李"之说，恕我直言，似不太好。慎之是搞国际问题的。这方面我一窍不通，难以比拟。至于在文化思想方面，我们有许多看法很不同，拉在一起，慎之也未必满意。另方面，我对他的一些看法（高按：王信中指出对李撰文评述李一氓与匡亚明事有不同意见。最近来信又谈到对李撰文谈胡乔木文颇反感——笔者）均未敢苟同。大概您和丁东先生将我二人并论，是由于我们的遭遇和近来的立场吧。不容讳言，这是有相同处的，但倘言思想，则不能仅以立场为准。（长期以来，我们太重立场、态度问题，即韦伯所谓意图伦理。）不知您以为然否？

一九九六年六月十八日

＊ 本函是从高增德《鸿儒遍天涯》一书中摘录下来的，经作者作了一些压缩和文字上的修订，后收入《清园近思录》。

七

增德先生

元月五日来信早已收到。得信时我正卧床。去岁末即患病毒性感冒，发高烧，吊针输液。退热后，腰疼病复发，仍不能起床。这两年小毛小病甚多，虽无大碍，但均需注意休息和治疗。一个多月来，未伏案写字，朋友处信件亦未即时作复。今天是我头一天伏案作书，即给您写此短简，以免悬望。

来信中所言无政府思想，所论甚是，先生于九十年代初即撰文论此思潮，足见先生眼光之锐利，思想之深邃。此一思潮及农村中游民意识乃极左思潮之根，激进乃其表现形态。惜思想界未重视耳。如今极左思潮仍烈，盖老人家之无政府思想极重，且带进党内，形成体系也。

匆匆不一一。即颂

大安

王元化

一九九七年一月二十九日

八

增德先生

手教奉悉，剪报亦拜读，感甚，感甚。

我已开始写回忆录，其中一章为《读黑格尔的思想历程》，已发。另一章为《谈莎剧时期文学思想回顾》，正写作中，已逾万言，完稿后将刊于《文汇读书周报》（下月新月版）。

休息时期阅报纸，头版无新闻，副刊多庸作。偶读《报刊文摘》四月十四日刊，载有《百年潮》第二期之回忆文摘，读后颇有感慨，记于日记中，现录下供兄一览。（略）

专此布达，余不一一。即颂

撰安

王元化

一九九七年四月十五日

九

增德先生

　　十二月十七日来信奉悉。

　　先生所要画传，已嘱上海图书馆友人代为寄上一册，谅不日即可达览。《清园文稿类编》系富阳私人企业家（造纸和印刷古籍）蒋君（是我的朋友）出资印制二百册。因为是非卖品，我不收稿酬，他则无偿赠送（我已托上海图书馆赠国内外图书馆）。因印数有限，极少赠阅私人。不过您既十分想要收藏一部，我想等赠送海内外图书馆后，如尚有余，当寄赠一部。来信所嘱代为介绍出版社出版"他传"事，当有机会时为之一试，不过目前出版界不景气，殊少把握，不知此书篇幅大概多少？便中盼告。匆匆不一一。

祝好

王元化

一九九九年十二月二十三日

致屠岸

屠岸先生

　　八月上旬来函，已由小莲转来。现在估计先生已从英伦讲学归来。先生信中说及曾打电话至吴兴路家中，接电话的人如此无礼，令我疚愧无地，我在此向先生赔礼并望先生原宥才好。我家中事殊难启齿，恕我不再解释了，请先生忘掉此事罢。寄上的拙作，蒙您仔细阅读，并作了校勘，十分感谢，俟再版时改正。弟近因颈椎病，而影响头晕。又患过敏性皮肤病，瘙痒，虽无大碍，但缠绵数月，使我寝食难安，颇以为苦。目前科学进步，而医学颇落后，此等小毛病尚无有效治疗办法。您近日如何？念念。不尽——。

问好

王元化

二〇〇一年九月二十七日

致屠善澄、桂湘云（三通）

一

善澄兄

湘云妹

　　手书奉悉。谢谢你们的关怀。读了湘云妹回忆母亲生前往事的文字，真是不胜感慨系之。我在母亲的哺育和爱护下，从小到老，达六十五年之久。除了最后一年母亲由于病痛和衰老，不再像平时那样和我谈心外，她一直是我的知音。"四人帮"粉碎后，我的平反，也得到母亲的帮助，她曾主动为我向周扬写信，此事直到她去世后我才知道。她不仅给我母爱，也给我极大的帮助和教导，所以她同时也是我的挚友。这种母子关系，在人间是极难碰到的。如今一旦诀别，真使人万分悲伤。湘云妹对她的怀念，我是完全可以理解的。

　　舅母暑假来京和你们团聚，不知逗留多久，可能七八月间我有机会来京，届时当趋前拜谒。见到玉成、声镛请代致意。匆此

祝好

元化、张可同上

一九八六年六月二十三日

二

湘云妹

嘉年携来便笺，蒙你关注，甚感。我和张可均吉，勿念。谅嘉年妹已有信给你。我印象中嘉年很小，这次见面不大认得出了。世事沧桑，时间真快。不知你们有机会来沪否？

舅妈相片收到，谢谢。见到她老人家身体康健，精神好，十分高兴。我们都祝祷她长寿。现在老一代只有她、二娘、五娘几位了。

善澄兄请代致意。

祝好

化可同上

一九八九年八月二十二日

三

湘云妹

来信并附庐音、车锐函及照片剪报等均已收到。舅妈身体精神均健，闻之欣慰。现在桂家长辈，只有舅妈和五娘娘了。听傅翔弟告我，五娘近日身体不适，但愿她老人家早日康复。

我们好久未见面了，甚为念念。康果等有时可回国团聚，孩子们情况都好，这是令人高兴的。

我和张可尚粗安，我们均已年逾古稀，现已是七十四岁了。回顾七十年代末住在你家时，还不满六十，时间真快，这是年轻时所感觉不到的。

庐音、车锐处，通信时请代致意。前些时，车桂打来长途，告我她认识了一个定居日本的华人（五十多岁），她对此人印象很好，征求我意见。我觉这人并无诚意，只是逢场作戏，毫无责任心。劝她打消谈下去的念头，及早断绝，以免上当。现她在汉，父母及嘉年均在外地，我劝她多与稀恩商量。这一情况与庐音通讯时可和她说一下。

祝好

                                元化
                                    同上
                                张可

                        一九九四年九月十一日

请问候善澄兄，附近作剪报一纸。

致龚心瀚 *

心瀚同志

　　兹有一事奉恳。武汉市艺术研究所蒋锡武同志主编了一份内刊《艺坛》，内容是专门披载有关京剧研究的，时间已有数年之久。这份刊物是很有分量的。我认为在国内戏曲刊物中，堪称首屈一指。目前组织上决定停止内刊发行，这就使这份很好的刊物，将中止办下去了。许多京剧界有影响的老同志都认为可惜。为此，蒋锡武同志想申请刊号，公开发行。我为了积极支持此事，特专函给您，请予大力支持与帮助，这是对中国文化做一件好事。诸多烦渎，谢谢。

祝好

王元化

一九九八年（？）五月二十八日

* 此信由蒋锡武面交龚心瀚。

致龚育之 [*]

育之同志

二月寄至上海市宣的信（并附复制件）今天始收到。现在通信传递不大正常，往往会拖很久。

谢谢你对拙文提的意见。《人民日报》所发拙文，原载拙著《文化发展八议》（《社会主义初级阶段》丛书之一）。此书是我根据在市宣工作岗位上所作的讲话之类整理而成，时间在一九八三年。我原无意出书，是在编者鼓励督促下汇编成集的，于去岁尾出版。《人民日报》编者摘出其中一节发表，事前我既不知情，事后也未得通知。我又未订《人民日报》，发表之后，过了很久，还是友人剪下给我的。你作了极为详赡的剖析，抄引不少资料，促我进一步思考，十分感谢。我要说的是，我并未把哲学与政治混为一谈，列宁说的党派性自然是指哲学上的党派性，而非布尔什维克与孟什维克那种党派性。他是从哲学自身出发，基本是指唯物唯心之间有党派性。我则认为马恩未这样提。列宁这样提是把政治上的党派性套用在哲学上了。（我在前几年曾撰文专论这一问题，收入即将出版的《传统与反传统》一书中，出版后当寄奉请正。）这是列宁早期的哲学观点，后来他在《哲学笔记》中等于在事实上订正了这一看法。如说"聪明的唯心主义比愚蠢的唯物主义是更接近聪明的唯物主义的"，就意味着放弃了哲学上唯物与唯心两条路线斗争说（即党派性）。你抄录列宁给高尔基的信也有同样意思，不知此信写于何时？看来和《哲学笔记》中的意见是一致的。我认为列宁本人的哲学理论也在发展，而并非原地不动。他未见到恩格斯的《自然辩证法》。写《唯批》时，列宁自称对哲学外行，他只是从政治意义上来对波格达诺夫等人观点提意见的。《唯物主义与经验批判主义》一书，战前早译出，那时的编者序言中曾引用了这类资料。我现在来不及查阅，但我记得大致是不差的。列宁到晚年喜读黑格尔，曾号召组织黑格尔之友的研究会之类。所以《读小逻辑笔记》中的不少意见均与《唯批》不同。恕我直言，我认为《唯批》中有不少机械观点。过去苏联（后我们又照抄苏联）在高级党校中是以此书作为重要教材。其实马克思的《政治经济学批判序言、导言》，不仅比列宁的《唯物主义与经验批判主义》更值得作为高级党校的重要教材，甚至也比恩格斯的《费尔巴哈与德国古典哲学终结》也精辟得多。不过无论在苏联或在中国，对马克思的《政治经济学批判序言、导言》都并不重视。我这样推重马克思的这篇著作，主要是从哲学意义这一方面来说的。所谓哲学意义，自然是指其中所阐释的与哲学有关的原理，但也包括作者是运用怎样的哲学观点和方法来解决政治经济领域的具体问题。这方面从表面是看不出来的，而是需要读者自己去探讨、发现和研究。以上所述，质之高明，不知以为如何？

匆匆不一一。

祝好

王元化

一九八九年四月十二日

* 这封一九八九年四月十二日写给龚育之的信是由我的一篇文章引起的。八十年代中期我在屯溪举行的中国文心雕龙学会的年会上作了一次演讲。演讲的内容涉及解放以来学术界在探讨文化问题时首先必须在唯物唯心问题上画线。其中涉及这种观点源于列宁的《唯物主义与经验批判主义》。当时安徽的一位记者将我的讲话发表在安徽的一家刊物上了。不久，上海《文汇报》作了转载。没有多时，《人民日报》也作了转载。（原文后收入《思辨随笔》，篇名为《哲学史上一种提法》。）此文经《人民日报》转载后，我收到龚育之寄我的信并附有他写的一篇商榷文章。他不同意我的观点，希望我将回答他的文章交他，由他转《人民日报》发表。当时我未写答辩文章。一九八九年龚将自己的文章收入集中，将集子寄赠给我。当时我写了这封回信。

致蒋天佐（九通）

一

天佐同志

六一年庐山一别，又是将近二十年未见了。今夏去庐山曾向江西文联打听你的情况，据说身体不大好，请珍摄。

我现在的工作单位是大百科上海分社，不去文联上班，只是参加一些有关会议。你寄给《上海文学》编辑部的大作和信，他们都交我看过了。我是同意你的意见的。刘白羽那篇文章，许多人都有看法，公开讨论，我认为很有必要。你文章最后一段，我读后很感动，可以从中体会你这些年来的心情。因此，我向《上海文学》编辑部和老钟表了态，希望他们考虑发表。（我只是作为他们机构之外的人，来提出我的看法和希望。）他们的意见是，也认为和刘白羽同志讨论是应该的。只是觉得文章中侧重于阐释《讲话》的原则，而较少联系三年多来的文艺界实际情况。言下之意，似乎很希望你谈得更透一些，比如从三中全会解放思想的角度来谈。我建议他们把意见提供你参考，最好能征求你的意见。我最后提出还是希望你考虑后（或可采纳一些编辑部意见），仍交《上海文学》发表。大概编辑部已有信给你了吧。此事经过就是这样，特向你汇报经过，以不负你的信托。

你给上海社科院文研所的回忆文，在《新文学史料》发表前，他们也交我读过。我和上海社科院的关系也正如和上海文联关系一样，不去上班，只挂个空名，但孤岛文艺事，院党委要我顾问一下，出出主意，介绍情况而已。你的回忆文写得概括较全，实事求是，我认为很好，你对那时一起工作现已逝世的老朋友深怀眷念之情，说出我们的共同心情。过去锡金发表的几篇回忆文，老钟、于伶和我都有意见。其中颇有失实之处，我曾向适夷提出过了。

我很希望你把身体养好，多写点文章，回到第一线上来。

这两年，我走上行政岗位，成天打杂，终日碌碌，颇想摆脱，多看点书，多写点东西。因为我虽比你小很多，但也已六十，衰老得很快，老朋友见到，都诧异我何以如此憔悴，说几乎不认得了。情况可以想见。最近身体不好，天天吃药去上班，去了都是打乱仗（自己能力不行），一事无成，良可浩叹。

勿此

敬礼

元化

一九八〇年十二月三日晚

二

天佐同志

　　你扶病写来的长信已收到了。我没有料到你的身体衰弱到如此地步。愿你逐渐恢复健康。看了你最近写的文章，我能体会，为此需要具有多大毅力，付出多少代价。希望你要在不妨害健康情况下进行写作。不要急，采取细水长流办法。

　　得你信后，我即去找老钟，前天又去《上海文学》编辑部，他们说不是将稿退回，而是请你修改仍寄他们，但你不准备寄回了。我是局外人，了解情况不知确否？因为我一再表过态，希望你的大作修改后仍在《上海文学》发表，他们曾经同意我的意见的。至于请你修改意见中用"语录对语录"的说法是不恰当的，应该看出你的用心良苦，同时也应尊重你是首先抓住了当前文艺上的一个重要问题。这些话，我在初读你的大作后即向他们说过的。至于编辑部的想法，恐怕也不是敷衍之词，他们是较解放的，但也许太重字面或形式，而不能体会作者的用心和文章的实质。我觉得目前有股风气，把嗓子大调门高，叫得最响的认为才是最解放，而忽视这类文章往往只是想取得哗众取宠的效果。看来实事求是似乎不是件容易的事。我不知你的大作是否已寄给别的刊物？如未寄出，我去编辑部谈谈如何？

　　我后天一早即将为百科事去京，大约逗留一周可返。我会见到荒煤同志，也可能去看看周扬同志（要看在京时间）。见到他们时，当把你文章事向他们提提。

　　涛兄去世，未及二载，他的遗孀津苹（五十四岁）又于十月间去世。他们没有孩子。世事沧桑，令人浩叹。

　　今夏在庐山见到江西文联时佑平同志，我曾向他询问过你的情况，此次是和张可、三姐（碧清）同去庐山的，住了将近一月。张可去岁夏中风，现在家休养，身体尚好，谢谢你的关注。老钟嘱笔问好。

　　匆匆

祝好

元化
一九八〇年十二月十八日

三

天佐同志

　　信和大作打印稿早收到了。迟迟未复，想等尊稿的安排有个眉目，但至今尚无最后结果，时间不能再拖了，所以先写此信，以免悬望。

　　信中承告你在文革前（文化部工作时）种种情况。党内外两种标准说的争论，在我是闻所未闻，我和光年无来往，仅在六三年通过两次信，这两年去京未见他，这桩旧公案的历史背景及涉及的现实问题，你未多讲，我还不太清楚。目前，简言之，四个坚持固需大力宣传，但把坚持化为两个凡是恐大有人在。刘白羽即有此种味道。但中工会议传达后，文艺界的痼疾"左比右好"似又抬头，思想混乱情况颇严重，作者们、编辑们纷纷揣测，心存犹豫，在此情况下，《上海文学》顾虑重重，无法披露尊文。内中情况颇复杂，决非三言两语可尽。我本想转《社会科学》，但此刊近又有些其他问题（关于一九七九年作品估价，第三期及第六期两文埋下纠纷种子，现正显露出来）。最后，决定代转《文学理论研究》，此刊不知见过否？亦一全国性刊物，销路约与《文评》相埒。去夏庐山会议即此刊学会所召开，为高校（全国）的文学社团，主编徐中玉，与我尚熟悉。我想此刊向以学术性著称，不若《上海文学》《文艺报》《文学评论》等之容易惹眼也。我这样擅自为你作主，十分冒昧，谅能体谅。徐在郊外（师大），我拟春节时与他面谈（尊稿转他已久），看看情况如何，容再告。北方二刊：《文艺报》（他们大概从荒煤处见到尊稿），我去岁尾去京时也谈过，他们意见与《上海文学》相等；《文学评论》则未谈及。后者将来是否可再考虑？

尊稿修改后，我觉得精练得多。但关于《人到中年》的评价，修改得似不及初稿，不知以为然否？

我近来体弱多病，苍老不堪，六二年庐山见面时的印象已不可衡量我的现在。你的情况大概亦如此。望身体能恢复得好一些，多写点东西出来。

匆此

祝好

元化

一九八一年一月三十日

四

天佐同志

久未通信，实因诸事丛集，每日忙乱，颇有招架不住之势，所以老朋友处都未写信，谅能见宥。

最近听说你身体不大好，不知究竟如何？殊为念念，便中盼来信，简单写几个字来，以免悬望。

我于三月份因病住院，住院期间，将香烟戒掉，对身体虽有益，但对写东西则大为不利，故近来很少写什么文章，也许要过一个相当的时期才能适应。

最近北京作协召开理事会，耀邦、周扬均有讲话，我认为这些讲话可纠正前一阵某些左倾思潮，甚至凡是观点的回潮。

你上次寄来的大作和赠我的书都收到了，未及时致谢，请原谅。匆匆不及——。

祝健

元化手上

一九八一年十二月二十五

淡秋兄去世，二十八日《解放日报》上发有弟悼念文。

五

天佐同志

大作（打字油印本）、来信已先后收到。

文章是发言记录，基本观点我全赞成，但如发表，则文字上似可压缩些。最近艾青在《文汇报》发表的论朦胧诗，写得不错，意见和你大致相同。他文中，对青年一代的概括论断，我觉得似嫌过简。青年一代超过老一代的地方也不少，艾文中未论及。

来信说的问题，颇觉意外。我原以为已解决，不知何故又生枝节？……部是中宣部还是中组部？过去有不少干部在处理别人问题时，极干脆，一下子定案，但在复查或落实政策上，则逡巡徘徊，纵使可以解决的，也要拖拉，甚至不愿给人解脱。这情况实在令人感慨。据我所知有一老同志（七十岁，十级），因生活问题被过重处理，经他努力现已解决，党籍已恢复，另一八级者亦然。你的问题还当努力争取，不知症结何在？（……部是否抬出过去是某某首长意见等等？）

最近文艺界的情况，你翻翻报纸大概亦可窥知大略。我个人的看法是三十年来左的思潮始终是主导的。过去一直不断地反右，甚至连本身不是右而是马克思主义的东西也当做右给反掉了。可是从来不反左。因此"左比右好"，右是立场，左是方法。左或右的错误，分量大不一样，几有敌我之分。因此长期形成的左的多种毛病已积重难返。"四人帮"粉碎后，直到三中全会才反左，使思想活跃，文艺出现了生气，但最近左的似又在冒头。此间《解放日报》副总编……（新领导班子进驻上海时由军报抽调来沪搞新闻）居然自称为"棍子"，并说打了好人不应该，打坏人有何不可？而且是必要的云云。上海文艺界很复杂，但多数人，群众还是好的。情形在信中写不清，只有面谈。

你对拙作的鼓励，也是对我的鞭策，你的批评对我也很有教益。希望你作为老朋友不断直言相告。拙著也有两篇评介，偶尔也有人提到，但确无多少影响。我收到的读者来信约十余人，多系大学中的中年教师。

你指出我的性格和作风，十分中肯，我不大会活动，也不善于交际。年轻时有偏激毛病，爱冲动，现总算认识到是应改掉的毛病。今天文艺界拉帮结派情况极严重，我也许还有旧文人的清高思想，不愿卷入。由于脾气好些了，不会随便得罪人，因此也没什么招怨之事。同时，由于我行我素，不迎合，不投时好，所以也不会得到什么人（尤其领导上）的支持。我觉得尽力做点事，甘于寂寞，但求问心无愧而已。"四人帮"粉碎后我写了篇《龚自珍思想笔谈》（发表在《中华文史论丛》复刊号上——第七期），文中寄寓了我自己的一些感慨。（此文拟编入"四人帮"粉碎后集中，下半年交稿，出书后当奉赠一本，请批评指正。）

　　此信断断续续写来，十分拉杂，字写得更不像话，请谅。

祝好

元化手上
一九八二年五月二十日

　　胡风近将来沪看精神病，他快八十岁了。以后不知他还会写出东西否。

六

天佐同志

　　惠我六纸长函，一口气读完。对于你关心我们社会主义文学事业的耿耿忠诚之心，我感到钦佩。你的身体这样衰弱，仍在不断思考，不断奋笔疾书，对于我也是一个鞭策。我们如今已步入晚年，工作之日不多了，渴望把自己余生贡献出来，哪怕像萤火一样，发出一点微弱的光来，也是应该的。这种心情，大概是许多老同志共有的。让我们凭党性、原则、良心发出点声音来吧。七号文件谅已看到。我觉得你给党写的信，是一个党员关心党的事业，不可推卸的职责。我赞成你这样做。你的意见是中肯的，爱护党的。我在自己力之所及的范围内，也做了一些呼吁。我希望这三四年来文艺界取得的成绩可以巩固下来，并且大步地前进。我现在大百科，与文艺界接触不多，但据所知情况并不令人放心。但愿早日稳定下来，各种混乱思想得以澄清。

我最近身体不好，春节后几乎天天去医院，现除萎缩性胃炎外，又查出十二指肠有毛病。春节前在家门口昏倒一次，故又需做脑电图之类，大概还要查十天左右，才可最后确诊，看看是否需动手术。

我很感谢你对我的勉励，你指出拙文不是之处，确是我的缺点，那篇谈真实性倾向性的拙文原想写一封信给京中友人，提提自己观点，信未写完，他来沪，谈及此事，嘱我以文代信，就匆匆忙忙赶出来了。后被《上海文学》知道拿去发表出来。人称，会做文章的小题大做，不会做文章的大题小做。我恰恰犯了文家之忌。拙文只是把许多见解勾勒了一下，未说深说透，我自己也感到了。今年《文艺报》第一期有我一篇谈形式探索的拙文，第二期有在《天云山传奇》影片座谈发言的记录。不知见到否？这些东西也是挤出时间匆匆赶写的。其中未说清说透处一定也很多。你倘能经常对拙文提出直率批评，对我是极有帮助的。请你批评指正。寄奉拙著一本，这是文革前旧作。那时只能写些这类东西，望不吝赐教。

请恕我不能在信中畅谈，这两天身体不好，以后再谈。最好将来有机会见面作促膝长谈。张可在恢复中，谢谢你对她的关心。她至今尚不能看书写字。

请你多多保重！

祝好

王元化

一九八三年二月十二日

七

天佐同志

前邮奉拙著并附言，谅已收到。

我近日仍在体检，同时上班，中工会议下达后，市委抓得紧，会议甚多，几无暇时。十二指肠活检，切片化验及 GI（拍片）报告尚未出来，是否需要动手术，尚未可知。前天《收获》《上海文学》两刊开迎春会，始见徐中玉，我催问你的文章处理情况。昨得他们编辑部来函，始知发表有困难，现将来信，转呈一阅。最近意识形态领域气氛颇紧张。乔木在社科院党委发言不知是否听到。今天又听说周扬最近有一谈话。我认为三中全会精神仍是一贯的，但在某一阶段，具体政策可能有所不同侧重。有人以为要恢复到过去业经中央总结过认为要改善的党的领导办法，有人以为政策在变，今后要收，也有"左"倾思潮影响较深的人以为又是棍子大有用武之地的时候到了。我相信三中全会的方针路线不会放弃（这一点文件早已讲明），因此认为过一阵情况会逐渐明朗起来。但目前由于编辑（《文艺理论研究》）较多顾忌，这是使尊作的发表受到影响的主要原因。我愿再向你表示我的态度，现在我还如以前一样同意你文章中的观点，并认为可以并应该发表。是否容我等一个时期再转投其他刊物看看（如《上海师院学报》之类）？我的力量只有这么一点，但我愿尽力而为。

　　拙著《文心创作论》，希你有空一阅，批评指正。《读书》《文学遗产》曾有评介文（前者曾收入去年十二期《新华日报》文摘版）。现我正在着手编过去（"四人帮"粉碎前）论文集一册（交上海文艺），及"四人帮"粉碎后新作一册（交中国社会科学出版社）。前者在收集整理中，先交编辑部审阅，大约明年始可出书。

　　你的身体如何？请多多保重。

　　匆匆

祝好

　　　　　　　　　　　　　　　元化手上
　　　　　　　　　　　　　一九八三年二月十七晚

八

天佐同志

　　适得来信，趁中午休息写几行给你，以免悬挂。大作未附信中，不知是否另邮？盼示。收到尊稿后，当即拜读，有意见自会奉告。我想再转《上海文学》请他们考虑，如不行，既然你要我代转他刊，我想有两处，一，上海《文汇增刊》（编者梅朵），二，北京《文学评论》（文研所）。此两处我较熟，可讲话。我想尽力使稿子发出来。你信中所说（并附《上海文学》编辑部信），我读后，有些诧异，因他们对我说的和事实有出入。现在世事往往如此，良可慨叹。文联主席是巴金

（他不管事），党组书记是老钟，《上海文学》主编也是他，理论组看稿者（即和我谈此事者）是位青年，你不会熟悉的。我仅是文联党组成员而已。上海文代会未开，所以我只是作协一个普通会员。你大概久未工作，对目前各单位作风不一定了解。上面的话，下面不执行是常事。所以老钟也有难言之隐，望谅之。我想以后你如有稿要在《上海文学》发表，不妨直接交我，由我直接交涉，这样也许可免周折，不知以为然否？

你的事我在前信中未提，你大概会体谅我的用心。其实去夏在庐山时就和江西同志谈过。此次去京，如你所料，我亦和老姜谈过，他说你因不能亲到北京，故最后手续未了，但大局已定。当时颇为你高兴。祝你身体好起来，多工作一些年。

我在京去看了周扬，和他谈到你及你文章事。听他口气，似未见到你文章。我说你已将文章寄他，并告他你是对刘白羽的文章进行商榷。他问刘什么文章，我说即《红旗》发表的那篇。看来他似茫然不知。你以后寄信，最好写上亲启，以免他秘书处理掉了（自然这是我的臆测）。我去京前不久，他曾约文艺界老同志十人左右（有刘、林、夏、荒、冯、张等）开过会，号召大家团结。他未和我谈此事，是别人告诉我的。我在谈你文章时，也表了态，我说刘文是想把延安时代党对文艺领导（政策等）用于今日是不符合三中全会精神并脱离实际，脱离时代的，我说我同意你的观点。周扬思想是解放的，据说我去京前，他强调过两个自由。他和我谈时，重点在于如何改善党的领导和文艺体制改革两大问题。由于时间匆促，未多谈。（我去京时听到文艺空气颇沉寂，有人在讲四个原则离心力等。）荒煤由于工作关系也见到，但因在开会时见面，未谈大作了（他将去文化部）。他们未回你信，大概实在太忙。（我有些信，他们有时也未回，并非对你如此。）但见面还是平易近人，可以无话不谈的。你如去京，我建议你还是去看看他们（可请老姜陪去）。最近我在《上海文学》（去年十二期）《文艺报》（今年一期）发表两文，你有空看，请不吝赐教。

匆此

祝好

元化

一九八三年（？月）二日午

老楼在京见到，本拟约他同去看胡风，（因不知他在京地址）未果。后来，我是同老姜一起去看胡的。和老楼也谈到了你。

九

天佐同志

得信后，拖了很久，一直未复。原因是我于上月初患病，住进了医院。出院后，诸事待理。加以体力始终未完全恢复，因此老朋友处欠了不少信债，现正一一去写几个字打招呼，以表歉意。

两个月来，文艺情况变化颇大。我接触不多，但也许可能比你听到的多一点。你那篇评刘文，现在看来更难发出了。你所批评的那一套论调现正占上风。我们是从青少年时代在党的哺育下长大成人的，从未动摇过的，自信对文艺的一点理解和看法，完全是为了社会主义文学繁荣昌盛。但看来，今天是不大容易把自己的意见说出来而不遭到嗜"左"成癖者加以歪曲或攻击的。因此我目前没写什么文字，同时身体不好，又需休息，暂时休养一下精神。适夷、老姜都和我谈到你。老楼说你身体不好，但仍关心文艺，看书写作十分勤奋，很钦佩云云。

匆匆祝好

化

一九八三年四月十五日

致蒋述卓（八通）

一

述卓兄

　　十五日来信读后有些怅然。主要觉得你的心情似乎不大好，有些不放心。对于暨大情况你过去似乎有些理解，且有贾益民在那里。大概这次去工作，情况有些两样。希望过一个时期，逐渐熟悉起来，也许会好些。目前各单位情况大概都差不多。希望你要妥善处理目前这种使人生厌的人际关系，冷静对待，尽量不使它干扰自己的情绪。你有一定行政能力，我相信你会处理好的。今后主要精力用在教读写方面，有了一定成绩，就可建立威信。而且我们的得失，不在世俗方面，而在学术成就方面。希望你一开始就这么干，使人也对你形成这种印象。将来我们见面时，我可抽出点时间听听你谈谈自己的处境、情况。我可向饶校长等进言，即向她谈谈我的意见。

　　你回去后，一家团聚，应感到高兴。请代我向你夫人致意，说我对中国女性的自我牺牲精神感到敬佩。三年来，她为你深造，一人担起家庭重担，连我也十分感动。请向她和孩子们问好。林老处也请问候。

这学期你筹备《文心》会议，我虽觉很好，但也知干这种事吃力不讨好。但我对你的为人是了解的，知道你不会计较。我任导师以来，觉得庆幸的是碰见你们几个青年。老实说，目前一些青年，我不大了解。但你们使我觉得可亲可信，这也是我的幸运。我已近古稀，一无所求，但愿中国多一些有志气有学问有人格的好青年，望勉之。

我和张可在酷暑中均粗安勿念。不一一。

祝好

化
一九八八年七月二十三日

二

述卓兄

我们当天按时起飞，按时抵沪，可谓一帆风顺。

此次在穗那么辛苦，不知可以休息一两天否？我对饶校长和包括你在内的参与会务工作人员十分感激。这次会议举办得完满出色，参加的海内外学者交口赞誉。将来由光年同志和我们几个学会负责人将正式备函向校方致谢。现先请你将此信内容向饶校长各位代达。

匆匆不一一。

祝好

王元化
一九八八年十月十八日

三

述卓兄

　　两函均已先后收到。近日诸事丛集，几无暇时。昨天自杭州主持姜亮夫先生博士生答辩回来，怕你一直未得回音，已请晓光先写一信，谅已达览。

　　琦幸三四天后赴美，晓光大约月底赴日，我为他二人接洽联合培养，总算有了眉目。你已毕业，暂时不能出去，但将来还是有机会的。你如需要，我当向海外友人力荐。

　　谢谢你对我的关心。《新启蒙》还在出，第三本不日可发行。今后如何，则需拭目以待。其实这丛刊，较别的更多谈马克思主义，有何不好？

　　你的论文我想将评语代序（刘晓波的毕业论文即用此法），再想请晓光将我在答辩会上致词，整理成文。如无出处，我当留心。

　　研讨会论文集，同意你们意见。已由其锬同志去洽谈，谅已有信给你。

　　饶校长和你将我与香港《大公报》记者谈话补充（更按原意）发表，谢谢你们的关心。

　　我在上海未受任何压力，负责同志，都很了解。请释念。

　　匆匆不一一。

祝好

　　问芃子同志好。

你夫人孩子来穗否？念念。

王元化

一九八九年四月二日

四

述卓兄

来信奉悉。

蒙关注，甚感。张可和我均称粗安，身体也还不错，请释远念。

数日前曾嘱华荣同志代写一信，告诉你：一、毕业论文序言事。二、你拟以访问学者赴日进修一二年事。后者，鉴于目前情况，拟暂缓，晓光签证办理已久，至今仍未拿到。我想，也许过一短时期，外事活动步入正轨，这些问题即可解决，届时当再函日方几位熟悉教授，请他们为你设法。至于前一事，已请华荣函告，谅已达览。我意即以钱老评议书作序，再由华荣代草一（包括我在内）对你论文评价意见。这办法既可使评价有力，推荐不虚，也不致令人感到序言较空泛。谅你能同意。

我们也常常怀念你，何时再能来沪一行（或作讲学之类）？趁此机会以把握。

匆匆问好

我于五月初去荷兰、比利时，回沪已是五月下旬，北京已下戒严令了。

王元化

一九八九年六月十八日

五

述卓兄

　　很久没有得到你的信，曾嘱晓光、晓明写信给你，谅已达览。现得十号来函，始悉你暑假内回桂林去了，一切安好，始释念。晓光已于上月底赴日，受到几位教授（冈村繁、合山、笠征等）热情款待。我与他（和在此之前与琦幸）临别之际，再三叮咛，你们四人同窗，应互相照料。晓明即将毕业，尚无归宿，最好也能出国深造，精熟一门外语。而你虽已走上岗位，也可代为留心短期访问讲学之类。我在晚年做博士生导师，晓明是晚收弟子，这也是一段因缘。你们四人，为人都好，求学努力，给我帮了不少忙，也为我做了不少事，是我老年一大安慰。过去朝夕相聚，不觉怎样，一旦分手，却时常会不知不觉地想起你们。我希望你们有成就，比我强，也比我幸福。

　　你选择学报工作，我认为是对的。四人中仅你独具行政管理之才，我觉得你可向这方面发展（不强求，有机会也不要拒绝）。自然治学教书之事亦万不可废，走上行政岗位仍应匀出一点时间从事读教写。

　　我也听说你爱人暂时不能去穗。她为你牺牲自己时间精力，管家育子多年，你应多照顾她、尊重她。但我觉得你应留在文化较发达之地（自然比较而言）。这一点桂不及穗。

　　承饶校长及础基先生等关注，请代致意。

　　动荡时，我未卷入（可说什么都不搭边），但过去编丛刊，恐是一个问题。这论丛大概是要被批的，只有听之而已。错了，我检查；对的，我坚持。我仍本实事求是态度，不左右摇摆，亦不患得患失。年近古稀，沧桑阅尽，夫复何求？

你的博士论文出版问题如何？念念。年内如无大变化，我有两本书可望印出来。

祝好

王元化

一九八九年九月十八日

六

述卓兄

来函奉悉。因忙乱未及时作复，甚歉。

作序事，已请托钱仲联老教授，本拟嘱你去函恳请，孰料他动笔甚快，已将序言写来，虽是文言，但甚精要。奉上一阅，可即交出版社付印。望即去函郑重致谢，为要。

时间匆匆，不一一。

祝好

王元化

一九八九年十一月七日

七

述卓兄

十五日信奉悉。《短简》读后有什么意见（指批评性的），望告，重印时可修正。倘能在粤写点评介发在报刊上，则可推广销路，使之得以再版。

　　饶校长、础基同志处，赠书当寄出。林先生广西地址找不到了，盼告，也打算寄书去。他的书信集收有我四五函，其中错字不少。如熊十力的话"触处求解"的触字，错排成能字，就变得不通了。此外，还有几处错排。你要的字，拖了两年多了，我一定找机会写出来给你。不过，我没好好练过字，自己对自己的字也不满。但我们的关系不同，就不讲究这些了。

　　晓明可望留校。晓光、琦幸均有信来，他们都在苦斗（忙为生活而打工又要学习），且都在追悔自己未学好外文。你如能每天坚持二小时读外语，那就好了。

祝好

王元化
一九九〇年二月二十三日

<h1 align="center">八</h1>

述卓兄

　　今天收到你的大作，十分高兴。你头一个出书，这比看到自己的书还喜欢。饶校长的书，前些天已收到了，便中请代致意。我自从美国返沪后，几个月来，家中因保姆时来时去，过着非流浪的吉卜赛的生活。加之，我的肠胃一直在胀气，中西药均用过，似无效。在医院检查几次，尚无大碍，请你放心（但过去一直有胃炎及溃疡）。下周二还要去检查。其他情况均好。

有人告诉，因我很久未给你信，你颇担心。谢谢你关怀。我没任何事，也不会有什么事。有人要抓过去办刊的事，但这是六四前超前发生的。虽几位极左分子念念不忘，但奈何我不得也。

我这几个月来，一直划出半天时间读写，这才恢复了过去的学人生活。我读了些书，也写了些小文，觉得这样生活才有点意义。你知道后一定会高兴的。我主要精力用在读"经"上，不是思想有变化，而是为了抬杠。我正在写一系列文章。有几篇想先发表，刊出后，当寄给你一阅。晓光、琦幸均在美，有信来。他们在为生活奔波，琦幸似已完全放弃他的专业，殊可慨叹。这也是没法子的事。可见出去也有不便之处。

问候饶芃子同志和其他熟人。

王元化

一九九一年七月七日

致蒋锡武（二通）

一

锡武同志

　　日前寄奉拙书条幅一纸，谅已先此达览。十月六日手书，谈及华中师范大学教授王先霈先生嘱为韦先生文集作序事。韦先生是家父好友，多年世交，我过去常蒙教诲，自当应命。但对于韦先生之学所知甚浅，恐作不好，倘能请得更熟知韦先生之学的其他人作序最好。至于作为出版社所出文集顾问，我可效力，提提意见供参考。

　　思再自意大利返沪后，马不停蹄即随团去长征路作记者，昨日回来，今天通了话。我告他，你还在鄂等他，为何不通知你，累你空等。他答应即打长途给你。

　　今日坱事蝟集，匆匆不一一。

祝好

王元化

一九九六年十月十六日

二

锡武同志并转先霈教授

　　得蒋锡武同志电话后，即勉力写出一段话（见此信下面），可置于文前（用另体小号字排），亦可置于文末，作为附录。如何处置，请出版社裁夺，我没有任何意见。

　　王先生去年来信，一直未复，实在因忙乱不堪，如何写序文，举棋未定，后来身体不大好，索性搁置下来了，还要请先生见宥。

祝好

王元化

一九九七年二月十三日

　　华中师范大学出版社嘱我为《韦卓民学术论著选》撰写序文，最近因身体不大好，自去岁尾至今，一直未能动笔，（商得）出版社同意，谨以过去为韦先生遗著所写的前言为代。

王元化

一九九七年二月十三日

致楼适夷（十二通）

一

适夷兄

　　春节过的怎样？念念。

　　我们在春节前忙着搞总结、评奖、评选积极工作者，还未喘过气来，现在接着又要忙干部鉴定，以及准备吸收文化生活社，并接受华东人民出版社转移过来的通俗文艺编辑室，因而任务较为繁重。春节前，我们曾到宣传部汇报工作的问题，此间党委和行政领导部门也都同意我们到北京去一趟。不过一则社内一些工作眼下不能放手不管，二则也想在去京之前再到宣传部把工作研究一下，因此这事就一直拖下来，估计三四月间大概可抽身到京一行。我们的材料，至今尚未寄到中宣部去，一般材料是没问题的，只是你提出叫我们准备一个方案，则感到较困难，因心中无数，不知怎样下手。希望你把范围告知。例如：在方案中主要提些什么问题？分工？与人民文学出版社的关系？还有什么？你来信提得太笼统，望能详告。再者，与中宣部的联系又应怎样？这些也摸不清头脑，望你得此信后，能给我一函，详细谈谈这些问题。

其次有几个问题，也想和你商量一下，望能给我一个回音：

（一）日前柏山同志爱人朱微明向我谈及，她在上影厂译片组工作，最近译了《奇婚记》的片子，她想把《奇婚记》小说（俄文本）译出，交我们出版。但春节前她曾到北京去过，碰见绳武同志等，听到他们已把这部书列入选题，不过目前还未有人去译，如她要译，你们可考虑，不知确否？她要我和你们联系一下，看你们意见如何？她觉得她因译片，翻起来较便利些。此事望给个答复。

（二）效洵兄来信及转来陈望道《修辞学发凡》已收到，我与俊民同志商量结果，准备接受，但我们对修辞都外行，拟请别人看看，估计自然是无问题的，但这样做也较妥当些。不知雪峰与陈望道谈过书转我社出版否？他同意否？

（三）送上去年我社总结一份，请你们批评。

望最近能抽空复我一信。匆匆

敬礼

元化

一九五三年（？）二月九日

二

适夷兄

二月八日发来的信已收到。分工问题谅已在中宣部研究过，情况

如何？盼告。陈先生的《发凡》，本可照你意见交内部作文字整理加工
即可发排的，但得你复信前，已寄方光焘先生了。这是俊民同志的意
见，因为他觉得请一位专家帮助看看似乎好些，但未估计两人在这方
面的修养问题。寄给方看时是用李和我的私人名义，也并非给他审读，
只是希望他提提意见作参考而已，所以虽已寄去，我想关系也不大，
不知以为如何？

　　再者，前信中曾提及朱微明同志，最近在上影厂曾翻译了匈牙利
片《奇婚记》的口语对白，最近她想翻这作品的俄译本，希我和你们
联系。望你得此信后，即将意见告知，因她已催问我数次了。

　　匆匆

敬礼

　　　　　　　　　　　　　　　　　　　　元化

　　　　　　　　　　　　　　　　一九五三年二月十五日

三

适夷兄

　　二月十六日信收到了。关于朱微明同志要译《奇婚记》，记得以前
几封信中是说：她要译出交我们出版。你来信似乎弄错了，以为她准
备给你们。如果你们要这部稿子，自然我们可转让，她也不会不同意
的。如果你们不要，又不另约别人翻译，我们是准备考虑接受的。以
前写信给你就是为了避免重复，想征询一下你们是否已把《奇婚记》
列入选题，另约他人翻译。此事望再来一信告之，因朱微明又来打

听过。

　　陈著《修辞学发凡》，记得上信中已告知，已寄给方光焘了。当时是俊民的意见（他现管编辑工作）。所以得你信后我们又研究了一下，可按照你和雪峰的意见，即照原样出版。但把原稿寄给方是在得你信之前，既已寄出，也不便追回了。方即使提些意见，我们想也不必向陈提出，就照你们意见以原稿付印。

祝好

化

一九五三年二月二十四日

四

适夷兄

　　今晨九时偕张可妹妹万馥的爱人温流前来拜访，适你外出，据说你十时可返，现久候不至，怅怅。后天我将去科学院宿舍中关村十三号一〇二室（直线电话略）我表妹桂湘云家住一星期，下月三日再回展览路二十四号国际问题研究所万馥宿舍。其间我若进城，当再来看你。

　　温流于一九四八年在香港时与你是邻居，住在你楼下，他也想看看你，所以这次特地请了半天假一同来了，但是不巧，未能见面。

　　淡秋、望阳均已到京开文联扩大会。今日我与老钟通了电话，他很想会会老朋友。不过他较忙，开过会即准备返沪。可能四日我约他来看你。具体办法，以后再电（话）告。

万馥电话（略）。

王元化

一九七八年（?月）二十七日

五

适夷兄

　　十五日寄至大百科的信，今天才辗转收到。我已近一个月没有上班。原因是张可于上月二十三日上午在学校开会时，突然中风，当即送至华东医院，诊断为脑溢血。经过医生抢救，现已脱险，但右半身有瘫痪现象，神经系统受到影响，发音不清，说话失语。在这近一个月中，我整天在旁陪伴，兼做护理，以医院为家，身心都感到疲瘁。幸药石有灵，现总算危险过去，心上才去掉了沉重的负担。最近我过的是什么日子，谅能体会。据医生说，她要康复，还需要半年左右。

　　兄对满涛遗作种种关心和操劳，怀念亡友的深情，令我十分感动。回顾孤岛时期，我们时在裕和坊四号亭子间（满涛房间）内聚首畅谈，那地方可说是孤岛中的"孤岛"。我们一起办《直入》、《横眉》。抗战胜利后，在你的创议下，我们又一起在《联合晚报》办《奔流》周刊。此情此景，至今未忘。前几年满涛和我见面时，常常谈到你的消息，流露了深切的眷念。兄如今已近八十高龄，但仍保持往日的青春活力。去年在京，今年在沪，两次见面，看到你身体健康，真是感到十分高兴，你是勤于工作的人，望不要过于操劳，注意身体，至祷！

　　现上海对孤岛文艺也颇重视。上海社会科学院文研所拟出一份史料调查整理计划（已嘱该所寄奉一份）。主其事者，有位新文艺老同事陈梦熊（锡金认识他），自告奋勇，愿义务担任收集整理满涛遗作。有许多资料，倘不亲自过目，弟亦无法辨认。陈居沪上，又正在调查整理孤岛文艺资料，可与我随时见面商量。陈说他曾和你通过信，倘你认为可以委托他办理此事，我当嘱他与你去信。当否？盼示。

听说雪峰追悼会正在筹备中。解放初，我在时代出版社时，雪峰曾赠我他的全部作品要我读后写篇评论。评论未写成，而这些著作在文革中全部被毁了，这真是水火兵虫之外的大灾难。我素喜雪峰的理论，这是你所深知的。开追悼会时，请代送花圈，以表示我对他的哀思吧。

闻黄源现住兄处，请代问候。

祝好

元化上

一九七九年七月二十晚于华东医院

日前在医院见到陈西禾，他告诉我北京文研所一位研究法国文学的名人，近出版一本《罗曼·罗兰》，对傅雷所译《约翰·克利斯朵夫》进行了挑剔。陈颇气愤，说要作文驳斥。但你知道，陈虽有正义感，但他的为人却怕事，恐怕文章始终是写不成的，只是发一通牢骚，抒其愤懑而已。我们（满涛）年轻时曾与傅雷发生过龃龉，这你是知道的。但我们对傅的认真译述一直是敬佩的。如今傅雷已成故人，而文学修养翻译水平远在傅雷之下的罗……竟在对方无法答辩时，鼓其唇舌，大肆诋毁，实在使人为之不齿。现将心中不平向兄一吐！——又及

六

适夷兄

　　来信收到。傅雷追悼会你来上海，本想去看你，但当时由于忙乱，错过机会，很遗憾。津莘回来后，谈起和你会面情况。你对满涛的深情，使我感动。上次你嘱我收集他的遗文，这次信中又一再叮咛。此事，我是责无旁贷的。遗文整理好，不知人文能否出版？满涛逝世后，我一直想写篇悼文，为四十年来朝夕相处的老友留下一点纪念。但每次提笔，感慨万端，都写不下去了。不过，写还是要写的。一两年后我准备写点回忆录，自然会写到他。目前因上全班，终日忙乱，什么也谈不到了。你最近发表的几篇忆傅雷文，我拜读了，写得很好。朋友间的反响很大，连我的孩子也在争读。你是否可再写一点忆满涛的文章？写出来也会同样动人的。你试试看罢。

　　你介绍的人，我已把他的简历交虞孙、季宏。我个人的看法是人在外地，调动恐怕较困难。目前大百科在调干部问题上，碰到不少麻烦。不过，这只是把我个人的估计告诉你，使你心中先有个底。简历仍交出，会考虑的。

　　几次见到你，见你身体健康，精神很好，甚感欣慰。我可能在七月间来京一行，届时当见面畅谈。

　　即请

大安

元化手上

一九八〇年（？月）七日

七

适夷兄

　　来信收到。此次在沪见面，能作促膝之谈，诚一快事。也许由于年龄和心境，越来越能体会老友的旧情可贵。兄已高龄，仍南北跋涉，体力壮健，头脑清楚，毫无衰老之态，使我为你高兴。望不要过于劳累，珍摄为祷。我较兄小十来岁，日渐衰弱，一两年来削瘦的情况，使许多友人为我操心，嘱我注意调理。惟工作烦忙，琐事丛集，整日打杂，眼下似尚难摆脱，颇以为苦。上周患感冒，未休息，现全身乏力，头脑晕旋，只得在家卧床静养。谅无大碍，请释远念。

　　津莘逝世，事出突然，噩耗传来，为之凄怆。她逝世前二日，我曾去探望，将兄眷顾之心向她转达，她颔首心领，甚表感激。当时医生并未料到她在世之日不多，只说病情较重，还需进一步确诊。此次与她见面，即成永诀。目前她的兄弟二人（写信给你的琪章是她大弟之女）正在与涛弟为遗产问题争执。事态有逐渐扩大之势。我已表示只关心一事，即满涛遗著的整理与出版，但钱财之类概由他们决定并处理。

　　我愿就来信所示，谈谈我的想法。我不愿卷入派性之争。这并不是没有是非观念，实在是因为过去的经验和目前的见闻，使我感到厌恶。我并不是把文艺上的问题一概归为闹派性。我将本着自己的良心讲话。我知道这会使我陷于孤立，但扪心自问，既不夹杂个人打算，则对后果非所计也。现我在上海正处于这种境地，双方均视我为异己。但我一不要做官，二不要争名，只想说几句自以为然的话，于愿已足，因此，其余均置之不顾。

拙文已完稿，交《上海文学》，将于十二月份刊出，你见到，请指教。文中得罪了不少人，可能重蹈雪峰不讲策略之故辙，你只要一览便知。目前我还拟续写几篇，也许从此一发不可收拾。兄曾责我何以不写悼念满涛之回忆文，过去未解释。我打算一两年退休后，埋头写回忆录，怀念老友，也想对文艺上的一些是非秉笔直书，包括对自己也不容情，不姑息，不掩饰，希望留下一点信史，作为后人的借鉴。我整天打杂，《解放日报》文竟未读过，至今不明内情。当去打听清楚，再奉闻。

祝好

化手上

一九八〇年十月二十九日

津苹追悼会，桂常兄已代你送了花圈。

八

适夷兄

大札拜诵。我由济南返沪不久，即应命参加市内所开常委扩大会，讨论六年上海工作总结问题。现暂告休会。但领导又邀若干人和起草班子一起讨论如何修改，弟又被指名参加。故终日开会无暇，读写俱废矣。

五五年挨整期间，陈其五为弟申辩。他对兄甚敬佩，向我说曾去旅馆拜访过你。不知记得否？兄所言老姜为人，甚是。他是我入党后头一位领导人。我在困难时期，待我亲如手足，使我至今感念难忘。我所以仍挨在大百科，想搞好中国文学卷，并非恋栈，更非兴趣所在，实含报恩思想。这一点，老姜恐怕未必了解，了解亦未必领情。弟本交友之道，其余一概不计，仍本初衷，善始善终也。姜兄年老后性格有变化，喜奉承，恶直言，以顺从与否画线，将我的忠言当做发脾气。来信所谓弟之工作调动等等传言，皆违衷心。我有自知之明，不能做官，只宜做点研究工作。什么权也不想要，只要争取发言权。

匆匆不一一。

握手

化

一九八二年（?）二十六日

九

适夷兄

前奉一信，谅已达览。

兹转上胡毓秀同志*一稿，请兄审阅，如认为可发表，是否可交《新文学史料》？望裁酌。

拙文二篇，一交《上海文学》，一交《文艺报》，均在十二月份发表。刊出后当奉呈请正。

祝好

弟

元化

一九八二年（?）十一月十七日

* 胡毓秀是李平心夫人，她是参加北伐的女兵之一。

十

适夷兄

　　二十四日大札奉悉。

　　月初我因突发高热，住进医院，吊了五天盐水，并注射青霉素等，一周后渐愈。上周始出院，现尚在家疗养，下月初可去上班。最近几年身体日渐衰弱，诸病丛生，幸皆较轻，属初期性质，尚无大碍。惟萎缩性胃炎较可虑，然亦无特效药，只有经常去院复查，以防恶变而已。

　　前在京时，曾与兄谈及编一抗战时期上海文学作品选刊。此事一直在筹划中。现已略具眉目，正拟与兄去信，汇报种种。关于这部丛书，事前我在上海曾征求一些同志意见（如巴金，他也拟编入一本），大家很赞成，遂请此间文研所洪荒、陈梦熊（他们在搞孤岛文学），师院杨正中等同志（她们在搞沦陷期文学）具体筹划。现已将"缘起"打印，并准备请兄、淡秋兄及柯灵三位任主编（谅能俯允），他们还应出版社（福建）要求，成立一编委会。此事拟于下周先请在沪有关同志在文联开一碰头会。

　　惠我手书龚自珍《又忏心一首》甚感！龚自珍为我所喜爱的作家。"四人帮"粉碎后，《中华文史论丛》复刊号七辑曾发表拙文《龚自珍思想笔谈》，不知曾否寄奉？文中曾论及此诗。愚意龚、魏、林等诸人在启蒙思想史上意义不在康梁之下也。而龚之思想敏锐深刻，在近代思想史上似无出其右者。

　　兹有一事奉恳，即柏山爱人朱微明说人文给柏山遗著《战争与人民》稿费太低，她颇有意见。我觉得也不合理。是否请兄仗义执言向社方提出，将稿酬调整。此稿作者在那样坏情况下写出，用了极大力量，曾三易其稿。仅此情况亦应给予相当报酬，何况这又是部遗作，作者已被迫害致死？总之，此事请兄向人文韦大姐（我与她不熟）谈谈，如何？这位老大姐是讲道理的长者，故不揣冒昧向兄提出此议。

天佐有长信来，谈及他的问题又有周折，令人扼腕。不知老朋友可为他尽些力否？匆此

祝好

元化

一九八三年（？）五月十九日

———

适夷兄

上月二十九日手书奉悉。弟于一周前突患腹泻，发烧，体温 38.2 ℃，遂去医院吊针、补液。前天开始好转，现已痊，勿念。

来信嘱我不忙作复，但我仍要写一短简。你将我的新址忘记了，来信仍寄至淮海中路。现随函附上名片一张，请黄炜同志放入名片簿，以后寄信时翻阅一下即可。倘名片丢掉，不妨仍写至市委宣传部转。我退下后，关系仍在那里。现在虽然没有任何职务，活动仍多，虽尽量推谢，仍难免干扰，无法潜心读写，甚以为苦。

来信所说斯大林主义，极为中肯。它已构成一种僵硬模式。在此模式下，管意识形态的首脑，斫害生机，绝不容情，如前人野史中所

称之"剃头"也。我等以愚诚被蒙蔽达半个多世纪。甚至鲁迅、罗兰亦难逃同样命运，良可浩叹。天热望珍摄，可问黄大姐好。

暑安

化上

一九八六年八月六日

一二*

适夷兄

刚刚寄奉一信，翻书得黄宗羲事一条，摘抄供你为余姚地方志写稿的参考。

此事见于胡思敬《国闻备乘》。胡为清遗老，张勋复辟曾授以都察院左副都御史，未就任，复辟已失败。《国闻备乘》有"三先生崇祀"一条，记顾亭林、黄宗羲、王夫之崇祀文庙经过。大意谓，光绪即位甫二年，郭嵩焘倡从祀之议。郭归自海外，称服西洋。礼部尚书徐相恶之，疑其一乡阿好，遂引曾国藩序文，本表章夫之之人以驳夫之（《船山遗书》为曾氏所刻，曾序中有"纯疵互见"之语）。郭嵩焘无以难之，从祀之议遂寝。光绪二十年，湖北学政孔祥霖上书于朝，复申前请。礼臣再引《四库总目》议驳，言《遗书》杂儒佛老庄混为一途，又有《潇湘怨》等各体，事涉游戏，不得谓为无疵。《四库总目》为高宗（乾隆）钦定，胡思敬说礼臣这种手段是"借圣谟以钳群议"，以致使廷臣更无敢置喙者。至于顾黄崇祀之议，则自陈宝琛发之。是时朝臣分南北两党，北党主驳，以李鸿藻为首，孙毓汶、张之万、张佩纶等附之。南党主准，翁同龢为首，孙家鼐、孙诒经、汪鸿銮、李文田、朱一新等附之。主驳者谓顾、黄二儒，生平著述仅托空言，不足当圣学传授道统之目。议上，祖荫等联名疏争，诏下廷臣再议。北党复推满大学士领衔，请仍照礼臣前议，其事遂寝。自科场废八股，改试策论，又废科举，改学堂，《日知录》、《明夷待访录》、《读通鉴论》三书盛行于世，主准者十居八九。惟礼部郎中吴国镛不好新说，以黄氏书驳杂，摘其可议者数条，上说帖于堂官。尚书溥良以为是，侍郎曾炘以为非。然部务当由尚书主政，遂拟稿准顾、王而驳黄。通行六部九卿大臣诣内阁会衔，邮传部尚书陈璧先画诺，吏部尚书陆润庠、都察院左副都御史陈名侃继之。画未竟，而张之洞遣使持说帖至，大意言黄学与孟子相合，议驳非是，举座愕然，各逡巡遁去。次日邮传部咨行礼部，取消陈璧花押。润庠、名侃亦各行文取消。其畏惧政府如此。

以上摘录史料可补正史之未备。近来我对清代掌故颇感兴趣，曾请人找来近百种，于夜间枕上翻阅，并摘录若干则，写成《夜读钞》，发表在晚报上。清人掌故继前人笔记、野史之后，形成一具有特色的体裁，它较笔记或野史所接触的面更广，内容也更丰富。程秉钊称掌故之学创于龚自珍："近数十年来，士大夫诵史鉴，考掌故，慷慨论天下事，其风气实定公开之。"龚自珍所写的《杭大宗逸事状》就是他记述杭世骏文字狱的一篇掌故。今天倘有人将清代的掌故加以搜集整理，并进一步研究梳理，一定可以发掘出不少有意义的东西。就以上面摘抄的《国闻备乘》来说，在崇祀顾、黄、王这一事件上，可以看到当时一些朝臣身上所反映的思想倾向，他们议事的方法，以及顾黄王的历史地位是怎样逐渐确立起来的，这一则还不是突出的例子。我在读清人掌故中，了解了不少清代的政治、法律、文化、风土人情……这些事在掌故中是通过生动具体的描述呈现出来的，而一旦反映在正史中，就变成了抽象的概括。

来信所说的心情，我很了解，因为我也一样觉得自己思想中光亮太少。我实在觉得中国人民多灾多难。论聪明，论才智决不后人。百余年来，仁人志士为此家国，舍身忘己，忍大苦难，而仍旧无法力挽狂澜，促其新生。瞻望未来，茫茫不见光在何处，每念及此，辄觉悲从中来。弟在《夜读钞》中所谈清人掌故，多抉发清廷的昏聩，但其中亦有反是者，如《司官护法》诸条，颇足以令人深省。清律虽缺少现代法治精神，但终不失为上自皇帝下至庶民均须遵守之法典。视所谓"老和尚打伞"之精神相去不可以道里计也（斯诺曾将此语英译为"一个打着雨伞四处云游的孤僧"）。这些情况都是在我阅读清人掌故前所不知道的。

元化手上

一九九一年八月十四日

* 本函曾以《与友人谈掌故书》为题发表，后收入《清园夜读》。

致虞佩曹（二通）

一

佩曹学友

　　得到《文汇读书周报》转来的大札，我感到惊喜。如果没弄错，您是我二十年代在清华园时的童年友伴。前两年，赵新那还向我提到您。最近出版的李辉的访谈录中（书名《世纪之问》）一开头我还谈到清华园的童年友伴的名字，其中有您和佩兰。五月间我在北京去拜访了从美国回京探亲的梅祖彬、祖彤，也谈到您姐妹。记得新那对我说你们似乎在湖南，怎么现在又去了南京？我们大约有六十多年未见了。如今我也七十九了，比您小一岁，可能比佩兰大一二岁。

　　您信中提到的问题，我也有同感。南使馆被炸，自然应抗议。但我们只懂得一种抗议办法，就是冷战时代的那种宣传战。但要回到冷战时代，只是历史的错误，不可能了。我不是悲观派，但也许也不如您那样乐观。中国似乎注定了要走一条崎岖不平的道路，中国人要多吃一些苦。

　　来信所说的民主问题，我也没有什么深入的研究。我比较关心的是文、史、哲方面，对经、法、政一向很少涉及。后者是近来才读了些书，作了些思考。现寄奉近作一组谈卢梭《社会契约论》的三篇文字，倘您不怕耽误时光，可作为参考，如觉头疼，弃之可也。

　　我的通讯处是：（略）。

　　张可向您问好，请向您先生致意，全家好。

大安

王元化

二〇〇〇年五月二十日

二

佩曹大姐

　　九月初来信，收到已久。大作《笃志女中杂记》已拜读。我的两个姐姐元美、碧清均在此校就读过，所以您的文章使我更觉亲切。您大概把我大姐元霁和二姐元美记混了。在北京那家教堂举行婚礼的是元霁，不是元美。元美直至抗战爆发后，始在重庆与杨村彬结婚。那家教堂我还依稀记得，但细节处已模糊，您寄来的照片上，教堂门口那副对联一点印象没有了。上面横楣只拍出下面一点点，那几个字似不如您所想是"可敬可畏"，我怀疑是否是从左到右"畏之敬之"四字，不知以为如何？最近出了两本书，其中《九十年代日记》，将另行寄上请正。半年来身体一直不大好，颈椎引起头晕，皮肤过敏瘙痒，虽无大碍，但无法根治，使我整天不舒服。您近况如何？近有两篇有关文字刊于《南方周末》，都是在九月份发表的。其中一篇是讲九十年代日记的，另一篇则是我与胡晓明的对话。此报不知您看否?《读书周报》因人事有些改变，似不如以前了。不过原来编者负责的版面，还是和以前一样。

匆匆不一一。

祝好

〔又及〕关于两个姐姐在笃志的事，还可以说一点：记不清是不是五卅，上海英租界巡捕开枪打死国人，家父一怒之下，在下着倾盆大雨的那天，将两个姐姐退学。那时笃志与城里交通不便，父亲是雇了三匹驴子，和两个姐姐在雨中骑着驴回家的，三个人浑身都淋得透湿了。我们家在清华南院。那时我还小，只有六七岁。

王元化手上

二○○一年九月二十七日

致蔡莹

蔡莹夫人暨小鹂女士小鹰先生伉俪：

　　收到广东省新闻出版局转来的讣告，惊悉秋耘先生不幸于八月六日仙逝，不胜悲痛。先生的道德学问是我深深敬仰的。他的大作我读过，十分敬佩。他的为人从许多认识先生的朋友处也知道了不少。像先生这样的知识分子在中国是不多见的。我感到惋惜的是在先生生前未能见面，倘有机会结识，我相信一定会成为真挚的朋友。如今迟了！请夫人与弟妹等节哀。

王元化手上

二○○一年九月二十七日

致萧萐父（二通）

一

萐父同志

十二月五日大札敬悉。承惠赐大作《活水源头何处寻》，拜读后深受启发。您与杜维明、包遵信的辩论，我基本上是赞成您的观点的。包认为近代思想史上无启蒙，似偏颇。拙文《龚自珍思想笔谈》中曾涉及这问题。我和您一样，认为启蒙思想诞生于五四前。我很希望您继续写文章发挥这一观点。

拙文承您奖饰，甚感。《论丛》第一本谅龙育群同志已寄奉。我们希望听到您的意见和批评，并得到您的支持。

周年之会，弟亦在特邀之列，未去参加。此会与十年前相比，不仅无进步，反而倒退许多，令人怅叹。

明年有来上海的打算否？甚盼有机会得以把晤长谈。尊师文通先生论杨朱文已拜读。今夏虽看了些材料，写了些笔记，但琐事干扰，无集中时间进行写作，故考辨迟迟未动笔。

祝新年好

元化手上

一九八八年（?）十二月二十八日夜

二

萐父先生

　　现将熊老函件复制品寄上。这是存在上海档案馆的。年初档案馆要我为馆刊写篇谈这些函件的文章（故在复制件上有些批注），因未得暇，且对函中所述诸事，颇费斟酌，一直未动笔。（但我还是准备写的。）现交您收入文集九卷（?）。望复制后还我。（我未留底。）所附目录是我草草清点后编成的，由于时间匆匆（我于深夜做此事），可能不准确。其中有数函似有缺页。倘有问题，可来电话问我。如要到沪档案馆细察，我可介绍。

祝俪安

王元化

一九九四年十二月二晚

　　在杭所谈给《集林》写一短简说明情况，望于月中前寄来，可发在第三期上。——又及

致漆耕

漆耕同志

　　来信奉悉，大作已拜读。说来真巧，中午我即将离沪去京开会，早上刚刚收到您的信，故匆忙作复。您的大作是好的，但似乎您对今天文艺界的一些新情况新问题还不够熟悉，这也难怪，因您那里可能地方较偏僻一些。我想今后倘通过报刊，可多了解一些情况。这对您写作是有益的。随函附上《向着真实》（这是五二年出版的旧作，其中许多观点已很陈旧）和新出的《文学风格论》各一，请提意见。九月份《上海文学》和《文艺理论研究》各有拙文一篇发表。冯牧同志等主编的《当代文学评论》丛书，第一辑十本，选有拙著一本，可能年内在湖南人民出版。另"四人帮"粉碎后的新著《将人提高》* 已交上海文艺出版，可能明年初问世。

　　匆匆祝好

　　问候您的姓艾的朋友。

王元化

一九八三年八月二十七日

* 此书后来定名为《文学沉思录》。

致黎澍、李锐

黎澍、李锐同志

手书并惠赐大作《怀念廿篇》都已收到。你们对我的关心，十分感谢。请原谅我没有分别作复，因为要说的话完全一样。我想你们是不会见怪的。

听说澍兄身体不太好，十分挂念，万望善自珍摄，早日康复。

锐兄新书中有几篇未拜读，我准备留待忙乱之后，潜心阅读。承关注，将我的信转一位老同志，以图起点影响，那封信未注意措词，用语急切，对方倘有气量，能听不同意见以至批评，当可有些好作用，否则会生反感。我生性愚直，言既出口，义无反悔。陈公博于临刑前（应苏州典狱长之请）书一联尚称："大海有真能容之量，明月以常不满为心。"我们难道还不如他（哪怕只是意愿），虚怀若谷，有容人容物之量么？

（此信写完上段，被琐事打扰，中断。一搁就是半个多月，现继续写。）

此地宣传、文化、思想工作，一时恐无转机。领导正忙于应付迎面而来的经济方面诸事，无暇顾及其他。言路堪忧，凡触及消极面的均不喜闻。据传新闻界已得新的指示。大势如此，似难扭转。

弟近草数文，四月《文汇月刊》有较长论样板戏文，另一文不足道（序言之类）。再有二文均涉及上海文化发展问题，将载于四月中《解放日报》及五月一刊物上。《文汇月刊》谅可见到。后两篇当寄奉。目前一切搞承包，精神产品亦纳入一般商品范围，以经济效益为准。这已引起混乱、文化、教育、艺术质量大幅度下降，实在堪忧。此非三言两语可尽。我正想写一意见书给中央。匆匆

祝好

二位大嫂代致意

化上

一九八八年四月五日

锐兄书正在拜读中。听说澍兄将有大文发表。确否？可否为上海《文汇月刊》写一文？

致摩罗

摩罗同志

　　三月十三来信并大作复制件已收到。这几天正在患感冒，今稍觉好些，你的文章读得匆忙，不仔细。总的印象很好。你的许多想法，向往，读书的爱好，和我年轻时一样（或准确说相近）。这就容易引起我的共鸣，而且也勾起了一些回忆。如果你要我提些读后感想，我觉得你一方面固然要始终坚持你的追求，另方面也应该更开阔一些。比如，五四以来的许多观念是不是也有某些是值得再认识再估价的？哪些要发扬，哪些还需要联系中国革命经验所显示的问题，作更进一步考虑？比如你所赞扬的陈、鲁、胡诸人，他们留给我们哪些必须吸取的教训。举一例：鲁迅的斗争哲学与政治上的斗争哲学有无共同处？鲁迅从《二心》集开始对他并不太了解的政治表现出来的遵命倾向，应如何公正的（既非崇拜也非诋毁的）评价？鲁迅全盘反传统的主张（拿来主义是功利性的，非建筑在科学学理上的正确主张）……诸如此类，均应探讨。我走上革命走上文学的道路，主要是由于我崇奉鲁迅精神和鲁迅思想。今天我有以上这么多近于"天问式"的质疑，是经过痛苦的实际生活后产生出来的。我不掩饰自己观点，曾把它们（一部分）写进文字中，引起了李……对我的谩骂攻击。（在一次不通知我出席的纪念鲁迅诞辰百年大会上，他趁我不在场说了一大套，被在场几位有正义感的鲁迅研究者退席抗议。）再者鲁迅反对读中国书的主张是不能听从的。（有一时期我无条件地相信了，使我走了很大的弯路。）我近年的思想都反映在新出的《清园近思录》中了。奉上一册，请指正。

祝好

王元化

二○○○年五月二十二日

你在文风颓唐，调侃之流，《废都》之类，卖弄才情等等乌烟瘴气中，坚持了人文精神是十分可贵的！近年来我的一些看法，被并未读过我的书的某些人所歪曲，诬为传统派，我想你读了《近思录》可明白我的思想究竟如何。

致樊克政（十四通）

一

克政兄

　　大札并大作均已于今早收到。勿念。

　　大作已拜读了，我认为很好，当向《中华文史论丛》推荐。不过，要等几天才能送去。原因是论丛的几位同志都去南京（或苏州）开太平天国的讨论会去了。我想还是将大作亲手交给伯城，他是论丛的负责编辑。现在倘再交给别人，怕反而误事。好在时间不久，没几天他就要回上海了。这样做，谅能同意。

　　您对龚魏佚文搜集甚勤，下过大功夫，记得我于四七年左右在北平铁院教书时，曾去崇孝寺看黑牡丹和寺内珍藏的《青松红杏图》手卷。此图为明末某武将于明亡出家后所绘，图后附有清初以来各名家的题诗题跋。记得有龚魏的诗或跋。解放后来北京，我曾顺便打听此卷下落，据说已被寺内僧人携带出走，不知所往。当时我未深究此事。不知传闻确否？您既然在大力搜集龚魏佚文，不妨可查访此事。倘找出手卷，还可再写一篇文章。我大约六月间可来京一行，届时当造访。

匆匆祝好

王元化手上

一九七八年（?月）二十八日

二

克政兄

前奉一函，谅已达览。前天（三日）《中华文史论丛》钱伯城在南京开完太平天国会议返沪后即来我处。当即把大作代转，并告他我已拜读过，认为很好，请他们考虑在论丛上发表。据他表示，今年论丛稿已集齐，第三期已发稿，第四期亦编好。尊著大概要迟至明年第一期上发表。不知您有什么意见？盼告。

我最近仍较忙乱，全天上班。前些天《读书》向我约稿。我读了这刊物觉得很好，所以挤出时间，写了一篇短文《熊十力与〈佛家名相通释〉》投去，据说可望发表在第五期上。（该刊已将四期稿发齐，目前正在看校样。）《读书》是国家出版局办的（创办人陈翰伯）。现倪子明在负责编务。他要我代为约稿，我已约了几篇寄去。不知您愿给他们写点短文么？

最近我社正在酝酿文学编。总社屡次要我去京，现商定大约在七月初去京商讨。届时，当来拜望您。

匆匆，不尽一一。

祝好

元化手上

一九七八年（？月）五日

三

克政兄

前收冰夷同志信，并附有您开列的龚自珍研究篇目，甚感。

昨天又得大札，并书影三帧。由于是星期天，出版社休假，故于今早送交编辑部。据《中华文史论丛》钱伯城、刘德权两位说，约于十天前已将大作寄京，请您略作修订，并望月底前寄回，以便发排，刊入第八期。想您收到此信时，已将大作寄回编辑部了。

《中华文史论丛》七期（复刊号）已出，出版社只赠书一册，且被友人拿走，由于印数仅一万二千，出书后即售罄，现无法购得。没有送您一本，甚歉。我希望您对拙作提提意见。本期论丛，我以为谷霁光（不知您熟悉此人否?）的一篇，写得很扎实。不知尊意以为如何? 京中对论丛有何反应，盼告。

冰夷兄想来很忙，见面时请代问候。有空请来信。

敬礼

王元化手上

一九七八年（？月）二十八日

四

克政兄

　　一月下旬得来信说将去西安省亲，何时返京未定，所以没有及时作复。顷得冰夷兄信，说您已回北京。

　　上海古籍出版社负责编辑《中华文史论丛》的钱伯城已来京，他准备去拜访您。您如有新作，是否交《中华文史论丛》发表。

　　您在从事我国近代思想史的研究，重点在龚、魏、包及当时常州派，不知最近进展如何？深盼早日能有成果。

　　我到大百科后，工作比较忙乱，看书都有影响，写作则更无条件。待过一两年后，把自己工作重新安排一下，有点时间，静静作点研究工作。

　　拙稿《韩非论稿》是“四人帮”粉碎前七五年写的，当时闭居斗室，无事可作，看到报上刊载的儒法斗争谬论，有感于心，写作此文，以舒愤懑。不过那时手边没有什么参考资料，又和外界没有联系，孤陋寡闻，难免闭门造车之讥。由于拙文中提出一些看法，流露出一点心情，所以仍保留在手中。现我想作些大的修改，首先需多看些资料。老实说除了几本思想史、哲学史以外，解放后的对韩非的研究文章几乎连一篇也未读过。因此，想请您给我开些参考目录，不拘古今。这可帮助我把拙稿修改得像样一些，谅您一定乐于大力帮助。将来，拙稿改成还想寄奉请您提提意见。这会占去您不少时间，甚觉歉然。

　　我到大百科后，来京机会较多，可能上半年将来京一行，届时当拜访畅谈。

前承惠赐《动态》二册，谢谢。

不尽一一。

敬礼

元化手上

一九七九年（?月）二十八日

五

克政兄

您的来信并惠赐《哲学研究》都已收到，谢谢。

最近一阵由于社内总结工作，每天开会到晚上，所以您的来信和冰夷兄的来信，都迟迟未能作复。今天利用夜间才给你们写回信。拖延这么久，乞谅!

收到杂志后，首先拜读了您的大作，甚为钦佩。您是专攻鸦片战争时期思想史的，钻研了大量资料，而我由于兴趣庞杂，东摸一下，西摸一下，叫说学无系统，更无所专。老实说，周树槐这名字还是从您大作中才头一次知道，所以不能贡献什么拙见给您参考。如果一定要我谈谈读后感，那么，我认为您的发掘是有价值的，略感不足之处是深度似乎不太够。第三节第二条的形式逻辑矛盾律是否恰当？似亦可酌。（《中国思想通史》谓韩非的楚人鬻矛盾之喻为"选言判断"亦不妥切。）撇开这些小疵，总的来说，我认为您最值得学习的地方，就是在资料方面用力最勤，一丝不苟，表现了踏踏实实的作风。相形之下，我在这方面粗枝大叶，实为治史之大病。

晚清诗文集最多，真可谓汗牛充栋。据闻阿英先生生前曾大力搜集，不下数千种之多。当时那些诗文集有一种怪癖，即不用姓名，也不用字，而往往用极其生僻的别号，大多使人摸不清头脑。前人曾专就此作过索隐之类的书，但也大多残缺不全。不知近来历史所有人做这方面的工作不？我希望您就清代中叶后的思想史方面写出更多的文章。

您要为《中华文史论丛》再写文章，我已和他们谈过，他们很欢迎。前次钱伯城去京曾向您组稿，这是他回沪后告诉我的。钱对明史很有兴趣，曾写过一些札记，在此间报上发表过几篇，还有几篇我认为很好，可是他不愿发表。您的大作如写好，请即寄下，当转《中华文史论丛》。

《文艺论丛》第七期（大约月底月初可出版），有拙文《黑格尔美学札记两则》一篇，不知您有没有兴趣看看？最近我因忙乱，看书时间已很少，写作更谈不到了。事与愿违，这是无可奈何的事。希望过一阵情况能有所改变。

匆此

敬礼

元化手上
一九七九年五月四日灯下

六

克政兄

承惠寄七纸长信，拜读之后，获益良多。您的严谨的治学态度，令人钦佩。您对拙作《龚自珍思想笔谈》所提意见，指出其中资料性的错误，尤为感谢。我将把您的意见视为对自己的勉励和鞭策。治史学，首在资料的准确性，而我却往往掉以轻心，不大注意。这一方面是由于我的散漫，只凭兴趣办事，对有兴趣的问题还肯钻研，因此有时尚有所获。但对某些我认为无关宏旨的问题（其实此为治史之大病），则懒于深究，随便放过，以致往往造成不少失误。我缺乏我国传统史学家那种认真精神。读来信后，真有振聋发聩之感，今后当痛自惩戒。不过，另方面我也要向您说明一下，当时写作此文时，我尚未"解放"，与外界隔绝，手边连必须具备的资料亦告阙如。（例如承您热心开来的以前各家研究龚自珍的篇目，我可坦白相告，连一篇也未读过。）同时，也没可以请教或磋商的人。这也是形成拙文局限的一个原因。但我也不愿为自己护短，我有粗枝大叶的毛病，不肯勤收资料，借鉴别人的成果。虽然这也有不受别人意见束缚的好处，但弊病极大，有些问题别人已谈过，有些问题别人已解决，可是我却全然不知。这就更造成我的狭隘性。这次得到您的指正，我很希望今后和您能建立经常通信联系，不知以为如何？

　　我现已调至大百科上海分社，在文艺部工作。我们将来除编大百科全书外，还要编杂志，出丛书。今后还要请您为我们写稿。我虽搞文艺，但也兼顾社会科学。此间有识者多称人才集中于北京。上海除几位老先生有真才实学外，多徒具虚名，大学中五十多岁的教师已成骨干，有的且带研究生，但既无旧学根底，又无马列基础，全凭所谓"新观点"吃饭。拆穿来讲，这种"新观点"不过是几句口头禅，所谓"阶级分析"不过是贴标签，较之四十余年前盛行于苏联的庸俗社会学还要等而下之。有的甚至连文字关还未通过。所以我以前建议《中华文史论丛》多刊载老先生作品。现在发现在北京的中青年中（专指历史哲学方面而言），大有人才，肯钻研，功夫深。例如您交我转给《中华文史论丛》的文章，编辑部同志读后，都有同感。论丛过去刊载的多半是老年人的文章，像我年近六十者，已算是其中最年轻的了。这次刊载您的大作，可说是破天荒。我要告诉您，这决不是看我的面子，编辑部取稿有标准，也较严格，确实因大作写得扎实才发表的。希望您今后不仅继续为论丛写稿，也要为大百科写稿。我想请您把龚自珍研究情况（有哪些问题？哪些问题已解决？哪些问题未解决？哪些尚未接触而应当接触?）以及海外（最近有人告诉我，台湾也有文章涉及宣南诗社，但此间找不到资料，据说北京是有的）种种情况汇总起来，加上自己的评述写成一文，这是大百科杂志所需要的。不知您愿尝试否？我进大百科后，希望您多多支持。这方面问题我以后还要和您通信，具体落实。也请您谈谈您的研究计划和设想。

我虽一向搞文艺，但近年来很想搞点思想史方面的研究工作。除《龚自珍思想笔谈》外，尚有《韩非论稿》（三万字）一文。文中观点颇与众不同，我有些担心会被目为标新立异，故迟迟尚未发表。准备过一阵多方听取意见，修改后投寄史学杂志。此外，还拟定了十来个题目。但目前调至大百科，要搞行政工作，恐怕今后一时难以写作了。倘日后有机会，我仍想完成宿愿，写出若干篇，编成一集。《龚》文倘编入，我一定要说明是您帮助我订正了哪些资料性的错误。我想将来再把《韩》文寄奉征求意见。

前几天我看了发表在九期上的拙文清样，同时也看了您的大作的清样，不过我的校阅不仔细，可能还有错误。两帧照片已制铜板刊在一页上，字迹尚清晰。据说明年元旦论丛九期即可发行。我想要来您的清样一份寄上，让您早日看到。

今后我来京的机会较多，届时当走访作促膝之谈。专此，不尽一一。即致

敬礼

元化手上

一九七九年十二月九日

七

克政兄

前托夷兄转一便笺，为你帮忙校稿，向你表示谢忱。信发出次日，又得大札。我因把你视为知交，所以冒昧地提出一些极不成熟的意见供你参考，不料你竟这样认真，你的谦虚，使我十分惭愧。我私下想，今后再谈论你的大作，不要提笔就写，想到就说。因为你在治学态度上极为严谨，一丝不苟，对于资料的考核尤为仔细认真。你之所长，正是我之所短。我和你虽只见面一次，但已结下文字之交。让我们抛开一切客套，成为知无不言的朋友吧。

最近《中华文史论丛》送来一篇香港投寄的《龚魏之历史哲学与变法思想》要我审读。作者许冠三君是香港中文大学教授，他也寄来在香港发表的论文抽印本二册。我马上想到你，谈到审读，你才是适当的人选。可惜你在北京，加以时间匆促，来不及邮寄，我只好担当下来。此文编辑部大概要发表，你读后请写点意见来。此文援引资料颇丰，我已直告编辑部，我在这方面能力不足，请他们务必注意。上

次你对我的谈龚自珍文指出谬误之处甚夥，这次你代校拙作《再释拟容取心说》又发现引文错误不少。这确是我的大病。我在有些方面还肯钻，也肯下些死功夫，独在引文方面马马虎虎，过去一位已故友人，曾向我指出我的毛病，但至今积习未改。不久，拙著《文心雕龙创作论》校样即将打出清样送来，如你在上海我一定要剥夺你的时光，为我过过目。可是，如今只有依靠自己了。《再释》曾交两三位同志看过，他们都未指出错别字和引文之误。你想，我是多么遗憾你不在上海，使我没有了依靠。

你的大作何时可寄来？我已向《中华文史论丛》编辑部谈过，希望你早日写成，早日寄下，交我转交，不胜翘盼！

最近出的《读书》还不错，该刊编辑部要我写稿，已草就一短文(四千字)，如刊出（时间恐拖得很久，该刊系双月刊），当寄奉乞正。

很希望你在不妨碍工作情况下，常来信，谈谈史学界动态，尤其愿意知道你的成果。你的大作如在刊物发表，望一定惠我一册，使我先睹为快。匆匆

敬礼

元化手上

一九七九年（?月）十三日夜

八

克政兄

二十七日发出的信，已经收到。

今天我去古籍出版社，见到第九期（一九七九年第一期）的样书。负责论丛的钱伯城因母丧未到社办公。我原想先要一本给你寄去，但古籍只有两本样书，社内需留存。好在元旦后即可发行，我一定嘱古籍先给你寄上一本。这期改为简体横排，并附有英文目录。书的封面颜色用得极差。这些都不令人满意。但内容尚可，至少还保持过去的水平。我曾向主编罗竹风建议，千万要注意质量，保持论丛的特点。倘你有什么意见可直言相告，我当代为转达。我和论丛编辑部各位同志都是多年老友。一个刊物需要大家支持，集思广益才能办好。希望你今后也成为论丛的一位热心友人。倘最近能得便写点思想史的论文，请寄我，或交大百科，或转论丛。我很希望你多写点文章。

关于写龚自珍文章事，只是我想到的，作为建议。写文章需要从自己的研究和心得出发，你完全应该照自己的计划写作。你说你目前重点放在鸦片战争前后思想史方面，不知拟出哪些具体题目？可否见示？你有集体编写任务，占去不少时间。但我总希望你能在业余时间整理出研究成果发表。自然这也急不来，文章一赶写，往往会影响质量，但有时"逼"一下，也会有点好处的。

论丛第九期我也有篇拙作发表，可能写得拉杂一些，不够精练，请你读后提出直率意见，助我提高。前些时，我有另一篇拙作寄给黎澍，后得来信，说将在《历史学》季刊第二期发表。你知道《历史学》是谁在负责编务？你和他们认识吗？这几年，我的兴趣有些改变，对思想史颇感兴趣。"四人帮"粉碎前，我写了一篇《韩非论稿》（三万字），由于不成熟，一直未拿去发表。我想以后有空时把它整理出来，倘你有空，我想寄给你先提提意见。（还想寄给另外几位同志征求意见。）我原打算写一系列人物论（如船山、戴震等）。但有些朋友反对，说我兴趣太广，搞得太杂。我原搞文学，现想钻研思想史，但觉得自己根底差。日前调到大百科，这些计划只得搁下来了。今后要有一段时间忙事务，恐读书作文都有影响。对此，我很矛盾，但又不得不服从工作需要。

大百科今后要着重搞资料和情报工作，除国内的之外也打算尽量多搜集一些国外的报刊和著作。我们设想把这些资料编译出来，供作者和读者参考。不过，这只是上海分社几个同志的想法，做起来还要有一段较长的准备时间。倘将来一旦得以实现，我可把你所需要的资料寄送给你。

最近我因初到大百科，而这个单位又是初建，一切都在草创阶段。所以整天忙于杂务，连报刊都看到很少。但我仍对史学有偏爱。不知史学界最近有什么动态？发表过哪些好文章应该一读？请便中来信谈一谈。

冰夷处曾通过几次信，都谈的是事务问题。看样子他大概很忙，见面时请代问好。

匆匆不尽一一。

新年快乐！

元化手上

一九七九年十二月三十日

九

克政兄

上月底惠我五纸长函，捧读再三，如对故人，如闻謦欬。大约是三年前在一次聚会上，见到志琴同志，曾谈起你。对你的为人和治学，我一直十分敬佩。你的龚自珍《系年》及拟增订的《丛考》，我亟想先读为快。希望你锲而不舍，努力完成后者。倘出版上有困难，我可在此间试找一合适地方，如需要，定当尽力。附奉拙著一本，另一本可望下月出书。问候志琴同志。匆匆

祝好

王元化

一九九三年三月十九日

一〇

克政兄

七月十六手书，二十三寄达上海。宣传部未及时转来，昨天才送到。复信拖迟，请原谅。今后来信，还是直寄舍下较为便捷。

收到尊函前，我曾寄上去年香港三联所出拙作《思辨发微》并附短简，是托人用航空寄出的（寄至历史所），不知是否达览？念念。

我与足下交，已十余年。虽甚少往来，通讯也很少，但你是我十分敬重的学者、朋友。你的治学精神对我也是一种鞭策。你尚在中年，来日方长，我衷心祝祷你为中国文化作出更多贡献。你的书确实给我极大欣慰。在今天文化滑坡，素质下降，中国知识分子能清贫自守，不趋时媚俗，埋头工作者，已日见稀少。你使我可以维持信心于不坠。让我们为此而共同努力吧。

我于六月间曾去斯德哥尔摩开国际文化研讨会，会议由斯大文学

院主持。会议期间与友人罗多弼（瑞典人，斯大文学院长）谈及龚自珍，他有意从事龚的研究（过去他是研究戴震的，曾出版英文论著，并将《孟子字义疏证》译为英文）。回上海后，我即将大著寄给他。

近年来，我也写了几篇考据，曾刊于《中国文化》及香港《法言》。现已将这些文字汇编一集，取名《清园夜读》，交深圳海天出版刊行。约十月前后可望出书。出版后当奉赠请正。

你最近在从事什么课题的研究与写作？盼告。

六月中旬瑞典会后返京，逗留二日，曾与冰夷兄会面。当时时差未倒过来，加之时间有限，没有与其他友人约会见面。

请问候志琴同志。

匆匆

祝好

王元化

一九九三年八月七日

——

克政兄

八月十四手书奉悉。书院史何时可望出书？甚盼早日能够拜读。

大作《事迹与著作编年》我拟问问上海古籍，希望他们可接受。争取看看。近日我在赶写一文，暇时当即去联系。

匡亚明老人在编一套中国思想家评传，已出了好几本，不知他是否已定人写龚传，我拟去函询问，如未定，当推荐。

近日上海大热，舍间书房内装了空调，还可勉强做些工作。我的工作量不大，精力体力均不如前，毕竟已逾古稀之年。但总的来说身体还是好的，希多珍摄。匆匆

祝好

王元化

八月二十六晚

尊址请再写下示知，其中一字我可能写错了。

一二

克政兄

久疏音问，念念。

《集林》卷二已出版。此文从不知在京销售如何？卷三已发稿，兹有一新措施。我们接受了现在新加坡任教的邵东方建议，设"特约学术编辑"（或名"学术通讯员"），拟请你和邵东方、费乐仁（美，现在香港执教）、陈宁（许倬云弟子，现在美任教）四位担任。你给我的电话已成"空号"，多次未打通，特写此信征求意见，盼复，并赐告尊处电话号。我刚从加拿大回来，写得十分潦草，乞谅。

祝新春愉快

王元化

一九九五年一月十七晚

一三

克政兄

久疏音问，念念。

近年来弟精力体力日衰，小毛小病不断。其中以血黏度、胆固醇、血脂均超标，甚为可虑，服西药无效，且有反应，现正改服中药，尚不知效果如何？

兄近日作何课题研究？前所惠赠书院史，至今才开始阅读，尚未读毕。书中陆世仪（桴亭）条下，谓其著作有《思辨录辑要》，似误。陆著《思辨录》（此书似已不传。四库所收为辑要本），《思辨录辑要》系后人编纂，非出陆氏之手。

兹有一事请教，弟近日亦想了解前人在书院如何教育弟子。尊著及近出《中国书院史辞典》（季编），虽有阐发，但仍觉过于简略。我希望有较详的著述（尤其是广雅书院方面的），以备参考。又广雅书院为张之洞创办，在朱一新任山长前，梁鼎芬曾任山长。梁为山长事季编《辞典》未列，似有遗缺。弟青年时曾求教二十年代在清华执教的汪茑翔先生，汪为广雅书院弟子，曾从梁、朱学习。朱氏《无邪堂答问》卷四，即答汪之问。梁为山长事不知兄曾涉猎否？

匆匆不一。

即颂

撰安

王元化

（年月不详）

一四

克政兄

　　你先后寄来的广雅书院资料，已收到一大叠，我正在慢慢消化，给我帮助不小，真是感激无量。四十年代中（抗战胜利后），我曾向汪莺翔先生问学请教。他是家父二十年代前后在清华的同事。汪先生师事朱鼎甫，为广雅书院学生。《无邪堂答问》卷四整整一卷都是答汪问。汪以第一名考取广雅书院，是朱一新高足。我因要写一篇记汪先生文，汪留下资料甚少（似无著作），只能就《无邪堂答问》记他问学事谈一谈。你提供了大量书院资料，使我在这方面有了一些常识，胆子大了，可以下笔了。再一次向你致谢。你如有空为《集林》撰稿，我们将十分翘盼。近出拙著《读黑格尔》寄奉请指教。

祝好

王元化

一九九七年九月十三日

致魏承思（六通）

一

承思兄

　　八月底写的由泰安路转来的信，今午收到。读后甚感欣慰。在此之前，大作《斯人斯语》亦由人送来，拜领。当时我正在午休，来人将书交下，立即离去，是由我家阿姨收领的。我估计送书人可能是你夫人，我未接待她，十分遗憾。大作我已拜读，甚钦佩。过去我不大读报，不知你写了这么多文章。晚报副刊上的杂文水平很低，上海几位常写杂文的人，并不怎么令人满意，往往只是找一个题目来饶舌，笔钝意窘，不能抓住人。我不知你竟写得一手漂亮的杂文。可惜你在国外，不大可能再写这方面文字了。

　　我处来往的人不少，能谈心且谈得来的朋友却不多。有些老友，不是分隔异地，就是多已凋零。近一两年来颇觉寂寞。你此次出去，亦形势使然。换了个环境，要逐渐习惯起来。语言尤其重要，作为知识分子更需精通说、读、写。读书事，弄不到奖学金，需自己花一大笔钱似成问题。加州分校（洛杉矶）现集中一批人，由该校李欧梵为他们提供帮助。我与李无交情，柏克莱的 Wakeman 倒是熟悉的，此外林毓生也是有交情的，倘你需要，我可以介绍。匆匆，下次谈。

化
一九九二年九月六日

二

承思兄

　　来信奉悉。

　　近日因忙乱，迟至今天始复，希能见谅。你寄来的《亚洲周刊》已收到。这一期还见到你的照片和对你的简介，好像你已由撰稿人变成了编辑。你们要办一个理论刊物很好，希望有自己特点，不要重复《二十一世纪》的模式，更不要像一般港刊只讲轰动效应。最好多做些踏踏实实的工作，不知以为如何。《学术集林》已出，拙著《思辨随笔》亦问世，当另邮寄奉。胡晓明已来港，他说要和你联系的。你要访问刘述先等，可由他绍介，你见到刘后，可说明我介绍你去拜望他的。不记得我的一本《清园夜读》送过你没有？如没有，盼告，当寄奉。此书如能在港出版，我可将内容调整，删去一些，再加进后来的一些新作，作为一本新书在港印行。你如有关系，不妨代为了解一下情况。匆匆

祝好

王元化
一九九四年十一月七日晚

三

承思兄

　　来函并附大作已奉悉。你对拙著的评论揭示其用心所在，剖析极为锐利深刻，只是太客气一些了。不称先生是应该的，因为你是在对读者讲话，编者做法并没有什么不对。

　　前几天去杭州参加夏公骨灰撒入钱塘仪式，后又参加杭州市文化发展战略研讨会。很不巧在我离沪期间，你的朋友来到我家。以后很希望再有人来能将《亚洲》携来。我亟愿拜读你写在刊物上的大作。

　　奉上近作小文，不一一。即颂

撰安

王元化

一九九五年十一月十日

四

承思兄

　　十二月十九日大札，前天才收到。何以延迟如许时日？承义已有一工作，所以在沪所谈之事可作罢了。香港出版情况如此不振，实较意想者严重。兄为糊口，整日笔耕，亦苦事也。我的文章如在《亚洲》刊出，务请书明转载，以免引起无谓纠葛，至于稿费我不想要了。这不是客气，也是为了避免麻烦。拙著随笔顷得通知获国家图书奖，我和责编可各领一笔奖金。

兄何时再回上海？料想春节前后可再把晤。余面叙。不一一。

祝好

请将你信址示知，上次所写失落了。

王元化

一九九五年岁末

五

承思兄

草就一短简，请转《亚洲周刊》。他们这样做，是不符合办刊的游戏规则的。* 希此函最近即在该刊刊出。我等待答复，盼复。

汪书当转去。勿念。匆匆

祝好

化上

(?年）十二月六日

* 此事现已记不太清楚了。大概是关于改动我的文字事。

六

承思兄

大札奉悉。经兄一说，了解了改文的经过。我主要是从影响上考虑，倒不是认为自己的文章怎么好，一字不可出入。我之所以把发表过的文章拿到港报刊载，是由于我想在这里保持发言权，所以决不让人觉得我是将这里不好发的东西拿到外边去发。区区苦衷，尚希见察。记得兄在沪时，我也曾将这层意思奉告。兄为替我多弄点稿费设想，我可以理解，也很感激。但这毕竟不是主要的。我在港发文字的目的，是使自己的声音能让更多的人知道，所以兄将《近思录》分篇在《明报》上刊载（可不做任何改动），这正合我意。此事使兄操劳，甚为感激。至于《亚洲》的那位编辑先生，就不必再令他处于为难地位了。此事就算过去，望转告他。

　　我近来验血，不少是超过指标的，现正设法治疗，但似无特效办法，只得转中医试试看。小潘日前来舍，谈及在港曾与兄见面。近日忙否？念念。来沪时希一晤。

祝好

　　恭贺新年

　　　　　　　　　　　　　　　　　　化手上

　　　　　　　　　　　　　　　（?年）十二月二十晚

致戴厚英

厚英同志

　　来信未注明日期，不知何时写的。

　　读信知你和醒醒住在一起，环境不错，目前正埋头写作，希望你有好的收获。我的时间大都白白蹉跎过去了，有不少是出于环境的原因，但也不能都怪环境，自己没有抓紧，数十年转瞬即逝，如今垂垂老矣。回想青年时，总想自己将来能有所作为，但现实和抱负却距离很远。我觉得自己灵魂中含有传统文人的狂狷气，也受到少时家庭（基督教）教育的影响，到老也还存留着在意识深处所潜藏的悲观主义和人道主义成分。我不喜欢暴力、残酷，不喜欢庸俗、粗陋，而向往人性，向往美和真实。"文革"后，从十年浩劫噩梦中转来，一旦见到摆脱兽性与残暴而显示出人性的东西，常不能自抑，禁不住流泪，好像长年冻结的心又复苏了。

　　我的博士生胡晓明（专业方向：中国文学批评史），希望结业后去美国找一联合培养（这是国家教委所颁定）的单位。不知你有没有熟人？可向国外大学去联系。倘你能为此事去做些工作，我是很感激的。

我已嘱他直接和你写信。匆匆不一一。

祝好

　问候醒醒伉俪

　　　　　　　　　　　　　王元化

　　　　　　　　　一九八（?）年九月四日

致戴醒（二通）

一

醒醒

十一月七日来信收到。你要我为妈妈撰碑文，我自然愿意写。我建议正面即书"戴厚英之墓"。不加头衔，比较朴质，似较好，不知你们以为如何？背面，不写生平，用前人墓志铭式的文字，也嫌古奥。不如由你从妈妈书中摘出一句最能代表她思想精髓的话，既大方又能体现她的为人，恐怕这也符合她的性格。自然，一切要出你定夺。我和你妈妈相识近三十年，从她毕业到作协工作，结婚，有了你，然后是"文革"，她在婚姻上的不幸，直至最后不幸猝然逝去。如果她不死，她还可以写出许多作品。

问候建敏和孩子。祝

新年快乐

王元化

一九九六年十二月六日

二

醒醒

　　你小时我们见过面，后来也偶尔碰到过一两次。但你长大后就没有再见过了。直到在向你妈妈遗体告别时，才看见你跪在妈妈灵前，那时你那样伤心，就没有去招呼你。

　　妈妈的墓碑已写就，直接寄给你舅舅处了。是按照你的意思写"先母戴厚英之墓"，背面墓志写了这样一句话：

　　"她生活过，爱过，痛苦过，战斗过。"

　　我给你舅舅信中建议这句话用老宋（铅体字）放大，不再另写了。

　　从去年尾起，我一直生病，卧床吊针，直到春节才复元。你如来沪可到我处一晤。

祝好

王元化

一九九七年二月十六日

附录

《清园书简》后记 *

本书所收四百多封信是湖北教育出版社以极大毅力和辛劳，经过了两年多时间所征集到的。这样的成果，完全出乎我的意料，我很感谢那些将我的信保存完好，并同意把它们交给出版社去刊行的友人。二十多年来，我给友人所写的信不止这些，估计起来要比这里发表的多三倍以上。我所遗失的信件中，有一批是一九四六年秋至一九四八年夏，在我离开上海去北平国立铁道管理学院教书期间和张可的通信。我们结婚后，曾将这些信装订成册，一直保存着，可是一九五五年反胡风斗争时被抄走了。起先单位还有人看到过这些信，后来就不知流落何处了。还有一批是我在北平时写给满涛的信，也同样不知下落了。失去这些我珍藏的纪念物，是我至今觉得遗憾的。

我收到征集的信件后所进行的操作过程是极其琐碎繁复的。首先，需将原信复制一份交档案馆保存，另一份则由我来整理。在整理过程中也像整理《九十年代日记》一样，不作观点更改，信中有涉及某些个人隐私今天尚不宜公开的，就作些文字上的整理。好在这些原信已全部交上海档案馆保存，可供研究者将来查阅。在全部整理过程中，我个人实在无力担当这样繁杂琐细的工作，幸得古籍小组吴曼青协助。经她与杰申排字印刷公司商定，采用流水作业方法，收到一些就整理一些，无须等待全部稿件"定、清、齐"后发排，这使我减少了不少麻烦和劳累。这两年来我在这项工作中所花的时间和精力，甚至比写作一部新著作还要多。所以今天当全书告成之际，我特别有一种轻松之感。

这些信中最早的一封写于一九三九年，发表在当年的《抗战文艺》上，最近经一位从事资料搜集的友人复制给我。收入本书的一九四五年通信，则是写给当时我教过的一个学生吴步鼎的，次年他就病故了，一直由深爱他的弟弟步萧将这些信珍藏着，历经数十年岁月风霜，它们都没有失落。九十年代初，步萧把信交给了我。最近原《文汇读书周报》编辑何倩把它们发表在一本新办的丛刊上，她还写了一篇很好的说明文章附在信末。此外，本书所收则大多是"文革"后写给友人的信。在整理这些信件时，重读它们，真是百感交集。这里有一时的兴奋、幼稚的向往和不切实际的幻想；也有遭遇到挫折和受到打击后的灰心、失望和愤懑……它们把我那时所感所想全都显露出来。自然这些信中还有许多难忘的往事和至今令我怀念不已的友情。不少的友人如今已不在这个世间了，但是他们所给予我的关爱，使我在心情郁闷的苦难岁月中，不致沉沦下去，而有勇气重新在生活道路上跋涉前进，这是我至今难忘的。

最近，我读了本杰明·史华慈教授逝世后所留下的论千禧年主义的遗笔。他谈到开始席卷一切的物质主义和消费主义将造成人类精神世界的空虚。另一位美国政治学家罗伯特·莱恩（Robert E. Lane）教授也同样谈到相似观点，认为即将向全球蔓延的物质主义消费主义，将使人间的亲情和友情荡然无存。这两篇文章引起了我的深思，使我想起过去读过的莱蒙托夫长诗《恶魔》中的两句话：

> 在你所俯视的大地上，
>
> 没有真正的欢乐，也没有真正的痛苦……

初读这些诗句时，我还是个不谙世事的青年，它曾使我毛骨悚然，心想这样的世界是不可思议的，也是不可能发生的。但是，发端于美国的物质主义与消费主义正在向全球泛滥的前景，却是一个告诫：当时我认为不可思议的事，是可能发生并变成现实的。

通过这些信，我回顾了自己的交往，我在早年所结识的友人不管经历了多少漫长的岁月，也不管我和他们之间发生过什么样的风波，我们的友情始终历久不变。可是后来所结识的一些新朋友，他们的年龄越来越轻，而我们的交往也越来越短促。我不知道这是不是因为莱恩教授所说的，在物质主义和消费主义的潮流主宰下，亲情和友情会越来越稀薄的缘故。我是一个受过去人文精神浸染的人，并不像当今有些人那样把突飞猛进的新科技和新经济所产生的一切，全都当做不容置疑的"现代化"美景来加以赞赏。这就使我在一些价值观念、道德理想、为人处世所遵守的准则等等方面与追踪时代潮流的青年朋友有了分歧，因而我们之间的交往也就不可能维持长久。

我曾说，我的《九十年代日记》记录了我的反思历程。这本书信集则大多是从"文革"后七十年代开始，跨越了二十多年，直到二十一世纪初为止。在这二十多年中，我的思想是庞杂的，有着不少变化。

"文革"刚刚结束后,我是轻信的。我固然并不赞成不惜以最坏的想法去猜度别人,但是轻信也不好。在"文革"结束后,我对于那时的局势感到多么欢欣鼓舞,对于所接触的一些人物是怀着多少的信赖,仅仅根据立场一致,并未深究别人向我宣告的一切究竟是怎么一回事,就全盘接受下来,这种轻信的性格,随随便便向人推心置腹的习惯,使我多次碰壁,直到九十年代反思中我才有所醒悟。

在早期一些书信中也显示出,那时我对许多长期留传下来的既定观念的盲从盲信。这几乎是我们思想界许多人共有的现象。我们对待一些重大问题,往往未经自己独立思想的审核,就将那些留传下来的既定观念作为惟一的依据。它们盘踞在我们的心头,成为一条颠扑不破的思想"底线",这条思想"底线"一旦受到冒犯,我们就会热血沸腾,义愤填膺,像保卫真理一样,去痛斥那些不再对它毕恭毕敬的人。过去我对五四的态度就是如此。八十年代我写了一篇为五四一辩的文章(题名《传统与反传统》),这篇文章有我自己的思考和分析,但在一些基本观念上,如对反传统,对激进态度这类问题,都以早已盘踞头脑中的既定观念为立论根据。九十年代我进行了反思,摆脱了过去连自己也未自觉的思想依傍,纠正了以前的偏差,又写了一篇对五四再认识的文章。这篇文章引起了和我过去对待别人一样的那种强烈的情绪反拨。因此我在相反的两种情境下,对长期支配人们头脑的既定观念都有所感受。我认为由此所产生的理解,会比只有单方面感受的人深切一些。这种既定观念是我们思想领域中十分值得重视的问题。比如:它是怎样形成的?怎样根深蒂固地扎根在人们头脑深处?人们为什么竟然会不知不觉把它当做真理去捍卫,而一定要去扑灭那些敢于向它挑战的人?……这些问题迄今并未引起人们关注。我想这本书信集或许可以作为一种"以我为例"的资料供读者去剖析。如果有人愿意这样做，那么我觉得两年来我所付出的辛劳将是值得的。

　　（本文由我口述，吴曼青笔录。）

二〇〇二年十月五日于瑞金医院

---

* 本次出版的《清园书简选》以王元化先生的《清园书简》（湖北教育出版社 2003 年版）为基础，侧重选编反映学术交往、阅世论事、亲友往来的信件三百余通。现将 2003 年版后记列为附录，可供参考其书信往还和编集的情况。

图书在版编目(CIP)数据

清园书简选/王元化著. —上海：上海书店出版
社,2019.11
　ISBN 978 - 7 - 5458 - 1880 - 2

　Ⅰ.①清… Ⅱ.①王… Ⅲ.①社会科学－文集 Ⅳ.
①C53

中国版本图书馆 CIP 数据核字(2019)第 244889 号

特约编辑　吕　　晨
责任编辑　孙语婧
封面设计　胡　　斌　　刘健敏

清园书简选

王元化　著

出　　　版　上海书店出版社
　　　　　　（200001　上海福建中路 193 号）
发　　　行　上海人民出版社发行中心
印　　　刷　苏州市越洋印刷有限公司
开　　　本　890×1240　1/32
印　　　张　15.875
版　　　次　2019 年 11 月第 1 版
印　　　次　2019 年 11 月第 1 次印刷
ISBN 978-7-5458-1880-2/C.30
定　　　价　78.00 元